マーケティング部へようこそ!

3Cも4Pも知らない新入部員が
3週間で身につけた最新市場戦略

五味一成
GOMI,Kazunari

時事通信社

はじめに

皆さんの中には、これまでマーケティングを学ぶ機会のないまま、営業や商品企画などの業務に就いていらっしゃる方も少なくないのではないでしょうか。あるいは、何となく分かったつもりで、自らの会社を経営されている方もいるかもしれません。マーケティングや企画の担当部署に異動したばかりの方、入社したてのフレッシュマン、大学でビジネスを学ぶ学生さんもいることでしょう。

本書は、そんな方々に読んでいただきたいマーケティングの入門書です。「自分の仕事にマーケティングを生かしてみたい」「マーケティングの基礎を身につけておきたい」「いつまでも勘や経験だけに頼っていたくない」……。日々の仕事に打ち込む中で、ふとマーケティングの大切さに気付いたときに、最初に手に取ってもらえるような本を目指しました。

初めての方でも、マーケティングの世界にすんなり入って行けるように、全体をストーリー仕立てにしてあります。自分が主人公になった気分で読み進めるうちに、マーケティングの全体像がざっくりと見渡せ、基礎的な用語が理解でき、さらには最新の動向も垣間見ることができるようになっています。

執筆に当たっては、特に経営理念の大切さに留意しました。私たちは、商品自体に対する評価を超えた「市場・顧客の総合的な価値判断」にさらされている時代に生きており、各企業の経営理念の大切さは以前にも増して大きくなっています。例えば、利益を求めるあまり従業員の幸福を無視したり、データを改ざんしたりするようでは、企業自体が市場・顧客から排除されてしまいかねません。そういう意味で、すべての関係者に笑顔や感動をもたらすような経営理念こそが、マーケティングの原点でなければならないと考えます。

■環境分析

3C
- 顧客:PEST
- 競合:リーダー、ニッチャー‥
- 自社:SWOT, PPM

■狙うターゲットの特定

STP

■マーケティング・ミックス

4P・4C
AIDMA・AISAS
製品ライフサイクル、主な戦略

■デジタル・マーケティング関連

データ・ドリブン
オムニ・チャネル
ゲーミフィケーション
O2O
ショールーミング、ウェブルーミング

本書には、実際によく使われているマーケティング・ツールがいくつか登場します。主なものをあらかじめ紹介しておくと、上の図の通りです。伝統的、基本的なツールはひと通り盛り込みました。同時に、新しいデジタル・マーケティングにも言及しています。スマートフォンの普及によって、人々の考え方や動き方が大きく変わった今日、マーケティングの手法も変化しています。伝統的なマーケティングの手法と併せて、押さえておいていただきたいと思います。

読み進める中で、興味のあるマーケティング・ツールが出てきたら、そのツールを試しに使ってみてください。自分が担当する商品でもよし、関わっている事業分野でもよし、実際に紙に書いて分析してみることによって、例えば、「あぁ、ウチの商品の立ち位置って、ここだったんだ」と、改めて気付くことがあるでしょう。そこからスタートし、あたかも脳内のニューロンのように、自分の気付きと現実が次々につながり、さらに次への思索が始まれば、きっと新しい商品・サービス開発や事業の変革へと発展していくものと信じています。

それでは早速、主人公の吉田真二君と共に、私たちもマーケティングの入り口に立ってみようではありませんか。

目次

第3章 展示会での屈辱

第4章

【主な登場人物】

●吉田 真二　ジャパン・エレクトロテック社　マーケティング部員
●山崎 隆　同社　マーケティング部　課長
●綾部 ゆり子　同社　マーケティング部員
●池上 誠　同社　営業部員　吉田真二の同期社員
●上野 匠　同社　技術部員　吉田真二の同期社員
●亀山 昭　同社　営業部　係長
●小池 三郎　同社　営業部長
●西条 浩　同社　経理部長
●斎藤 信一郎　同社　購買部長
●山下 稔　同社　製造部長
●松本 裕一　同社　技術部長
●川上 彰　武井システム株式会社　部長
●片桐 和弘　アドバンスドイメージ社　営業部員
●堀田 秀雄　コンサルタント会社勤務　吉田真二の高校時代の同級生
●吉田 えり　吉田真二の妻
●吉田 洋一　吉田真二の兄

ブックデザイン――梅井裕子（デックC.C.）
イラスト――前田はんきち

第1章

新米マーケティング部員の悩み

❶ 頭を抱える真二

会社訪問の学生に冷や汗

真二は明るい春の日差しを浴びている隣のオフィスビルを眺めながら、昨日、就職活動中の学生から受けた質問について考えていた。

彼の上司は、以前の営業部からマーケティング部へ異動して日が浅い真二を学生対応に適任と思い、採用部に推薦していた。2年ほどの業務経験と学生時の就職活動を記憶しているであろう彼の年頃であれば「良い回答と良いアドバイス」ができると思われたからだ。業務経験が豊富でも、修羅場をいくつも乗り越えてきたような仕事人の顔や雰囲気がにじみ出ている人に対しては、学生としては少し質問しにくい。

実は、その学生たちとの質問コーナーで、真二は彼自身が予期していなかった質問を受けたのである。

「吉田さんは、御社の経営理念をどう思われ、どのように実践されていますか」

真二は、一瞬ではなく数秒言葉に詰まった。経営理念はある。確か「商品を通じて、社会に貢献する」というようなイメージだったが、細かくは覚えていない。（参ったな…）。しかも今までの日常業務は、「売上拡大」「案件受注」「的確なフォロー」に忙殺され、理念がどこに生きているかなんてことを考える余裕もなかった。

その時、質問した学生の手元にある会社のパンフレットに目がいった。表紙に社名の「ジャパン・エレクトロテック」が鮮やかな青色で印刷されているパンフレットは、売り手市場の学生を意識して作成された最新のものであった。

「おっ、ちょうど君が持っているパンフレットを一緒に見てみようか」

真二は救われた気がして、学生のパンフレットのページをめくった。そこには、総合電機メーカーとして成長してきた歴史、主な事業分野の説明、経営概況、将来目標などが記載されていたが、経営理念は表紙をめくった最初の見開きに書かれている。

「ここに書いてあるのが経営理念だよ。『わが社は、日々の努力を通じて実現する新しい技術を礎に／お客様が求めるソリューションを提供し／地域、日本、そして世界の発展に貢献する』と書いてあるよね。簡単に言えば、これが僕らがいつも仕事をする上でよりどころとするものなんだ。ちょっと漠然としているけれど、とてもいいことが書いてあると思うよ。で、これがどのように毎日の仕事に生かされているかということだけど、ここは個人個人の受け止め方によるって感じかな」

「そうなんですか」と学生は答えた。「僕は、もっと日常に入り込んでいると思っていたのですが、そういうものなのですね」

「そうだね。正直忙しくて、その理念は頭の隅にあっても、深く考えてないことが多いよ。社会に貢献するという内容から、会社や個人として悪いことは絶対にしてはいけないと思うけれど、実際には部門の中の日常ルールが優先されてるって感じだよ」

「そうなんですか…。分かりました…。ありがとうございました」


「ほかに質問してもよろしいでしょうか」

「いいですよ」。真二は少々無理して笑顔で答えた。

「僕はマーケティングとか経営戦略を勉強しているんですが、実際にマーケティングや戦略はどのように進めているんですか。やはりSTPとか4P、そして商品のライフサイクルなんかを現場で活用しているんでしょうか。特に御社では成長してきている監視カメラの市場で大きなシェアを占めていらっしゃいますし、例えば、新しいカメラを市場に出す前にはどのような活動をするのでしょうか」

　学生は期待を込めた強いまなざしで見つめてくる。

「そうだね…」。真二は言葉に困った。

（なんだ？　どう答えればいいんだよ。難しいなぁ…）。冷や汗が出る。

「難しい質問だね…。そうだね。残念ながら日本でも犯罪が増えているし、監視カメラも着実に増えているよ。一説によると日本には500万台の監視カメラがあるらしい。警視庁は新宿の歌舞伎町に55台、池袋には49台のカメラを設置しているらしいしね。日本もいずれ世界第1位のイギリスみたいになるかもしれない…。で、質問の方なんだけど、実は僕はそういった経営学的なことには詳しくないんだよ。今までいた営業部では営業部なりの業務を学ぶことが中心だったからね。恐らくほかの社員の方がちゃんと答えられると思うよ。ごめんね」

真二は自分がマーケティング部員であることを伝えられなかった上に、まともに答えられなかったことに強い悔しさを感じた。

「そうですか。でも、ありがとうございます。僕はもし入社できたら、そういう仕事をしてみたいんです。その時はよろしくお願いします」。学生は元気であった。

本音過ぎないか?

そうなのだ。今朝から真二はそのやり取りが頭から離れないでいる。

(あれで良かったのかな…)。かなり不安であった。その場は切り抜けたと思ってはいるが、回答自体が場当たり的過ぎたと自覚していた。しかし、(そうだな…。すでに終わった学生の質問より、今日は異動したばかりのマーケティング部での仕事を前向きに頑張ろう)と思い直し、その不安は忘れることにした。

その晩、同期の営業部社員、池上誠から声が掛かった。「おい、ちょっと飲みに行かないか」「いいね、明日は土曜日だし。じゃ、いつものところで。先に行ってて。20分ぐらいで追い付くよ」「オッケー。じゃ、後でな」。真二は仕事の速度を上げた。


「どうだい、マーケティング部は。異動っていいよな。俺なんかずっと営業部って感じだぜ」と言って、誠は真二のコップにビールを注いだ。

「おっ、ありがとう。…そうだね、まだ分かんないけど、いい感じだよ」

「そっかー。ところで、昨日は学生がいっぱい来ていたな。昔を思い出すよ」

「ほんと、驚いたよ。今年は売り手市場らしいし、あいつらも積極的だったよ」

真二は、ハイボールに手を伸ばしている友人を見ながら、頭にある不安の一部を彼に話してみることにした。


「…そんなことがあったんだ。経営理念か…。その子も結構いいところを突くね」。誠は続けた。「でもさ、ちょっとお前の回答、本音過ぎないかな」

「やっぱり、そう思うか」。小さな不安が的中した。

「そりゃ、俺だって言葉に詰まるかもしれないけど、『忙しい』という理由で『経営理念にあまり関心がない』みたいなこと言っちゃうのは正直すぎるよ。その学生さん、納得できたのかなぁ」

「…そうだよな…。そこなんだよ、ちょっとまずかったかなって思ってる。でもさ、実際はそんなもんなんじゃないのかなぁ…」。真二はビールを口にした。

「いや、違うかもよ。なぜなら、以前にも増して本でも新聞でも『経営理念こそ大切なキーファクター』みたいなことが書いてあるし、最近、何で会社があんなに理念、理念と言い出したのか。何か流れがあるんだよ、きっと」

その後はとりとめもない話をしたが、さすがに経営理念の話に加えて、学生からのマーケティングに関する質問までは誠に話すことはできなかった。真二は誠と別れた後、「やっぱり釈然としないなぁ。僕のミスかもしれないけど…。そうだ。もうちょっと経営理念から調べてみよう。今はまだ異動したばかりで大きな仕事もないし」と、少し深堀りしてみることに決めた。

帰宅途中の車内で、真二はスマートフォンのアドレス帳から「堀田秀雄」のメールアドレスを探していた。堀田は高校の同級生で、大学卒業後に大手コンサルティング会社に就職していた。高校卒業後は数回しか会っていないが、相談しやすい雰囲気を持った男である。幸いにも、翌日の土曜日に堀田のアパートで会えるという回答であった。

コンサルタント会社の友人

一通りのあいさつや近況報告、友人たちの動静を語り合った後に、堀田が真二に問い掛けてきた。

「ところでさ、珍しいじゃん、急に会いたいってメール…」

「いや、実はさぁ、ちょっと教えてほしいことがあるんだよ」と真二は答え、学生との会話の内容と自分の不安を堀田に説明した。

堀田は「そうかぁ。確かに回答としては50点ぐらいかな。実際、僕も正直過ぎると思うよ」

「やっぱりなぁ…」。真二は、予想通りの反応に少し虚しくなったが、それは自分が「社会人として落第」というイメージを持ったからであった。

「ところで、君の部署はどこなの」。堀田がすぐに質問してきた。

「先月まで営業部だったんだけど、今月からマーケティング部に異動したよ。まだ新米も新米、稲穂の状態だよ」

「え？　マジで!?」。堀田がちょっと声を大きくした。

「何で驚くのさ。異動は誰にでもあるじゃないか」

「違うよ。異動じゃないよ。君がマーケティング部にいながら経営理念の質問にまともに答えられなかったことに驚いたんだよ」

「え？　そうなの？　マーケティング部の人は経営理念をしっかり覚えていないとダメなわけ？　そりゃ覚えろって言われれば覚えるけど…」

「そうじゃないんだ。今のマーケティングは、経営理念も含めた総合的な活動の中心になりつつあるんだよ。経営理念からくる認識やイメージ自体がマーケティング活動の基礎になってきているんだ。だから、経営理念の文言を覚えろっていうことではなくて、そこの『理念からイメージされる大切なもの』を考え、浸透させ、世間に届けていく活動もマーケティングなんだ。言葉を変えて言うと、ちょっと哲学的なところ」

「そうなんだ…。でも、俺、ずっと営業部だったし…」

「いや、本当のところ、部署なんて関係ないよ。実際はどこの部門でも同じような回答ができないとおかしいんだ」と、堀田は強調した。

「そうかぁ…。でも、経営理念やら哲学的なものがマーケティングだなんて分からないなぁ」。そう言いつつも真二は少し自分を恥じるとともに、（こりゃ、ちゃんと勉強しないと仕事ができないってことかも…）と頭の中で結論付けた。その前向きな切り替えの早さは真二の長所でもあった。そして営業部出身の彼はすぐに行動した。

「堀田さぁ、この際、いろいろ教えてもらってもいい？　新しい部署に迷惑をかけないように頑張りたいし、早く一人前の仕事もしたいしさ」

「いいよ。どこまで教えてあげられるか分からないけど…。僕自身も会社じゃまだ若造だしね」

「ありがとう。助かるよ」

「じゃあ、ちょうど哲学って言葉が出たから、そこからにしようか」

「ちょっと待って。俺、飲み物買ってくる。缶コーヒーでいいよな」。真二は財布の中身を確認しながら部屋から出ていった。

経営理念とは

「さて、吉田はさ、経営理念って何だと思ってる？」

「そこは分かるよ。会社の存在意義って言うか、全体の指針だろ」

「そうだね。当たっているよ。もし多くの人が集まる会社という組織に経営理念がなかったらどうなるだろう。各自が勝手な考え方や方法で仕事をすることになる。僕の先輩のコンサルタントの話なんだけど、以前、創業者が身一つで大きく成長させてきた企業のコンサルをした時、その会社には明確な経営理念も、目指すべき仕事のやり方の基本ルールもなかったらしいんだ。従業員は数十人いて、一見仕事は日々進んでいるように見えた。まぁ、そういう実務的な業務ルールはあるけどね…。でも、先輩が税理士の作成した財務諸表を見てみると業績も低迷しているし、いろいろと無駄が多い。しかも社長や従業員とのヒアリングを始めると、何ともしっくりこなかったらしいんだ。社長の期待と社員の気持ちに大きな溝があるし、お互いに不満が多い。それが業績にも反映されていたんだね」

「それで？」

「そこで先輩は社長との話の中で、まず初めに経営理念の必要性を説いたんだ。最初は社長も『ウチはそんなに立派な会社じゃない』とか『地域だとか社会だとか大それたことは分からない』と言っていたんだが、先輩のアドバイスに従って、まぁ、標準的な経営理念を作成したわけだ」。堀田は続けた。

「社長も実際に作ってみるとまんざらではなく、結構気に入ったようで、部下にパソコンで作成させて会社の会議室なんかに貼っていたそうだ」

「何となく分かるよ。きれいなフォントのスローガンってかっこいいからね。中学とかの壁にも『協調』とか『整理整頓』っていうのが貼ってあったしね」と真二も思い出しながら話を受けた。

「そうだね。でも、ここまでは誰でもできると思うんだ。でも先輩は『これだけじゃダメですよ』って言って、さらに毎月の給料明細封筒に『社長閑話』と題したメッセージを入れさせたんだ。要は経営理念の目的や自社の夢、社員への期待、正しい社員のあり方などを常に説明するようにしたんだよ。まぁ最初のころは、その文章を先輩が書いていたらしいけどね」

「ふーん。面白いね」

「それで、何が変わったと思う？」。堀田がニコニコしながら聞いた。

「そうだなぁ…売上？」

「いや、それは結論を急ぎ過ぎるよ。変わったのは会社としての命。それまではただの『人の集合体』だったんだけど、経営理念を設定して社内浸透に努力するようになってから会社の組織に『命』が宿ったってイメージだよ。何を目的に毎日ここに来て働くのか、その意義とは何なのか、そういう根本的な部分が明確にされたんだな。それで、少しずつではあるけど、従業員も変わってきて『何を、どうすべきか』を考えるようになったと先輩から聞いた。自主的な動きが出てきたんだね。君の回答の売上が変わったっていうのは、これらの間接的でちょっと哲学的な部分が総合的に社内で機能し始めてから『結果として受け取るもの』だと思うよ。まぁ…、社長自身も自分で作った経営理念を体現することにはなるけど、案ずるより産むが易しで、以前より生き生きして

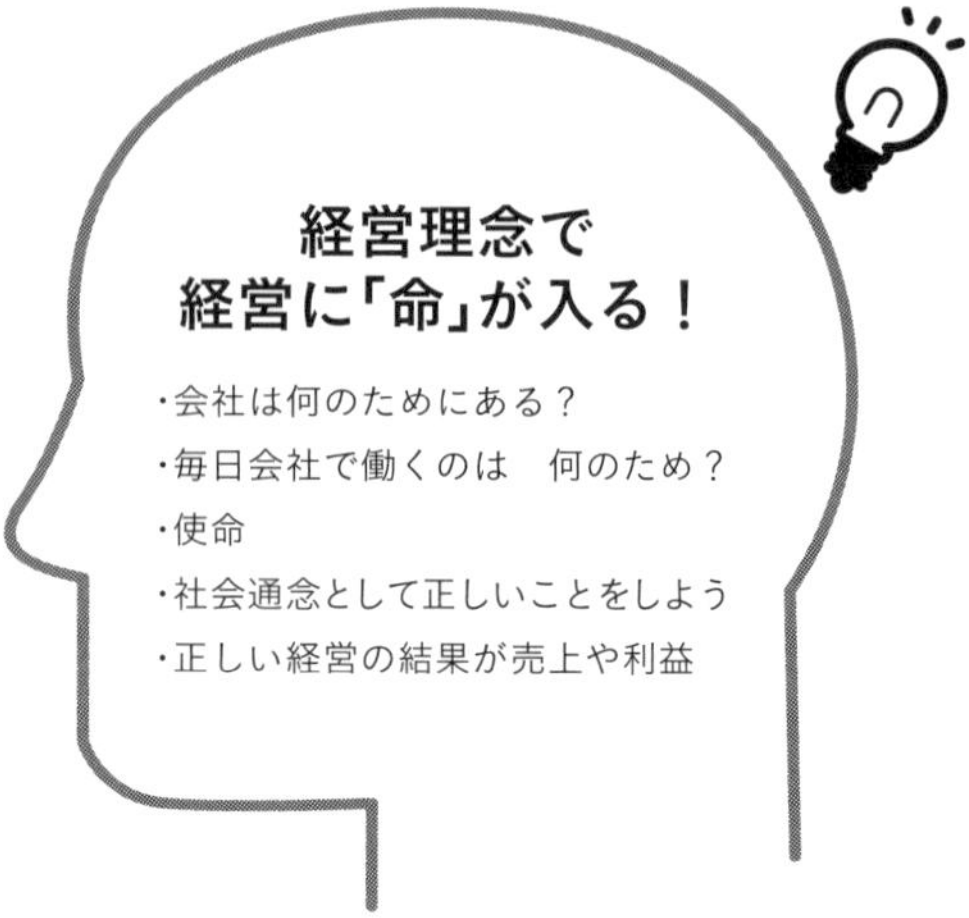
経営理念で
経営に「命」が入る！
・会社は何のためにある？
・毎日会社で働くのは　何のため？
・使命
・社会通念として正しいことをしよう
・正しい経営の結果が売上や利益

見えたらしいよ、先輩には」

堀田はさらに続ける。

「パナソニックを創業した松下幸之助さんはこう言っているんだ。経営に大切なことは『使命を正しく認識すること』そして『まず経営理念を確立すること』って。基本的に僕ら人間はお互いに成長していきたいと考えていて、そんな僕らの生活や文化を向上させていきたいという基本的な要求に応えていけるのが企業であり、そこにこそ事業経営の使命があるという考え方だ。もはや会社は社会的公器として存在しているわけだから、当然ではあるけどね。そして、この使命を自覚し、会社の存在意義、経営の目的ややり方を表現するものとして経営理念を制定したんだ。また、僕らが生活する社会のスピードの変化が速いように経営活動も日々変わるけれども、経営理念は不変であるべきだと考えていたんだ。理念は、何が正しいかという、一つの人生観、社会観、世界観というものに深く根差していなければいけなくて、幸之助さんは社会の道理や自然の法則が出発点だと言っていたんだ」

「ふーん、そういうものなんだ。恥ずかしいけど、僕は今まで経営理念をそこまで深く考えたこともなかったよ。読んですぐに差し障りのない当たり前の言葉として受け止めてしまうから、その理念ができた時の考え方などは想像もしなかった…」。真二は経営理念の重要性を感じつつ、一昨日の自分の至らない回答を思い出していた。

「そうなんだよ。でね、質問なんだけど、経営理念を美辞麗句を並べて制定したとして、もしも幸之助さんが言うところの社会の道理とか正しい社会観や世界観がその経営理念には含まれておらず、さらにはそれらが社内に浸透していないとすればどうなるだろう」

「そうだなぁ…。よく言われるブラック企業かな」

「その通り。例えば売上至上主義で経営すると、社会の道理や正しい世界観から離れてしまうんだよね。なぜなら、正しい経営をした結果、得られたものが売上であり利益だからね。だから経営理念は正しく作り、正しく浸透させ、かつ正しく生かされるのが大切なんだよ」

「ん〜、何となく分かってきたよ。僕の学生への回答じゃ、まるで理念が社内に浸透していないようなことを言っちゃってるよね。『お呼びでない！』って感じだ…。もう反省するしかない」と、真二は頭をかいた。

「ま、無理もないさ。忙しいのは事実だし。でも、このことを認識しながら仕事をするのは大切だよ、特に会社組織ではね」と堀田は少しフォローしつつ、さらに続ける。

「でも、今は少し進んで、マーケティングとしても必要なのは、経営理念に通じつつ社外にも伝わる哲学なんだ」。堀田は、ここでようやく缶コーヒーに口をつけた。

❷ マーケティングの役割って何？

マーケティング1・0〈商品志向〉

「ところで、吉田はさぁ、そもそもマーケティングの役割って何だと思う？」

「そうだなぁ…、商品を企画するためのベースの提供や完成した商品を販売する方法の検討ってところかな」

「そうだね。当たっているけれど、それはあくまでもマーケティングの一部分でしかないよ。しかもちょっと古いかな。今、『哲学』なんて言葉が出ているくらいだから、そのような現実的な一部分ではないことは想像がつくと思うけど、実はマーケティングというもの自体のとらえ方は時代によって変わってきているんだ」

「へぇー、そうなんだ」。真二は興味を示した。

「そうなんだよ。歴史的な変遷を説明すると、まず僕らのおじいちゃんたちが最前線で働いていたころを想像するといいんだけど、そのころは日本では戦後の高度成長期で、モノは作れば売れるという時代だったと聞いているよね。今から思えば何ともうらやましい話だよ。ま、その時代までを『商品志向』『プロダクトアウト』『マーケティング1・0』などと言って、要は生産者・企業側がいかに商品を顧客に売り込むかが中心に考えられたマーケティングなんだ。決定的なビジネス活動の視点は『生産者・企業』側にあるというところが特徴かな。新しい技術で新製品を開発すれば顧客が買ってくれる。そこに顧客がどう不満を持っているかは大切な視点ではなく、新製品発売と顧客の獲得活動で企業が成長できた時代。企業側から見て、顧客を獲得するためのマーケティング活動であったわけだ」

「ふーん」

「そうだな…。ちょっと想像してみてほしいんだけど、日本の戦後のように何も無かった時代にクーラー、自動車、冷蔵庫、テレビなどが出てきたらどう思う？　ラジオしか無かったのに映像が、動いている画像が家で見られるんだよ。これって、生活も何もかもを変えてしまうほどのインパクトがあったと想像できるよね。冷蔵庫だって、それまでは氷屋さんが運んできた氷を密閉された箱に入れて冷蔵庫にしていたんだから、こちらも変化が大きい。こういうのは大きい夢があるし、心の底から欲しいと思うよね。そんな時代のマーケティングは、市場の顧客に対して自社の商品に興味を持ってもらうための活動が中心になるんだ。その目標は『市場占有率の向上』という形で表される。そのための典型的な活動の一つが膨大な量の広告宣伝だったわけだ」

「いい時代だな。そんなころに営業部にいたかったよ」。真二は思わずため息をついたが、話している堀田自身も同感だった。

マーケティング2・0〈顧客志向〉

「本当だな。でも先行していたアメリカでは、商品が市場に浸透するにつれてさらに発展した考え方が出てきていた。顧客を作り出すための価値（機能）の満足感の提供を中心に考えるべきだというものなんだ。顧客志向のマーケティングと言われるものだ。マーケティング2・0だね。商品が徐々に行き渡ってくると、それまでのような企業側の一方的な理解と解釈ではモノが売れにくくなってきたんだ。そこは容易に想像できるよね」

「まぁね」。そんな真二を見て堀田が続けた。

「そうだなぁ。かなり古い例になるけど、1920年代のT型フォードって知ってるかな」

「聞いたことはあるような…、ないような…」

「T型フォードはいろいろな面で画期的だったんだよ。お金持ちのものだった自動車を誰でも買えるようにしたとか、大量生産を可能にしたとか、従業員の待遇を改善したとかね。でも、ここで言いたいのは、T型フォードが会社の理想を追い求める中で、あえてモデルチェンジをほとんどせずにずっと作り続けられたことなんだ」

「へぇー、そうなの。日本なんか、今では少し延びたけど5年程度でフルモデルチェンジするよね」

「そうだね。まぁ、時代が違うってこともあるけどね…、確かに大金出したのに数年で古くなって見えるのは残念ではあるよね…。で、そのモデルチェンジしない車をお客さんはどう思ったかなんだけど、最初は喜んで買うよね。安いし、シンプルで壊れないしさ。夢の実現だったから、それはそれは売れたらしいよ。でも、ずっと同じで誰もが同じものを持っていたらどうなるだろう。さっきの作れば売れる時代が続いてきたって感じかな」

「そうだなぁ。人と違ったものが欲しくなるかな」

「そうだよね。そこでフォードの競争相手だったGMは、黒一色だったT型フォードに対していろいろな色の車を出したり、エンジンの始動を今のようなキーとかを回すものに変えたりしたんだよ。T型フォードは車の前に行ってクランクっていう棒を回さないとエンジンが掛からなかったからさ。そういう新しい価値をお客さんが求め始めてきて、逆にフォードは売れなくなっていったんだよ」

「ふーん、そうなんだ」。真二も何となく分かったような気がした。

「そこで、各企業は顧客がどういう視点でこの商品を選択したのか、どういう理由でこれを買わなかったのか、何が足りなかったのか、などいろいろと分析して商品に生かすようになったんだ。その一つとして、アンケートが盛んに実施されたらしいよ。もちろん、今でも活用されているけれど、顧客の思いを探り出そうと企業が活動し始めたわけだ。一方で、さまざまな顧客の満足を追い求めるために多角化し過ぎた企業に対しては、『選択と集中』が重要視され始めたりもしてきたんだ」

「確かに商品が珍しいうちは大して比較せずに買うけれど、同等のものがあふれてきたら僕だって一生懸命に商品勉強してから買うし、ほかの人と少し違ったものを買いたくなるよね。だから企業側は必然的に顧客志向になるわけだ」

「そう。その通りだよ。ところで吉田はコモディティ化って言葉を知ってる？」

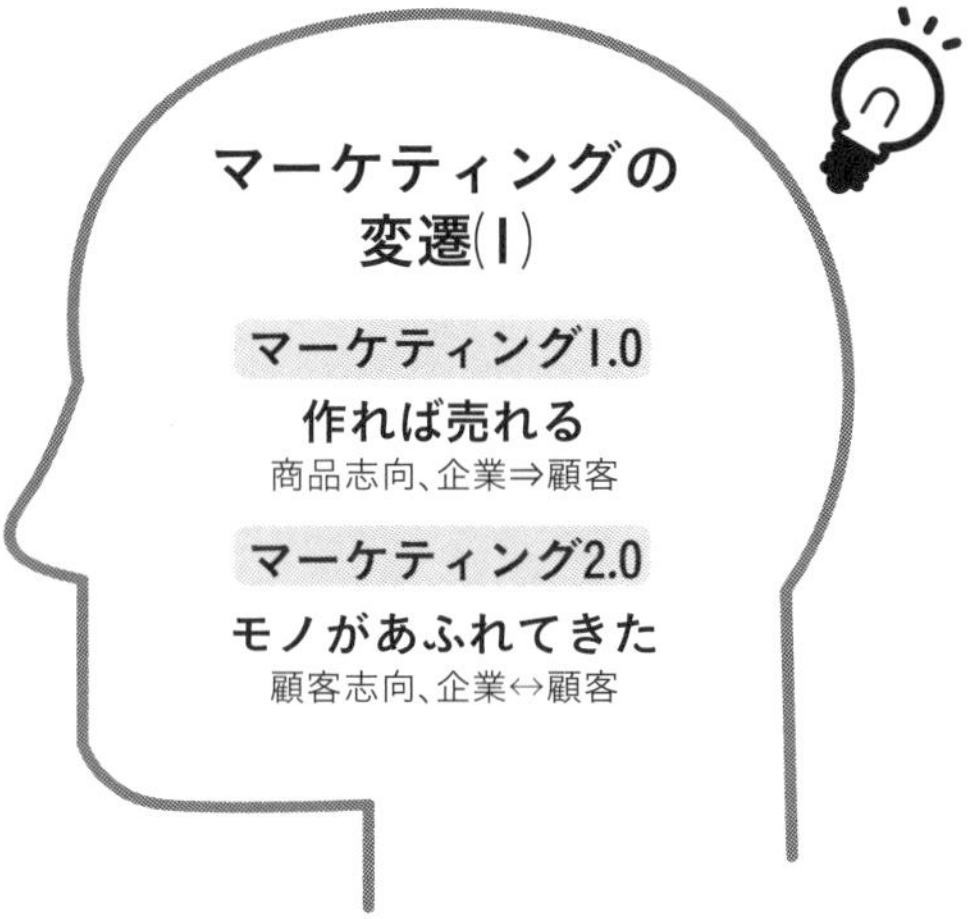
マーケティングの変遷(1)
マーケティング1.0
作れば売れる
商品志向、企業⇒顧客
マーケティング2.0
モノがあふれてきた
顧客志向、企業↔顧客

「コモディティ化？　もちろん知っているよ。さっき言ったような、商品やブランド、特に商品の差別化が困難になるくらいに各企業の商品やサービスが画一化していくことだよね」

「その通り。そのコモディティ化が非常に進んでいるのが今の僕らの時代だよ」

「そこはよく分かる…。先月まで営業マンだったし、いつも苦労していたからね。いい商品が技術部から出てきてもすぐに他社が同等品を出してくるし、結局は価格競争になっていくんだ。本当につらいよ」

「本当だね。先輩のコンサルタントも『えらい時代だ』って言っているし、正直、みんな困っているよね」

二人は「ふー」とため息をついてコーヒーに手を伸ばした。

マーケティング3・0〈価値主導〉

「さて、そんな時代のマーケティングとして出てきたのが、マーケティング3・0で、『価値主導のマーケティング』とか『顧客が求める・求めるであろう価値を前提にしたマーケティング』と言われるものに変わってきたんだ。商品を考える際に、常に顧客が感じる価値を考えなければならないわけで、これも言葉では簡単だけど実践するのは難しいところがあるのは事実なんだ」


「顧客志向と価値主導は違うの？」。真二は疑問を投げ掛けた。

「大きな違いは、簡単に言えばだけど、顧客志向は商品開発のゴールがまだ見えやすいんだ。でも、価値主導の現在では顧客の欲するところが見えない、もしくは企業より顧客の方が進んでいるってことだよ。この違いは大きいよ」

「これも少しは分かるよ。実際に僕らが営業部で頭をすり減らして考えても、ディーラーに聞きに行っても新製品の形がつかめないっていう感じがある」

「そうなんだ。そこにはインターネットの普及も大きく影響しているよ。僕らもそうだけど、情報が簡単に手に入るし、価格や機能の比較も瞬時にできる。口コミも参考にできるしね。それにまず、僕ら自身がモノに困っていない」

「同感」。コーヒーを飲みながら真二も賛同した。

「しかもだよ、ある分野の商品やサービスにおいては顧客の方が企業より進んでいるんだから企業側は困ってしまうよ。例えば、パソコンだって最先端好きでマニアックな人はパーツを集めて自作している世界だし、何かの飲食店を始めたとしても、顧客は本場で本物を食べている時代だもんね。一方で、この程度で機能は十分というモノもあふれている。顧客の価値を見つけるのは至難の業になってきていると思うよ。変化のスピードも速いし…」と認めつつ、堀田は続けた。

「で、このマーケティングだけど、顧客に聞いてもイノベーションのネタが少ない時代においては、創造的なマーケティングが不可欠になっているんだ。何て言うのかな、顧客の意表を突く驚きとか感動とかを提案していくマーケティングだね。ここが価値主導型なんだ」

「ほう…」

「そう考えると、マーケティングの使命は『自社の顧客が喜んでいる、驚いている、感動している顔や姿』を具現化することになるんだ。『夢を創る機能』と言ってもいいかな。これが現代のマーケティングの大きな役割なんだよ」

「そうか。僕はお客さんを笑顔にする仕事に携わっているわけか」。感慨深げに真二はうなずいた。

「そうなんだよ。やりがいのある仕事じゃないか」。堀田はニコニコして真二の目を見た。真二も「んー、まだ具体的には分からないけど、楽しみになってきたよ」と答えた。堀田は続けた。

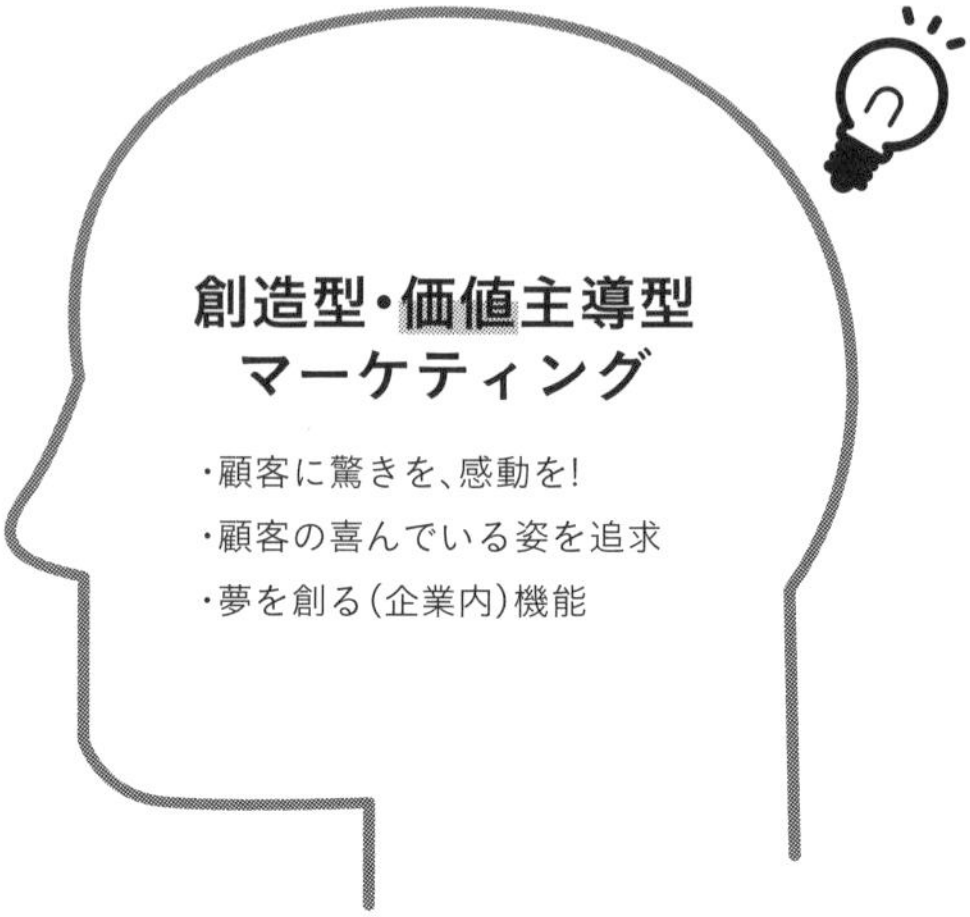
創造型・価値主導型
マーケティング
・顧客に驚きを、感動を！
・顧客の喜んでいる姿を追求
・夢を創る（企業内）機能

マーケティング4・0〈デジタル時代〉

「さて、いよいよ最後のマーケティング4・0だよ」

「えっ、まだあるの？　ずいぶん変わってきているんだね。驚いたよ」と真二が答えた。

「いや、変わってきているというのもあるけれど、僕自身はそれぞれの企業がその時々の状況に合わせて、旧来型のマーケティングを使ってもいいと思っているんだ。ソフトウェアのバージョンのように過去のものは否定されてしまうというのではないと思うな。時にはメーカー主導の商品志向で進めなければならない場合もあると思うしね。ただ、顧客の価値を考えていくというベースは変わらないとは思うよ」

「そうなの…」。まだ真二は堀田の言わんとするところが理解できないでいた。

「まぁ、いいよ。さて、マーケティング4・0だけど、これは、何と言えばいいのか、デジタル技術がさらに進んで、それを駆使して変わっていく人間の行動をとらえていくことでマーケティングの仕組みが変わりますよっていう内容かな。ただ、すでにこの4・0で言われるような取り組みは市場に導入され始めていて、企業も僕らも使っているとも言える」と言って、堀田はコーヒーをひと口飲んだ。

「4・0は顧客の価値をさらに追求するために、今のデジタル技術の進歩の中でマーケティングがどのように変わっていくかを述べていると理解しているんだけど、そのベースは、カスタマー・ジャーニーとされている」

「カスタマー・ジャーニー？　お客さんが旅をするのかな…」と真二が答えると、堀田は笑いながら、

「いや、顧客が物理的に旅をするんじゃないよ。簡単に言えば、顧客が商品を知ってから、その商品を賞賛するまでの流れをそう言っているんだよ。ここには、その顧客が所属するコミュニティの影響力もあるとされている」

「ふーん…」。真二は、やや腑に落ちない顔をしていた。

「まず、顧客があるブランドを受動的に知るという『認知（Attention）』、次に『訴求（Appeal）』。これはさまざまな情報を処理していく顧客の中に印象に残るブランドになっていなければならないというところだね。その次が『調査（Ask）』だけど、これは普段僕らがやっている情報を得て商品のことを調べたり比較したりするような段階かな。そして次が『行動（Act）』で、いわゆる買ったりサービスを受けたりという段階。そして最後が『推奨（Advocate）』だけど、顧客が気に入れば継続して購入するだろうし、周りの人に薦めていくよね。そういう最終段階だよ。5Aとも言われているらしい。まぁ、でもこのへんの表現のされ方は昔からいろいろあるんだけれどね…」

「5A？　ウチの会社の工場の壁にも貼ってある…あっ、あれは5Sか」と真二が受ける。

「それは昔から言われている『整理・整頓・清掃・清潔・躾《しつけ》』の改善運動だよ。4・0はこのカスタマー・ジャーニーをベースにして、これからのデジタル社会の中で、実際のお店とウェブサイトなどとの融合を目指すマーケティングには何が必要かを教えてくれる」

「そうなんだ」

「まずはコミュニティ。人は人と同じ行動をとりたがるとか集団となった時の横のつながりが重要になってくるということから、スマホの普及とともに、そうだなぁ、企業にしてみれば宣伝から購入行動や評価までコミュニティの存在を重要視する必要が出てくるということだろう。

次は、あらゆるチャネルで企業と顧客とのコンタクトが増えるだろうから、例えばコンテンツ・マーケティングの活性化が重要になってくる。あるコミュニティや個人に対して有益で興味深いコンテンツ、単に広告ではなくて、顧客に何らかの問題解決や成長に役立つような内容を提供していくということだね。すでに実施している企業も多いだろうけど、スマホの普及で日々重要性を増していると思うよ。まぁ顧客も目が肥えてきてコンテンツの内容に対して厳しい評価を下すようにもなっていくと思うけどね」

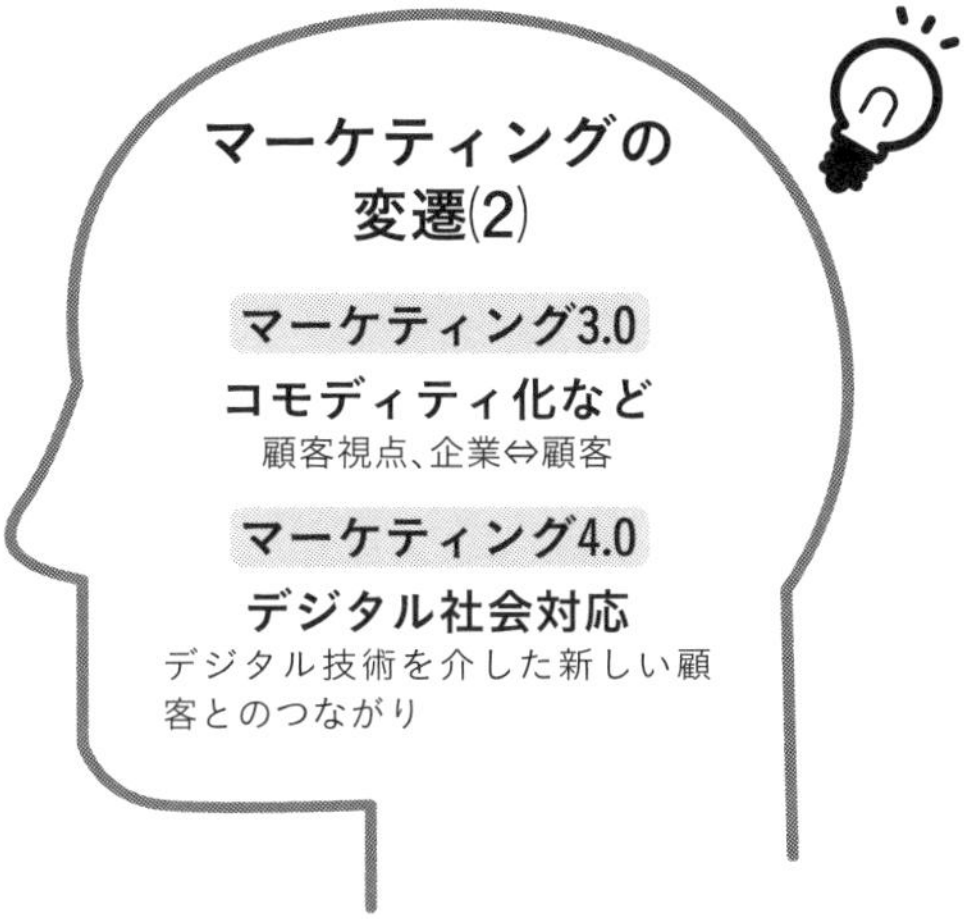
マーケティングの変遷(2)
マーケティング3.0
コモディティ化など
顧客視点、企業⇔顧客
マーケティング4.0
デジタル社会対応
デジタル技術を介した新しい顧客とのつながり

「そうだろうね。情報は一方的にどんどん増えているから、自分に役立つかどうかは大事だよね」

と真二も同調した。

「4・0はこれからの新しいデジタル中心の人間の行動を考え、さらにスマホなどのモバイル機器を前提とした新しくて、多様化した顧客とのつながりや出会いを考えたようなマーケティング的アプローチを提唱したものだよ。4・0とは言っているけれど、伝統的なマーケティングと新しいデジタル技術や人間行動を統合しようとしている提言ととらえられるんだ」

「分かった。もちろんざっくりとだけどね。でも、デジタル技術っていったいどこまでいくんだろう」。真二が独り言のように言った。

「そうだね。どこまで個人の行動や考え方が新しい技術で分析されていくんだろうね。怖いところもあるのが本当のところだよ。僕もよく分からないけど、技術や企業の進み方が速くてトラブルが起きてから規制がかかるというような時代にもなっている。そんな時代、個人も社会も常に変化しているから、最終的なマーケティングの答えなんていうものもないんじゃないかな。常に変化に対応するのがマーケティングであり、企業活動自体だから…。ただ、顧客の価値、問題の解決というような思想は当分変わらないだろう。こんなところかな」

企業の存在価値

「ところで、さっき価値の話をしたけど、マーケティングが関係する価値は商品の価値だけではないんだ」と堀田が続けた。

「そうなの？」

「そうなんだ。最初に経営理念の話が出てきたけど、価値は商品の価値だけでなく、企業として尊敬に値するものが求められているんだよ。インターネットなどで情報は瞬時に市場で共有される半面、何か問題があればすぐに知れ渡るのも事実だよね。もともと正しい理念に基づいて経営していることが最も重要なんだけど、企業には以前にも増して高い倫理性や社会貢献が求められるようになってきているんだ。君だって、悪いうわさのある会社の商品は買い控えるだろうし、それよりも社会に正しく貢献している会社の製品を買いたくなるよね。それが人情だ。だから、価値には『その企業自体の存在価値』までも含まれているんだよ。そこまで考えるのが現代のマーケティングなんだ」

「そうか。だから経営理念の話をしたんだね」

「そう。企業の長期的な成長においては、顧客の価値、従業員の価値、社会に対する価値が不可欠だ。でも、考えてみれば当然な話で、もともと企業は何らかの商品やサービスを通じて顧客の満足を満たすためや顧客の何らかの問題や課題の解決のために活動して対価を得ているわけだし、働く従業員を大切にしないで長期的に存続できるとも思えない。ましてや地域社会で認められなければ商品を売ることも、その地域で有能な人材を集めることもできないことになるからね」

「これってもしかして、『三方よし』かな？　前に本で読んだよ」

「その通り！　そうだね、近江商人の言葉だね。買い手よし、売り手よし、世間よしの三方よしだ。厳密に同じかどうかは分からないけれど、思想は一緒だと思うよ」

二人は同じ意見にたどり着いて気分が良くなったのか、大きく背伸びをした。

堀田は続けた。

「さっきの三方よしだけど、顧客の満足は当然として、そうだな…、従業員と地域社会の価値というところでは長野県の伊那食品工業が有名かもしれないね。そこは寒天製品が中心で、主要ブランドは『かんてんぱぱ』だ。長野に行くと、大概のところで手に入る。僕も長野に行った際には、スーパーに寄って買ってくるよ。

でね、その企業は企業価値を『社員ひとりひとりのハピネス（幸）の総和』（伊那食品工業HPより）と考えているんだよ。それをベースにした活動で企業が継続されて、納税、メセナなどの形で社会に貢献していくという考え方。売上も利益も社員が幸せになるための一手段として考えているから徹底していると思う。労使という考え方もなくて『家族』だという、何と言うのかな、昔の日本の企業の良いところを継続してきていると感じるよね。できれば、こういう会社に勤めたいし、こういう会社の商品を買っていきたいと思うのが人情だよ。

そう考えると、利益に対する考え方がおのずと重要になる。利益のみを目標にする活動には限界

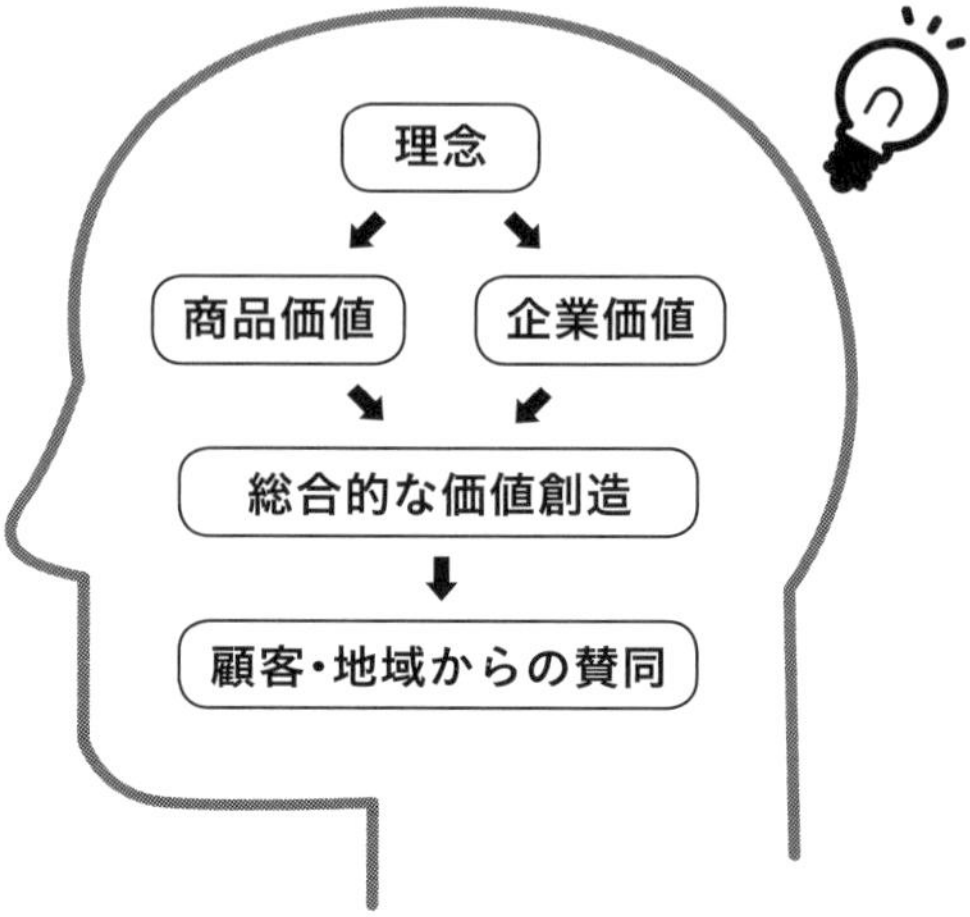

があるけど、顧客と従業員、そして地域への貢献の対価として受け取るものが利益と思えば、経営の姿勢は自然と誠実になる可能性が高い。会社の中と周囲に関係する人々の笑顔の数が利益を生み出す数ってイメージできるもんね」と堀田は説明して、缶コーヒーを飲み切った。

「ほかにも、そうだなぁ…、以前、先輩と一緒に、川崎市にあるチョークのメーカーを訪問したことがあるんだ。そこでは工場の中で知的障がい者の方々が大勢働いていたんだよ。製品を製造する上で多くの工夫をして、みんなが目標を持って仕事に励んでいて、彼らが重要な戦力になっているんだ。昔、その会社の会長さんがお寺でお坊さんから、人間の究極の幸せは『愛されること、褒められること、役に立つこと、必要とされること』と聞かされて、施設ではなく企業こそがまさにこうした幸せを提供できる、人間を幸せにできるという観点から『皆働（かいどう）社会』つまり、みんなが分け隔てなく働ける社会の実現に向かわれているんだ…。まぁ、すべての企業が同様に実現できるかどうかは厳しいけれども、高い志を持った企業は実際に存在しているんだよね…」と、一呼吸おきながら、堀田は真二を見つめながら話した。

理念を分かりやすく

突然、真二は手を挙げた。

「ところでさ、さっきの哲学っていうところはどこに結び付くの？　今の話でずいぶんと哲学っぽくなってきているのは分かるんだけど…」

「そうだね。じゃあ、まず、今までのマーケティングの大まかな変遷と役割に関してはいいかな？」

「オッケー」

「では、哲学だけど、ここで言うところの哲学は『企業内の思想、価値観』といった意味で使っているけれども、まぁ、理念と大差はないけどさ。しいて順番として言うなら、大きな理念があって、その次の段階で、より具体性を持ったものかな。ただ、今までの会社の歴史や営みを否定せずに未来を志向する確固たる柱という意味合いかな。大切なところは『自社が未来に向かってどうあるべきか』を明確にしたもの、しかも『その目標に向かって実際に動いていきます』というイメージが顧客や地域から認められていくことなんだ。経営理念は観念的なものが多いけれど、そうだな、哲学はちょっと具体的なものが望ましいよ。ある研究者は社内でも社会でも、その哲学を理解しやすい『何かの表現』が必要と言っているんだ。そうだなぁ…、例えば簡単なところで『技術の〇〇』って言えば技術力を中心にして社会に貢献するイメージが湧いてくるし、『半導体は〇〇株式会社』と言えばその分野でトップになっているかトップを目指そうとしている企業だと思う。それに『皆様の老後の健康を考える〇〇』と言われても何か伝わってくる。まぁ、テレビのＣＭなんか見ていると少し前から社名の後で英語でスローガンを流すよね。グローバル企業としてはそうせざるを得ないのかな…。ただ、これは伝わるというよりイメージだよな…、誰もが英語が分かるわけではないからね」

「確かにそうだけど、存在意義を短く表すってことでもあるよね」と真二も相づちを打った。

「ま、そこなんだよ。分かりやすさ・具体性があれば、会社の各個人が何かを生み出す指針になるし、外にいる僕らもその企業や開発される商品に対して理解がしやすいところなんだよ。それに、あまり細かく表現するよりも幅広く解釈できる余地があって、社員からもその理念に対して何らかの自主的な活動や取り組み方が出てくる方がいいという時代にもなってきているようだよ」。堀田は続ける。

「また、もし一般的な消費者も理解がしやすければ、長期的な関係がつくりやすいと思われているんだ。でも、どんなに視覚化された哲学や理念があろうとも、さっきの顧客の喜ぶ顔を目指しているか、従業員や社会に対して誠実で貢献しているか、という視点は外してはいけない。そこまでも考えていくのが今のマーケティングだよ」


「責任重大だな。今度の俺の仕事」

「そうだよ、吉田がどこまで入り込むかは分からないけど、今話してきたようなことを頭の隅に入れて仕事をしていくのも大切だと思うよ」

「ありがとう。僕の経営理念の回答の失敗から、ここまで説明してくれて助かったよ。今まで経営理念なんかお題目程度にしか考えてなかったけど、会社としてはとても大事なんだね。しかも、それらをマーケティング活動の一端として考えていくなんて思ってもみなかったことだよ」

「そう言われるとうれしいよ。でも、この理念に関する活動は営業的な部分だけではないんだよ。人事戦略も経理活動も購買戦略も、みんなマーケティングの中に入ってくるんだ。なぜなら、すべての価値を生みだすための基礎的な活動がマーケティングだと言っても過言ではなくなってきたからね」


そして堀田は思い出したように続けた。

「あ、そうだ。今日話した部分に少し役に立つかもしれないワークシートがあるから持っていくかい？」

「え、いいの？」

「構わないよ。基本的なものでしかないけど、役に立つかもしれない。経営理念や社内のスローガンを考える際のとても基本的なワークシートなんだけどね」

「うん。ありがとう。僕もやってみるよ。それにしても、僕は面白い部署に異動になったんだなあ。これからが楽しみだよ。今日はありがとう」。

真二は今後のレクチャーをお願いし、堀田は快諾してくれた。そうである。真二は経営理念だけでなく、毎日の仕事であるマーケティングに関しても学生の質問に答えられなかったのであるから、少しずつでも勉強が必要であった。

すでに暗くなった外では、散った桜の花びらが、行き交う車の風で舞い上がっていた。（何だか、面白かったな。まずは、家に帰ったら忘れないうちにノートに書いておこう。よーし、頑張ろう!!）と心の中で叫ぶ真二であった。

新経営理念・新事業理念　「基本検討シート兼チェックシート」

現在の経営理念

創業時の夢
（創業者自身／創業時メンバー／関係者／社史より）

なぜ創業したのか

当時の純粋な思いはどのようなものだったか

当時の夢は何だったか

創業時と現在では何が異なってきたか

事業分野

商品

目標とする市場

未来に向けてどうしたいのか、どうなってほしいと願うか

世界　予想・願い

日本　予想・願い

社会　予想・願い

ビジネス　予想・願い

働き方　予想・願い

従業員とその家族　願い

その予想や願いをベースにして描く「理想や夢」は何か

そこにある当社の使命（ミッション）は何か

新しい経営理念・事業理念

チェック項目

- ◆創業時の夢は継続されているか □
- ◆ターゲットと想定する市場を意識しているか □
- ◆想定される事業分野が含まれるか □
- ◆未来にわたって普遍性があるか □
- ◆顧客の喜ぶ顔が見えるか □
- ◆社員全員の喜ぶ顔が見えるか □
- ◆会社に関係する全ての人々の幸せを願っているか □
- ◆地域、国、世界に対して貢献するか □
- ◆お天道様に照らして誠実か □
- ◆実行可能と判断できるか □
- ◆美辞麗句だけではないか □
- ◆会長・社長以下、全てのリーダーが率先垂範できるか □
- ◆利益は社会的通念に基づく正しい人間観・世界観を持った経営の結果として受け取ることができるものと理解しているか □

堀田のアドバイス

1．経営理念

○どういうものか

- ✓ 会社の存在意義の明確化。
- ✓ 僕らにしてみれば、何で毎日働くのか、への回答。
- ✓ 使命感。ミッション。
- ✓ 正しい倫理観に基づいた行動・思考の規範。

○経営理念の作用

- ✓ 商品や企業自体の価値の基礎。
- ✓ 社会に対する企業全体としての価値創造へ。
- ✓ その価値を顧客や地域が賛同してくれるか。
  そうなれば社会が僕らを受け入れてくれる。

2．移り変わるマーケティングの考え方

○マーケティング 1.0

- ✓ 企業中心の考え方。
- ✓ 企業がいかに商品をお客さんに売り込むか。顧客獲得中心。
- ✓ 作れば売れる。

○マーケティング 2.0

- ✓ お客さんの好みの多様化が進む。
- ✓ 顧客のことを考えないとモノが売れないようになった。顧客志向。
- ✓ 顧客の満足感の提供へ。

○マーケティング 3.0

- ✓ 顧客の考え方がさらに多様化。
- ✓ あふれる商品、あふれる情報、本物志向などの一方で、ある程度で満足してしまう市場。
- ✓ 顧客の喜ぶ顔を求める活動　→　感動できる価値のような…
- ✓ 企業のあらゆる価値が試される　→　三方よし

○マーケティング 4.0

- ✓ 高度デジタル社会におけるマーケティング。
- ✓ カスタマー・ジャーニーへの企業の取り組み。
- ✓ 重要度を増すコミュニティや個人の成長に役立つようなコンテンツ。
- ✓ 伝統的マーケティングとデジタル・マーケティングの融合へ。

3. 理念から顧客の賛同まで

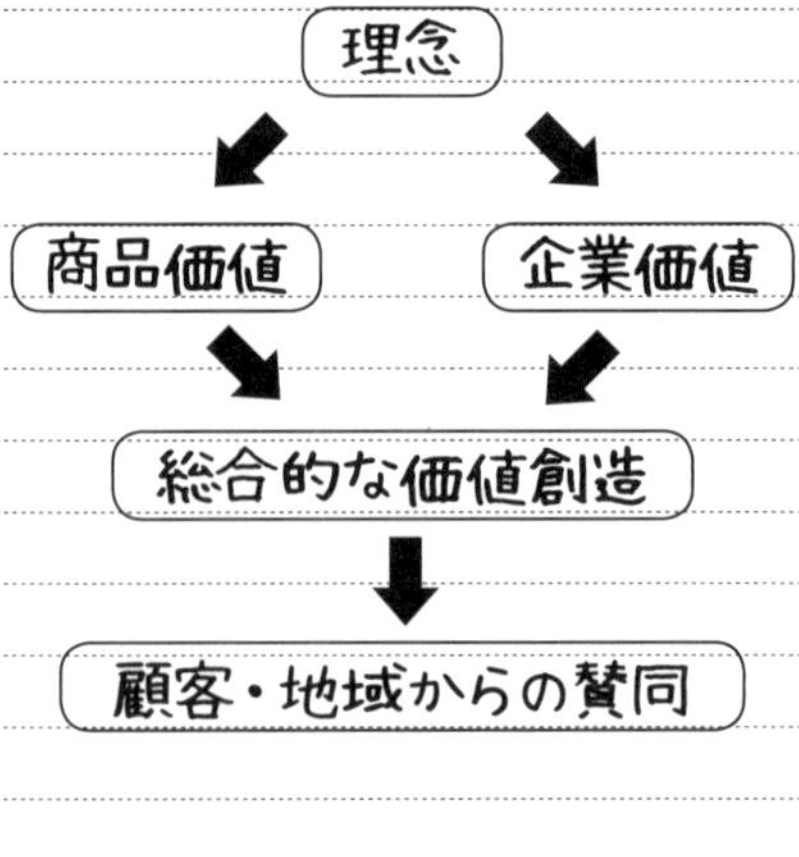

第2章

落ち始めた売上

❶ WJ-6500シリーズ

渡されたフォーマット

「おーい、吉田。ちょっといいか」。窓を背にしたデスクから、山崎隆課長が吉田真二に声を掛けた。5階にあるマーケティング部は、新製品の企画や商品戦略を立案する「マーケティング企画課」と、広告宣伝を中心に行う「広報宣伝課」に分かれており、山崎課長は前者の「マーケティング企画課」の課長であった。真二は、そこに異動になったのである。

「はい。今、行きます」

「おい、吉田、君は今まで営業部にいたから最前線にいたことになるな」

「はい。そうなります」

「じゃ、適任だと思うので、このフォーマットを埋めてほしいんだ」と言いながら、山崎課長は1枚の紙を真二に渡した。

「これは、何かの分析のフォーマットですね」

「そうだ。極めて基本的なものだが、定期的に記入して状況を確認しているんだ。もちろん、入門編と言ってもいいようなものなんだが、これをちゃんと実施しているかいないかで商品やその周辺の見方が変わってくるんだ。記入の対象は、当社の主力製品『WJ-6500シリーズ』だ。本体だけでいいし、国内市場だけで構わない。君は営業部だったから簡単だろう」

「分かりました。どれくらいのお時間をいただけますか」

「そうだなぁ…、明後日でいいよ」

「はい。分かりました。今日は月曜日ですから、水曜日ですね」。真二は営業部員の常で、復唱して確認した。

「よろしく頼む。あ、そうだ、それは紙だけど、メールにデータを添付するからそっちを使ってもらって構わないよ」

「はい」


席に戻った真二に女性社員が声を掛けてきた。マーケティング部の先輩になる綾部ゆり子であった。

「吉田さん、早速の仕事ね」

「そうなんです。このフォーマットの記入なんですけど…」

「あ、それね。そのフォーマットの視点は大切だから課長も吉田さんにお願いしたんだと思う。大切なことは事実を書くこと。主観はその次かな。でも、営業部だったから簡単だよね。頑張ってね」

「はい。ありがとうございます。頑張ります」

「さてと…、落ち着いて見てみるか」。真二は1枚の紙を机に広げた。

記入日　　／　／
記入者

市場の状況

市場全体の状況

自社商品の状況

販売全般	
機能	
価格	
流通	
プロモーション	

他社商品の状況　　従来の想定された競合商品の状況

販売状況	
機能	
価格	
流通	
プロモーション	

他社の新製品など

販売状況	
機能	
価格	
流通	
プロモーション	
当社の目標市場において脅威となっているか、もしくはなるか。	

販売状況ヒアリングシート

品番	

販売開始		計画台数		累計台数		備考	
国内価格		利益率	%	（前期）	%	理由	

販売状況
（過去半年の販売台数）

	月	月	月	月	月	月	合計
国内向け							
（前期比）							

主要プロジェクト案件の状況

＝受注＝

案件名	台数	金額（千）	競合	獲得の理由

＝失注＝

案件名	台数	金額（千）	競合	失注の理由

＝継続中＝

案件名	台数	金額（千）	競合	受注獲得への課題

営業部コメント
（必ず主要ディーラー等の意見を入手して記入すること）

（記入者）

技術部コメント
（他社製品の比較分析、技術動向、課題、提案など）

（記入者）

（まずは、最近の売上か。ここは営業データで分かるな。プロジェクトは営業部に改めて確認すればよしと。市場の状況も一応分かるな。他社の商品状況か…。ここは営業部と技術部で打ち合わせだ）。真二は頭の中で手順を組み立てた。

販売台数にかげり

早速、真二は営業部に向かった。営業部共有データを見るため、一応あいさつも兼ねて元の上司に了承を取ると、すぐに作業を始めた。

（やはり、前の部署だから、こういう時に仕事がやりやすいな）と、異動の長所を感じながらデータベースの数字を抜き出してインプットしていった。

（ウチのメインモデルの一つだからな…。あれ？　こんなに売上が下がっているんだっけ…。先月の3月がまずいな…。まず、去年の秋は専門誌に新しい記事広告を積極的に掲載したので、年末までは調子がいい。1月も悪くはない。でも2月も落ちているし、やはり3月は全国合計で落ち過ぎだ…）。真二のデータを見る目が真剣になった。

（利益率も悪化している。これは何だ。確かに売れなくなれば値引きも必要だが…。でも、そんなに大量に値引き決裁があったかな…。ほかにも原因がありそうだ。後で原価管理課に確認しよう）

品番	WJ-6500

販売開始	2014／1	計画台数	54,000	累計台数	30,925	備考	
国内価格	¥250,000	利益率	15.8%	（前期）	16.3%	理由	

販売状況
（過去半年の販売台数）

	10月	11月	12月	1月	2月	3月	合計
国内向け	1,296	1,311	1,684	1,132	1,059	913	7,395
（前期比）	101.0%	103.4%	115.8%	95.6%	89.8%	65.3%	95.2%

次に真二は営業部・営業管理課へ足を運んだ。プロジェクトの状況や他社状況を確認するためだ。直接営業部の役職者に尋ねてもよいが、そこは2年間働いている会社員として、まずは自分でデータを集めてから詳細を聞くことにした。

営業管理課の亀山係長は真二が入社してすぐに営業部に配属になった時から彼をかわいがってくれた先輩である。

「亀山さん、先月までの販売台数データを抽出したんですけど、今年に入ってから良くないですね」

「そうなんだ。数字で見ると一発だね。営業内部でも新しい期に入った今週から会議が増えたよ」

「そうですか…。僕は中部地域担当だったんで、全国の状況まで詳しく把握していませんでした」

「中部は比較的いい状況なんだが、関東が落ちているよ」

「そうなんですね…。では、大事なプロジェクトの状況から教えていただけますか」

「いいよ。ちょうど打ち合わせコーナーが空いているから、あそこで話そう」。二人は、窓際の眺めが良い場所に置いてある簡素な応接セットに移動した。

「プロジェクトは、悪くない。でも、失注が目立ち始めた。例の沖縄産業向けの案件はダメだった。理由は常にライバルとなるアサダ電子工業が大型値引きをしたからだが、彼らのどこにそんな体力があったんだろう。ここは調べなければダメだ。また、期待していた福井県警向けも失注だ。これはサービス体制の問題だ。勝った北陸精密工業は、故障した場合24時間以内に新製品を配送して取り付けるという提案で勝ったんだ。ここは盲点だったよ。価格ではない別のところだったんだな」。亀山は悔しそうであった。

「ほかにも継続中のものがあるが、改めて当社の提案を見直さないといけない。価格は当然だが、ほかの、何て言うか…、顧客が喜ぶような提案だな。今度マーケティング部も含めて全体会議があると思うから、君も相談に乗ってくれ。頼むぞ」と、亀山は若い真二を鼓舞した。

「いや、僕なんてまだまだです…。でも、今まで好調だったＷＪ‐６５００が苦しくなるとまずいですよね。そこは本当に真剣になります」

「そうだな、開発陣も力を入れて、経営陣も思い切った投資をした商品だからな。しかし、以前と比較して商品寿命が短くなって参るよ。他社がすぐに追従するし。われわれも頑張りどころだけど、今後はマーケティング部の見せ場がどんどん増えるぞ」

「はい。頑張ります。ところで、他社の新製品はどうですか？」と真二は話題を変えた。

「それだ。アドバンスドイメージ社の新製品を知っているか」。亀山の顔がキッと真剣になった。

「はい。確か昨年秋にアメリカで行われた展示会でモックアップ（模型）が発表されていたものですよね」

「そうだ。あれが早くも国内に展開されたんだよ。まず国内が先だったんだ」

「え、早過ぎないですか」

「そうなんだよ、1月に急に、しかも大々的に出てきたんだ。もちろんわれわれも注意はしていたが、水面下でうまくやられたって感じだ。だから3月の販売台数に影響が出たとみている」。

亀山は悔しそうに語った。

「吉田、分かっていると思うが、そのアドバンスドイメージの新製品『LO‐2300』を既に購入して技術部に渡してあるから、その仕様や部品の詳細を早急に調べることが大切だ。これも当然、現在継続中のプロジェクト案件に大きく影響する。彼らの初期の供給量は未知数だがな」。その後も真二は亀山から説明を聞いていたが、メインモデルの状況に頭の中がいっぱいになっていた。


亀山との話が終わると、真二は経理部・原価管理課に立ち寄って利益率の悪化の原因を尋ねたが、その主なものは為替変動による輸入部材の高騰であった。

ライバル製品のベンチマーク

真二は席に戻ると、同期の技術部エンジニアである上野匠に電話した。上野は他社の新製品を研究する部署に在籍しており、アドバンスドイメージ社製LO-2300の評価を聞きたかったためである。

「あ、上野？　営業の亀山さんから聞いたんだけど、アドバンスドイメージの新製品のベンチマーク（性能評価）をやっている？」

「うん。やっているよ。結構せかされながら」

「そう…。忙しいところに申し訳ないんだけど、明日までに評価の状況を個人的に聞けるかな」

「ん～。本当は各部門長を交えてやるんだけど、マーケティング部はいろいろあるだろうからな。いいよ。明日の朝一番でいいかな」

「いつでもオッケーだよ。助かるよ。ありがとう。じゃ、朝一にそっちに行くね」

翌日、技術部に顔を出した真二を上野は含みのある笑顔で迎えた。

「例の製品、やばいよ。去年の秋のモックアップからは想像もしなかったレベル」

「何？　それ。いきなりじゃん」

「こっちに来いよ。評価室に行こう。ま、現物を見ながらの方がいいんだけど、結論を言うと、うまい具合にWJ-6500を上回っている。あ、そこ気を付けて。アサダのカメラを立ててあるから」。真二は身をよじりながら評価室へと続く狭い通路を抜けた。

「じゃ、いくよ。まず標準感度だけど…。えっとゲインを0dBにして、白が100%になる時の感度だよ」と言って上野はカメラをグレースケールに合わせながら調整していった。

「さすがに標準感度の差はないんだよね。じゃ、次は最低照度を見てみようか。ちょっと暗くなるよ」

「大丈夫」

「ゲインを最大にしてと…。蓄積時間も最大にするよ。そして、白が30%になるところの照度が最低照度と考えると…、レンズは同じF10だからと…」。上野は手際良く機器を動かしつつ照度も上下させている。

「ほら、標準感度に差はないけれど、最低照度には若干の差があるんだ。アドバンスドイメージの方がいいんだね。恐らく一世代新しいチップだろう」

「そうかぁ。暗いところでの感度は大切だからなぁ」。真二もうなずきながら答えた。

「そして、ノイズ比、S／Nだけど、レンズクローズするよ」と言って、上野は両方のカメラの絞りを閉じた。

「どちらもゲインはゼロ。S／Nメーターで見るとウチの方が若干多いかな…。でも差はないとも言えるレベルだと思う」

「あえて言えばって感じかな…」

「そうだね」

「さて、チャートを変えてと」と言って、上野はグレースケールチャートを解像度チャートに変えた。

「ここは目視でどこまで割れているかを見てもいいけど…。ここは変調度で見てみるよ」

「えっと、白90％で、２００ＴＶ本で１００％…と、５％以上の変調度を確保できているところはと…」

「いや、大丈夫だよ。…見てごらん。解像度はウチの方が若干いいようだ」

「本当だ。全部ダメかと思うと辛いけど、ウチのカメラにもいいところがあるじゃないか」

「そりゃもちろんだよ。最後に色再現性は…」と言って、上野は再度チャートを変えた。

「んー。色再現性もウチの方がいいように思うよ。色相も飽和度もいい感じだし…。まあ、ここは当社の規格だからな」

「ありがとう。ＬＯ-２３００は最低照度とＳ／Ｎで若干ウチを上回っているのか…。でも、解像度と色再現性は、これも若干だけどウチに分があるってことだね」

「そうなるね。彼らも当社の製品との比較波形や写真を用意するだろうし、実際にお客さんの前で比べてみるかもしれないから、今までの商売のように簡単にはいかなくなるかもしれないな…」。上野は答えた。

続いて上野は真二にこっちに来るようにうながした。

「吉田は営業部だったからＷＪ‐６５００のインターフェースはお手のものだろうけど、これを触ってごらん」と言われて、真二は新しいアドバンスドイメージ社のソフトを操作してみた。

「え、いいじゃん、これ。操作から機能するまで時間的なロスが全くないに等しい。それに、画面操作がやりやすい。このタッチパネル対応の視覚的画面がウチよりいいよ」

「そうだろう。恐らく差は極めて小さいものなんだけど、何て言うか…、人間工学とも違う感情的な部分って感じなんだ」

「そうそう。ツボにはまるというか、優しい感じ」

「でもね、吉田、これだけじゃないんだ」

「何？　まだあるの？　もう許してって感じなんだけど…」。真二は正直な気持ちを述べた。

「ははは。そうだろ。だから『やばい』って言ったんだ…。さらにね、システムの拡張性が進歩しているんだよ。インターフェースコネクターも充実しているし、そもそも本体が小型軽量化されている。もちろん、ウチと比較すればウチの方にまだ優位性があるけど、拡張性はどっこいどっこいになった」

「そうかぁ。ウチの良さはシステム商品の充実とそのインターフェースだからな…」と真二はうなずいた。

「この、彼らのコネクターも小さくて高品質、多重信号インターフェースも改善されている。それにさっきの専用ソフトと来るから、彼らも真剣にウチの商品を抜こうとしたんだな。アクセサリーのラインナップも今後拡充されると思うよ」と、上野は止まることなく競合することになる企業の刺客となる新製品について説明していった。

真二は技術部から出ると、真っすぐ3階の食堂に向かった。途中の自動販売機で炭酸飲料を買うと、席に座るなりゴクゴクと飲み始めた。しかし、あまりの炭酸の強さにむせて、咳き込んでしまった。幸いにも、始業間もないこの時間にほかの社員はいなかった。（アドバンスドイメージか…）。真二は改めて上野の説明を思い出していた。

「宿題」を提出

その日は、関係部署のコメントを集めたり、新たな情報を入手したりするために真二は動いた。一段落すると真二はインプットを再開した。本来ならば部門を横断した会議で検討される内容であろうが、まずは課長から依頼されたフォーマットの完成を目指した。それ以上の動きは上が考えているに違いない。

真二は「別紙参照」と書き加えて、さらなる詳細を別ページにインプットした。何となくま

主要プロジェクト案件の状況

＝受注＝

案件名	台数	金額(千)	競合	獲得の理由
千葉県新事業	25	6,250	TEC	当社の追加システム拡張性がTEC社製を上回った。
広島産業(株)	15	3,750	上田電器	純粋に価格。上田社より5%安価。追加受注で利益確保。

＝失注＝

案件名	台数	金額(千)	競合	失注の理由
沖縄産業(株)	20	5,000	アサダ	価格。当社の想定価格を下回る。調査中。
福井県警	18	4,500	北陸精密	保守サービス。24H以内の置き換え。現状、当社には困難。

＝継続中＝

案件名	台数	金額(千)	競合	受注獲得への課題
防衛省	38	9,500	アサダ	価格の早急な見直し。他の追加提案を検討。
山友商事	50	12,500	アドバンスド	海外プロジェクト。LO-2300（新製品）の見極め。
東京鉄道	30	7,500	アドバンスド	上記+当社製品の優位点・新提案の検討急務。

自社商品の状況

販売全般

悪化傾向。アサダ社の価格攻勢、アドバンスド社製新製品の影響あり。価格、新規提案など検討急務。

機能

アドバンスド社LO-2300の優位性を認めざるを得ない。基本的仕様は同等なるも、最低照度・オプション機能・拡張性に優位。

価格

基準出荷価格の見直しが必要。アサダ社対応で20%程度の値引きでも耐えられるコスト力が必要か。

流通

従来のディーラー販売を継続。一方で、プロジェクト発掘のため地方公共入札に強いディーラーの開拓が必要。

プロモーション

専門雑誌における記事宣伝、全社ホームページ内の特集の効果も認められる。今後も継続。

他社商品の状況

従来の想定された競合商品の状況

販売状況
アサダ社製品は販売を拡大している模様。当社のシェアを概算で10%ほど獲得した可能性もある。
機能
仕様・機能は以前と同様に当社と同等である。しかし、発売後1年半が経過し、価格競争力が鍵となっている。
価格
当社より10%安価である。WJ-6500のコスト力改善対策が必要か。
流通
アサダ社も従来のディーラー販売方式で展開。しかし、強い価格競争力で当社の得意市場に攻勢をかけている。
プロモーション
今後の流通方針による。公共ルート拡充となれば、業界メディア経由で発信力を高めることは必至。

他社の新製品など

販売状況
アドバンスド社「LO-2300」。発表以降、着実に販売を拡大していると予想される。今後のプロジェクトに影響あり。
機能
撮像基本性能でWJ-6500を上回る。ソフトは秀逸。オプションやシステム拡張性も高いと判断される。
価格
当社と同等。ただし、現時点でコスト競争力は不明。さらに製造能力も不明。
流通
アドバンスド社もディーラー販売。ただし、今までの規模ではなく新製品を拡大すべくディーラー網の拡充を図るのは必至。
プロモーション
今月より専門誌において大々的に広告を始めている。比較記事も出始めている。今後の販売に影響ありか。
当社の目標市場において脅威となっているか、もしくはなるか。
脅威となる。アサダ社との価格競争に加え、アドバンスド社のLO-2300の導入はWJ-6500の脅威となる。

とまったように感じるが、これで課長からオーケーが出るかどうかは分からなかった。もともと課長には社内の情報はすでに共有されているだろうし、他部門との会議も頻繁にある。（当たって砕けろ、だな。新参者だし）と、真二は少し開き直っていた。

提出日の水曜日が来て、真二はプリントアウトした用紙を持ち、午後になって席に戻ってきた山崎課長のところに行った。何となく審判を受けるような気分でもあった。

「課長、おとといの宿題ができました」

「おっ、そうか。ちゃんと時間を守っているな。途中で何か質問が来るかと思っていたが…。どうだ、やってみて」

「はい。予想以上に大変でした。いただいた時に自分が頭に浮かべたやり方とは違って、他部署に聞きに回ってばかりでしたし、アドバンスドイメージ社の新製品にも驚きました」

「そうか」と山崎課長はうなずき、まだよく読んでいないにもかかわらず満足そうな表情であった。

「で、吉田。今日の…、そうだな、4時から空いているか」と課長は尋ねた。

「はい。空いていますが…」

「よし。では、会議室を予約しておいてくれ。そうだな、2時間。それまでに目を通しておくよ」

「はい、分かりました。4時から2時間予約しておきます」

真二は席に戻ると早速パソコンの会議室予約画面を立ち上げ、余裕を持って2時間半分を設定した。誰でもそうだが、議論が白熱している時に「コンコン」とドアをたたかれて退出をうながされるのは気持ちが良くない。とはいえ、自分たちばかり余裕を持った長時間の予約をすることは総務部から再三にわたり全社通達で注意されていた。（まぁ、30分だから…。えいっ！）と真二は「確認」キーを押した。

❷ 課長の熱血レクチャー(Ⅰ)

環境分析の観点〈3C〉

「吉田。ざっと読んだが、よくまとめてくれた。ご苦労さん」

「ありがとうございます」。真二は課長の第一声にホッとしたが、このままで終わるとは思えなかった。なぜなら、これから2時間もあるのだ。

「さてと、今回この用紙に記入してもらったことには目的がある。何だか分かるか」

「はい…。自分が営業部から来た直後なので、いろいろな情報もありそうだからインプットを依頼されたと思っています」。なぜか真二は謙虚だった。次に課長から何が飛んでくるか分からない不安からであった。

「いや、その意図からだったら君に頼まない…」。真二は言葉を待った。

「君も言っていたが、わずかこれだけの情報をまとめるのにも社内を駆け回ったと思う。われわれのマーケティングとはそういう仕事であるということを実感してもらうのが第一点。二点目は、それら情報の関係性や背景を少しでもイメージしてもらうことだ」と山崎は答えた。

「はい。それらのイメージは少しつかめたと思っています」。真二は正直に答えた。

「そうだな。この内容を見る限りでは成果があったと判断している」

「では…」と、山崎は少し姿勢を正しながら真二の方に顔を向けた。

「まず、３Ｃだ」

（はい？　さんしー？　三枝さんじゃなくて…）。真二の頭の中には、そんな言葉が浮かんでいた。大学の落語研究会にいたことがある真二は、ボケや駄じゃれで言葉を覚えるくせがついている。

「吉田は今回の仕事の中で、最も基本的な関係性は何だと思った？　もちろん、営業部の仕事からも分かることだが」と課長は質問した。

「そうですね…。このフォーマットにインプットするには、当社と競合会社（同じ市場で闘う会社のこと）のことばかりを考えていました」

「そうだな。そこは重要な点だ。ほかには？」

「はい。えー、プロジェクトのことを調べる際に、お客様が判断される部分を考えました」

「うむ。それも重要だな。さて…、結果的に誰が出てきたかな」

「はい。当社と競合する会社とお客様です」

「そうだな。それを３Ｃと言うんだ」と言って、課長はホワイトボードに向かい、簡単な三角形を書いた。それぞれの頂点には「自社」「顧客」「競合」と書いてある。

「吉田、それぞれを英語で表現したらどうなる？」

「はい。えーっと、Cで始まる単語ですよね…。まず、顧客は『Customer（カスタマー）』で、競合はたぶんライバルのことでしょうから『Competitor（コンペティター）』だと思います。えー、自社は『Corporation（会社）』でしょうか」

「惜しいな。ここでは自社は通常『Company』だ。でも、重要なのは英語の表現ではなくて、この3者が常に市場を形成するというところだ。これを3Cと言うんだ。まぁ、考えてみれば当然なんだが、このようにさまざまな事柄を定義的に把握していくことがマーケティングの基礎的な視点なんだ」

「はい」。（3Cか、当然と言えば当然だな、確かに）と真二は思った。

「では、これだけかな」と課長は質問してきた。

「は？　…これだけだと思いますけど…」

「もう少し広く考えてみよう」と課長はさらにマーカーで書き加えていった。「自社」のところには「協力会社」、「顧客」のところには「一般的な消費者」、「競合」のところには「広い競合」と記入した。

「自社のところは分かりやすいな。当社もすべての事業をわれわれ一社で完結できるわけではない。多くの関係会社が協力してくれるから事業が成り立っている。そういう意味では、広く

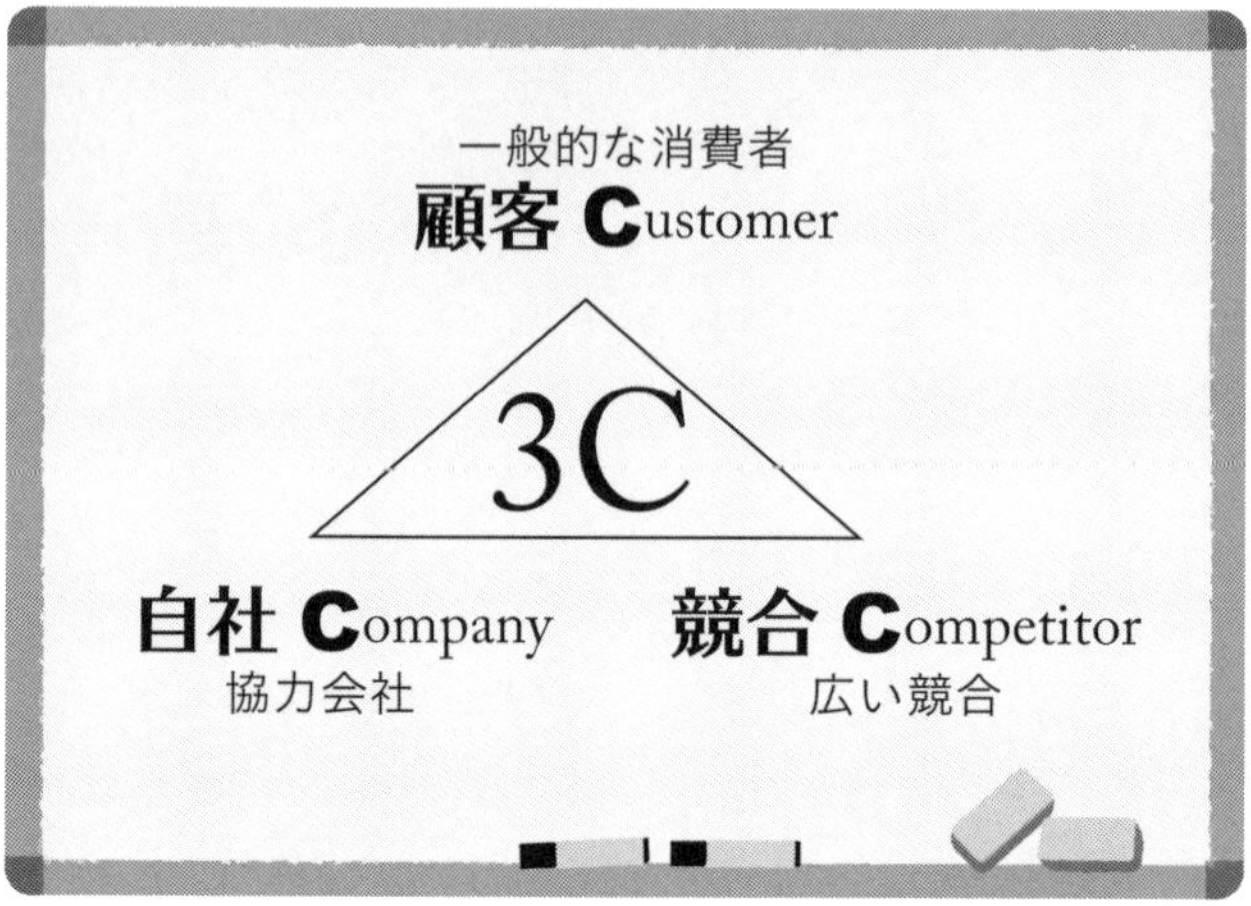

協力会社も自社に入ってくるわけだ。顧客も分かりやすい。われわれの製品や競合他社の製品を買うお客さんだけではないな。その後ろには大多数の一般的な消費者がいる。言葉を換えれば、その消費者のほんの一部がわれわれの顧客になってくれているんだ。次の競合においては、われわれと、例えばアドバンスドイメージ社だけの競争ととらえるのではなくて、…そうだな、われわれのカメラを監視カメラとするならば、センサー、セキュリティ会社、通信会社なんかも競合に入ってくるわけだ。そう考えると非常に広い視野で事業をとらえることができる。まぁ、いずれにしても、この3者、つまり『自社』『顧客』『競合』という3Cの観点から市場を考えることを『環境分析』と言うんだ」

「はい」。真二はうなずいてノートに書き入れた。

「君が記入してくれたフォーマットは極めて簡単

で満足なものではないかもしれないが、この3Cの観点をベースにしているところは分かるかな」

「はい。分かります。それに、今のレクチャーをお聞きして、ちょっとスッキリした感じがあります」

「そうか。それは良かった。われわれは、この3Cの関係性の中で、市場で起こる事象を冷静に見ていかなければならない」。課長はマーカーを置いて、椅子に戻った。

「さて、今回、君は営業部からの情報でアドバンスドイメージ社の新製品を調べたね」。課長は質問した。

「はい。発端は主力商品のWJ-6500の販売低下でしたが、そこからアサダ電子工業の値下げやアドバンスドイメージ社の新製品に至りました。そして、興味が最も高かったアドバンスドイメージのLO-2300を調べてみました」と真二は答えた。

「それは、どの部分の環境分析かな」

「はい。ホワイトボードの三角形で言えば、『競合』になります」

「そうだな。最も分かりやすくて影響が大きいと感じられる外部のところだ。その調査をしてみてどう感じた？」

「はい。結果的には『まずいな』という印象とともに、アサダの直近の市場価格とアドバンスドイメージの新製品の性能を明確に知ることができたのは収穫だと思いました」

「そこだ。君は簡単な競合（他社製品）の環境分析を行ったんだ。アサダ電子工業の実勢市場価格を知ることができたのは収穫で、実際の数字が得られたことで当社も対策が取りやすくなったわけだ。さらに製品自体からの調査、流通の状況、購買の状況などから、彼らが今後どこまで値段を下げられるか推測できれば、われわれが何をすればよいか分かってくるな」

「はい…」。実際には難しそうだけど、理論的にはそうなるな、と真二は思った。

「そしてアドバンスドイメージの新製品だ。これも実際の商品で技術部が比較分析しているが、事業部長以下、全員が危惧している。そこは君が調べた通りだ。われわれもＷＪ‐６５００を市場導入した時にはイノベーションを起こしたと喜んでいたが、早くもアドバンスドイメージが彼らのイノベーションでわれわれを脅かしてきた。彼らはわれわれの後だけに大きなイノベーションを実現したわけではないが、徹底した商品分析とスピードが奏功したように考えられる。悔しいがな…」。課長は少し顔をゆがめた。

「ここはわれわれも反省していかなければならない。昨年のアメリカの展示会でモックアップが出た段階でもっと注意を払うべきだったと思う。そう…、モックアップだから、と油断したのかもしれない…」

競合分析①〈立ち位置〉

「ところで、吉田はアドバンスドイメージ社の立ち位置をどう思う？」。課長は真二の目を見ながら尋ねた。

「立ち位置、ですか？」。真二は聞き返した。

「そうだ。彼らはどのように自分たちを評価して、次にどのような戦略を立てて今回の新製品を出してきたかを、大まかにでも考えてみよう」と言って、課長は吉田の目を見て尋ねた。

「吉田は『リーダー、チャレンジャー、フォロワー、ニッチャー』という言葉は知っているか」

「はい。聞いたことがあります」。吉田は正直に、そして謙虚に答えた。

「この業界で、リーダーはどこだろうか？」

「はい、カメラに関しては当社だと思います。国内だけでなく、海外販売を加えても、販売台数では当社がトップだと思います」

「そうだ。幸いにも、少なくとも先月までわれわれはトップ、つまりリーダーだったわけだ。これは数字が裏付けてくれている。リーダーはその業界、その商品群などでのトップシェアを持つ企業だ。リーダーは、いずれ話すことになると思うが、そのシェアの高さでヒト、カネ、モノというリソースで他社より強い位置にいる。有利な立場だ。では、チャレンジャーは？」

「はい。アサダ電子工業です。ここは常に競合になっていますし、数字が物語っています」

「そうだな。販売台数ではそうなるな。では、彼らは何をしなければいけないかというと、われわれの商品と比較された場合の『差別化』された何か、つまり異なる特長や価値を持つことだ。今回は、それが価格となって表れてきたわけだな。商品ではいつもアサダとのイノベーション合戦があり、お互いに独自のシステム拡張性を持っているのだが、価格も商品力に違いない…。今回はそこに注力してきたとにらんでいる。チャレンジャーは市場シェアが少しでもリーダーに近づくように、そして互角になれるように目指していると言えるかな。ただ同じことをしていては、シェアの大きさに基づく事業規模の大きさによる強さ（規模の経済性）などでリーダーに対してハンディを持っているから、何か違う戦略が求められるというわけだね」。

課長は自説を述べていく。

「では、フォロワーはどこだろうか」

「はい、そうですね…、TEC社でしょうか」

「そうだな、ＴＥＣ社とも言えるが、僕はフォロワーが、今回新製品を出してきたアドバンスドイメージ社だと思っている。なぜなら、今回の彼らの新製品とシステムとしての拡張性はわれわれの延長線上にあると言っても過言ではないからだ。フォロワーというのは、リーダーと同じような製品で、規模は異なるが同じような販売方法で戦う傾向がある。今までフォロワーであったアドバンスドイメージ社は、ちょっと本腰を入れてきたということだろうな。

もともとフォロワーは、リーダーやチャレンジャーがお金を使って市場を活性化しているところに参入しているコバンザメみたいな存在だと言われている。そうだなぁ、例えば、大きな家電量販店に行って有名メーカーの商品を買おうとしたとする。そして、その買おうとしている大手メーカーの商品の横にあまり聞いたことのないメーカーが同じような商品をとても安い価格で販売していることがあるが、それがフォロワーの戦略と言っていい。でも、時に予想以上の脅威になる可能性がある。ブランディングや資金力、開発力、品質向上などでは大手メーカーと比較して彼らのハードルは高いが、徐々に成長して実力をつけてくるとライバルになる」と言いながら、課長は眼鏡を取ってネクタイでレンズを拭き始めた。真二は（えっ、ネクタイで…）と思ったが、まれにそういう人がいるのは知っていたので、（課長もか…）と小さな発見をした程度にとらえた。

「さて、最後にニッチャーはどこだろう」。課長は眼鏡を掛け直して真二を見た。

「はい。北陸精密工業でしょうか」

「そう考えられる。実際、われわれの敵ではないのだが、ニッチャーは時々、独自の強みを発揮してプロジェクトをも受注することがある。今回も君が書いている福井県警の失注の件だ」

と言って課長は姿勢を変えた。

「もともと営業部はこの案件は受注できると見込んでいた。価格的にも性能的にも当社が有利という報告ばかりだったからだ。ところが、フタを開けてみるとウチが負けた。理由は例の24時間以内のアフターサービス対応だ。われわれもサービスが弱いわけではない。しかし、福井県内へ代替品を発送して、しかも故障品との交換・動作確認までが24時間以内という対応はできないし、正直、考えてもいないところだった。ところが、北陸精密は本社も工場も福井市にあり、要は必要な人員と物資がそこにあるわけだから故障に対して細かな対応が可能だった。彼らはそこに気が付いて自分たちの『強さ』としたんだな。ニッチャーならではの戦略だ。ただし、これが全国的、全世界的に広められるわけではないが…。ニッチャーは独自の生存領域を持っている。ニッチという言葉の意味は『すき間』だ。大きなメーカーが手を付けない市場で独自の価値を提供して成功しているっていう感じだ」と、課長も悔しがったがまんざらでもない様子にも見えた。

「しかし、今回北陸精密から学んだことがあったのも事実だ。同様なサービスをわれわれは全国で展開できる可能性があるわけだから、必要な体制づくりをして各プロジェクトへのアピールポイントにしていきたい」。課長は先を見ていた。

ここで課長はおもむろに財布を取り出し５００円玉を差し出しながら、「すまんが、何か飲み物を買ってきてくれないか。のどが渇いた。君もここから好きなものを買ってくれ」と真二に渡した。

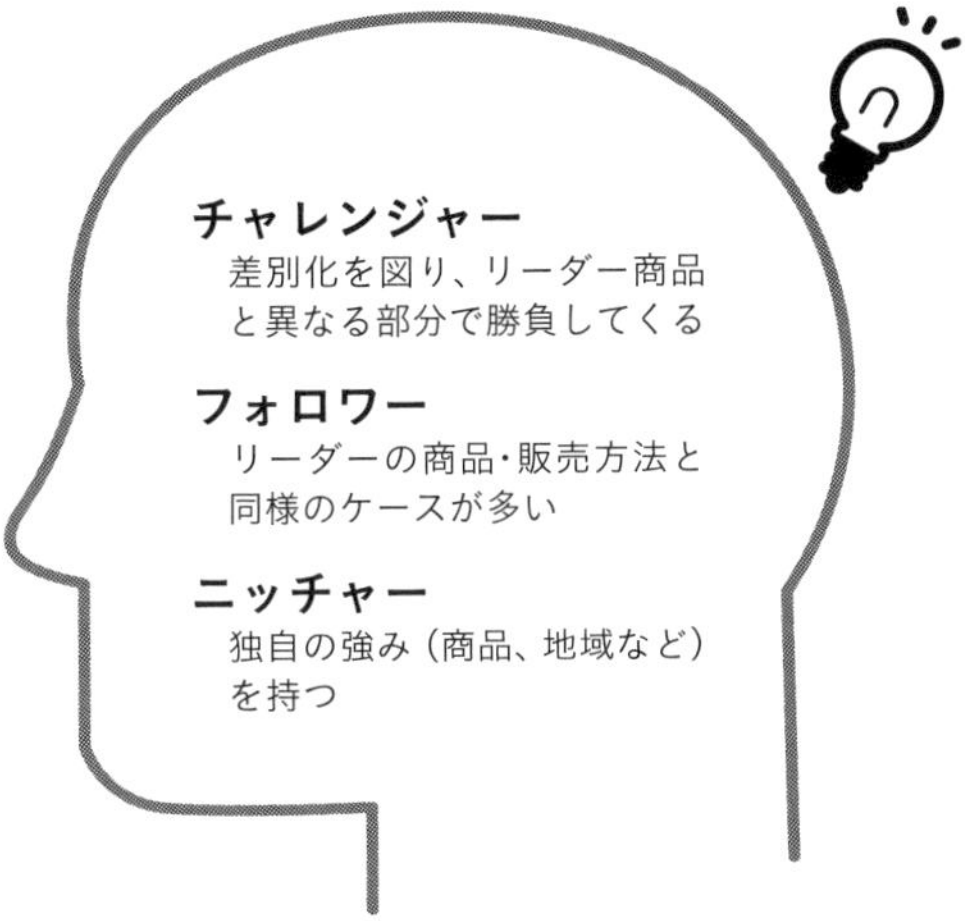
チャレンジャー
差別化を図り、リーダー商品と異なる部分で勝負してくる
フォロワー
リーダーの商品・販売方法と同様のケースが多い
ニッチャー
独自の強み（商品、地域など）を持つ

課長の話は面白かった。真二は今まで、その「リーダー、チャレンジャー、フォロワー、ニッチャー」というとらえ方で競合する企業を考えたことはなかったが、日々の販売に追われる営業部とは違って、マーケティング部というのはいろいろと理論的に考えていくんだなぁと、改めて実感した。

フロアの反対側にある自販機コーナーまで来た。

（あれ、課長は何が好きなんだろう…。新しい部署だから分からないなぁ。いいや、無難な日本茶にしておこう。俺はコーヒーでいいや）

「ごちそうさまです。これお釣りです」と言って、課長に日本茶のペットボトルと小銭を渡した。

「おっ、ありがとう。…会社も自販機だらけになったな…。自販機を見ると思いだすんだが、僕が若いころに『全社商品アイデアコンテスト』というのがあってな。僕は自販機の中に取り付ける小型ボード型カメラを提案したんだ。その当時でも自販機のいたずらは多くて、しかも今と違って街に監視カメラはほとんど無かったんだ。そこで特殊なカメラとピンホールレンズ、そして記録装置のセットをシステム構成として自販機の中に組み込むってアイデアでな、その中心となるカメラを提案した。結果は事業部代表で全社審査に回ったんだ。驚いたよ。全く期待していなかったし。まぁ、最終的には商品化されなかったがね」。課長はペットボトルを指でさすりながら話した。

「でも、その発想の発端は何だったと思う？　それは『深夜の自販機』だったんだ。残業して家に帰る時に、人通りも絶えた住宅がまばらな道端に、やたらと明るい自販機が存在感を示していたんだ。『これで大丈夫なのかな』と、その時は思っただけだったんだが、後日、犯罪集計か何かのレポートを見て意外と自販機への犯罪が多いことを知ったんだ。ここに『背景としての数字』が出てきたわけだが、人間、数字があると具体的に理解できるよね。それをベースにしてコンテストに出したら通っちゃった、ってわけだ。それからずっとマーケティングだなぁ…」。課長は一口お茶を飲んで、ペットボトルを置いた。

「さて、リフレッシュしたところで続けようか」

「はい」。真二は姿勢を正した。

競合分析②〈マーケットシェアなど〉

「競合に対する分析の大切さは分かってもらえたと思うのだが、この競合分析をもうちょっと広く考えてみよう。競合分析の目的は、その状況を調べることによってわれわれの戦える力を知るということだ。競合分析により、他社の強さ・弱さが分かり、そこからわれわれの強さ・弱さも同時に理解でき、将来的にどのように戦っていくかという論点のベースになるんだ。競合他社の強さは何か。そのビジネスモデルの長所はどこにあるのか。どこで利益を出しているのか。逆にそのビジネスモデルの弱いと思われる部分はどこか。このような観点から調べてみると、彼らが現在だけでなく近い将来にわれわれの脅威となるか、もしくは脅威となり続けていくかがイメージされるようになる」

ここで真二が突然手を挙げた。

「課長、長年同じ市場で戦っていても、やはり競合他社の分析は行うんですか？」

「そうだよ。もちろん、毎月というような短期で行う必要はないが、半期ごと、また、競合他社の販売状況がかなり良いと思われる時、われわれが大きなプロジェクトを失注した時、競合他社が立て続けに新製品を出してきた時、競合他社の経営陣が代わった時などに見直すことは大切だ。正直、アサダ電子工業とわれわれは長年同じ市場で戦ってきているが、彼らの何が強みであるかは常に意識し、新しい分析で客観的に彼らを見ていくことは大切だよ。そうでないと、われわれ自身が方向性を見誤ることにつながるからね」

「はい」

「で、どういう視点でとらえるかと言えば、マーケットシェア（市場占有率）、ブランド力、目標としているであろう顧客層での販売状況やシェア状況、コスト力（価格力）、新製品開発サイクルや販売への貢献度といったところだ」。真二は急いでノートに書き留めていった。

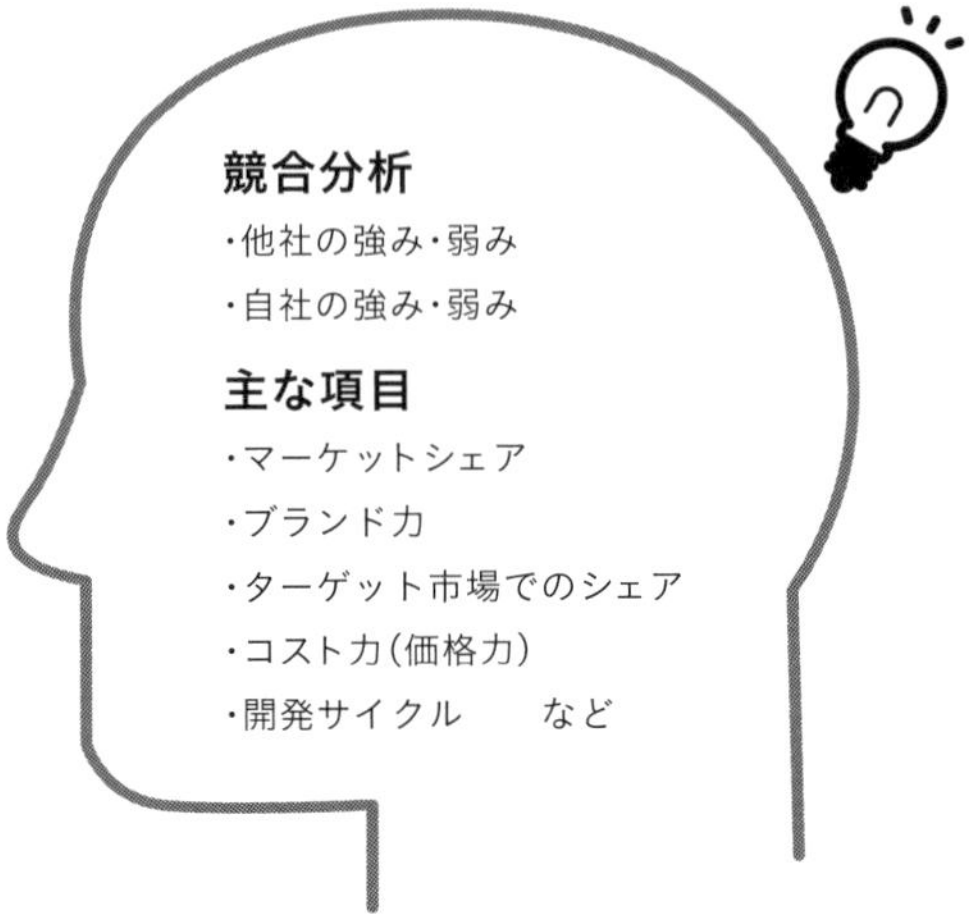

「マーケットシェアは業界団体やメディア、調査会社などが数字を出すこともあれば、社内で推測していくこともある。幸い当社は限られた範囲でマーケットシェアが1位となっているが、他社がいつ抜いてしまうか分からないものでもある。WJ‐6500シリーズではわれわれは1位を保っているが、それも未来永劫《えいごう》変わらないという

保証は全くないし、他の商品がすべて1位という状態でもない。マーケットシェアを大目標にすることがベストではないが、少なくとも自社の立ち位置を知るためには必要なものではあるよ。

また、ブランド力も重要な視点だ。ブランドは顧客に満足感を与え、夢を実現できたイメージを持たせることができるのだから非常に強い戦力になる。簡単に言えば、ブランドという資産的な切り札があれば、ブランドがない場合に比較して販売は格段に楽になる。想像してごらん。車ではベンツなどの会社、時計ではロレックス、ファッションではディオールなど、挙げたらキリがないほど確立されたブランドがあるよね。それが価格的に最高であるとか、機能が最も先進的であるとかだけでなく、自分が購入することでそのブランドの世界に参加できたことが喜びになるわけだ。そういう意味では、日常生活から見てあまり現実味のない超高級ブランドが最強ではないこともあるかもね。数千万円もする車や時計など、あこがれを超えてしまって買うことが不可能になってしまうから、極めてわずかな人々を除いて興味を引かないこともある」と、課長は話す。しかし、真二は一生に一度でいいからそのような超高級な世界に足を踏み入れてみたいとも思っていた。

「次にターゲット層でのシェア、まぁ人気だが、これも大切だ。事業規模の大きい会社はあらゆる分野に商品を供給して総合力で勝負できるが、大抵はターゲットとする市場を選定するものだ。そうでないと会社としてうまく資源配分ができないからだが、そのような特定された市場で人気を得ている、言い換えればデファクトスタンダード的な位置に付けている商品や企業は、これまた強いと言えるんだ。簡単な例では趣味の世界だな。『これがいい』という情報がマニアの世界で広がっていて、その人たちが一度は手にするものとなれば、他社は新規参入に対してかなり気合を入れて計画しないといけない。ましてや、その強い企業がマニア受けの良い充実したラインアップを持っている場合は、最強と言っても過言ではないな。ぜひとも目指したい立ち位置だよ」。そう言って、課長はお茶を一口飲んでのどを湿らせた。

「そうだな…。例えば、ウチの息子は鉄道写真に興味があるようで、今では『撮り鉄』って言うのかな。学校が休みの日にはどっかに出かけて写真を撮っている。その彼らの定番と言えるようなレンズがあるらしい。Ｆ２・８のズームレンズらしいが、誕生日にせがまれているんだ。ところが誕生日プレゼントっていう値段じゃないんだな、これが。まぁ、そういう定番レンズがあって、さらにラインアップが充実していれば、そのメーカーは市場で強いということになる」

「はい。イメージできました」

「コスト力や価格力はそのままズバリだ。いかに余裕を持てるかで商品寿命も変わってくるから、一時の販売のためだけではないんだ。極端に言えば、一度開発した商品は発売されたと同時に、終わることのないコストダウンの道を歩むことになっている。だから利益率を常に見ておくことは重要な仕事であるし、そのために購買部はじめ経理部や技術部という専門部隊が日々努力をしているんだね。また、コストダウンだけでなく、仕様の改善やアクセサリーの充実といった面での商品を育てるっていう活動ももちろん重要だがな。

今、技術部が出てきたが、彼らの仕事は顧客の夢を実現したり、顧客が喜んで笑みを浮かべるような商品を生み出したりする『具現化部隊』だ。営業部もマーケティング部も机上で『こういう商品が必要』という観点から議論するが、それを形にするのが技術部だ。非常に大切な部分を担うわけだが、彼らの商品開発力が競合他社より強ければどうなるか分かるな」

「はい。他社は追随できなくなります」

「そうだね。まさにしのぎを削る闘いにおける重要な部署だが、イノベーションを筆頭に、そのほかにも新製品開発期間が短いことなども強さにつながる。トヨタ自動車もそう言えるところがある。競合他社が新製品を出して人気車となった場合、かなり短い期間で対抗する車を市場に投入しているケースがみられる。これも強さにほかならないわけだが、いずれにしても、いま話してきたように、われわれは競合他社の強さの分析を広く行って、われわれの事業方針や製品開発計画などに反映させていく必要があるんだ」

「はい。いろいろと仕事は多いですね…」。真二は正直な感想を述べた。

「そうなるな。でもマーケティング部だけで、とてもじゃないが完遂できるものではない。そういう意味で他部署との連携は重要になってくるんだ。そこは今回のフォーマットを埋める段階で気が付いたことと思うが…」

「はい」

「では、吉田。競合分析のキモは何だ？」

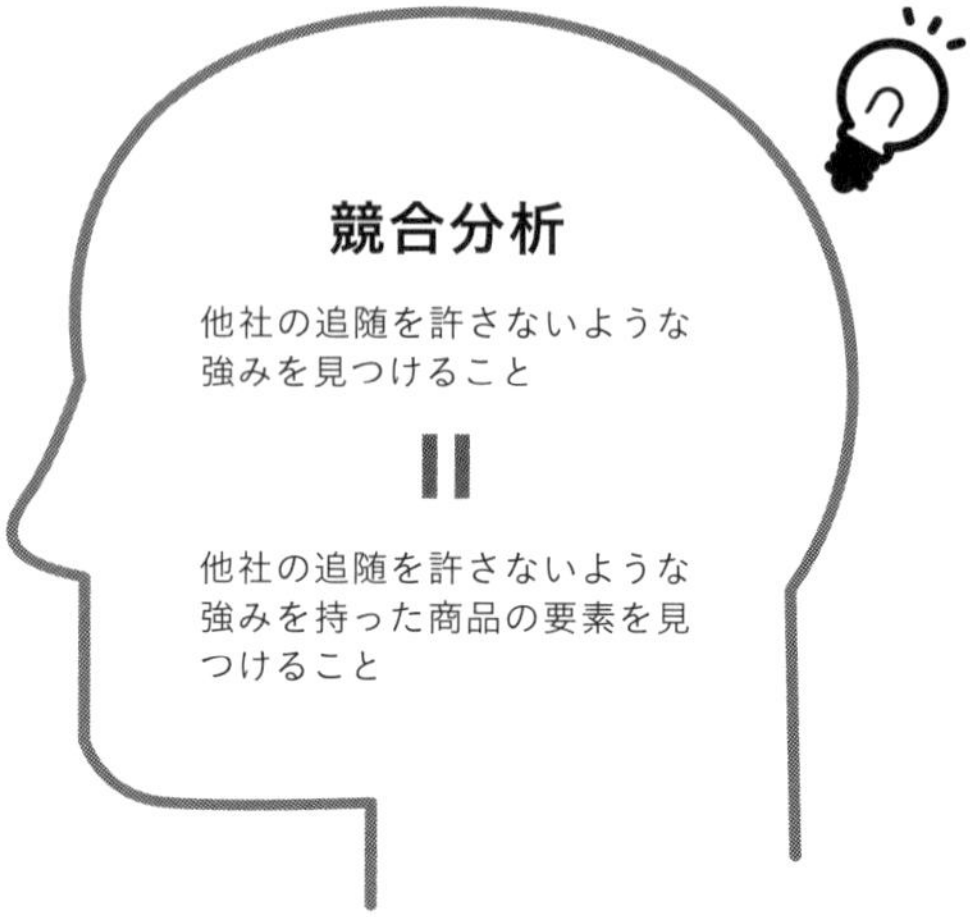
競合分析
他社の追随を許さないような
強みを見つけること
＝
他社の追随を許さないような
強みを持った商品の要素を見
つけること

「キモ、ですか…。そうですね…、先ほどの『他社が追随できない』っていうところを見つけるってところでしょうか」

「おー、良く分かったな。今回のケースを見れば『アサダ電子工業もアドバンスドイメージ社も北陸精密工業もまねできないような、彼らの拡大をブロックするようなものは何か』を特定できるように、もしくは開発できるように競合状態を客観的に分析することだ」

ここで二人はそれぞれの飲み物を口にしたが、真二は課長の話のポイントをメモする右手が引きつってきたことを感じていた。（最近、書くことが少なかったからな…。でも、ありがたいことだ）と、あくまでも前向きであった。

顧客分析①〈PEST〉

「さて、次は二つ目のC、『顧客分析』だ。ここは奥が深くて簡単には話せないが、君がまとめた中にも入っているものが『顧客視点』と言える部分だ。もちろん、大きく社会学的な消費者行動や経済・政治の移り変わりから顧客の考え方や将来展望を推測することもあるが、ここでは極めて基本的なところだけ説明しよう」

「はい。お願いします」

「よし。さて、君がまとめたプロジェクト状況にもあるが、受注・失注・継続中のそれぞれに、なぜそうなったかという『理由』があるね。実は、その理由のところが『顧客分析に通じる顧客視点』なんだ。かなり大ざっぱに言っているのだが、君が今回、実際に調べてくれた部分につなげるとそうなる。われわれの商品を買う・買わないという検討の中で『顧客が何を考えていたか』という部分だね。彼らは独自の視点で判断を下している。その結果として、われわれは受注できたり、失注したりするのだから、そこを極めて真面目に考えていかないといけない。実際に今回の失注の理由を見ると『価格』と『保守サービス』で負けている。この二つの面でわれわれのターゲットとなる顧客が満足できなかったから失敗したと言えるわけだ」

「はい。確かにそうです…、残念ですけど」。真二も同意した。

「また、顧客は常に変化している。正直に言えば、移り気だ。福井県警への保守サービスでは、北陸精密に負けるまでわれわれは勝ったと思っていた。そのような感触だったからだが、実際には手のひらを返したように彼らに決定された。顧客というのは、少しでも新鮮な、アッと驚くような感動というか好ましい点があれば、瞬時に購入判断の軸を変える可能性が高い。だから、常に顧客のことを考えていくことは大切なんだね。自己満足で商品は売れないってことだ」。

ここで課長は再びお茶に口をつけて、一呼吸休んでいる。

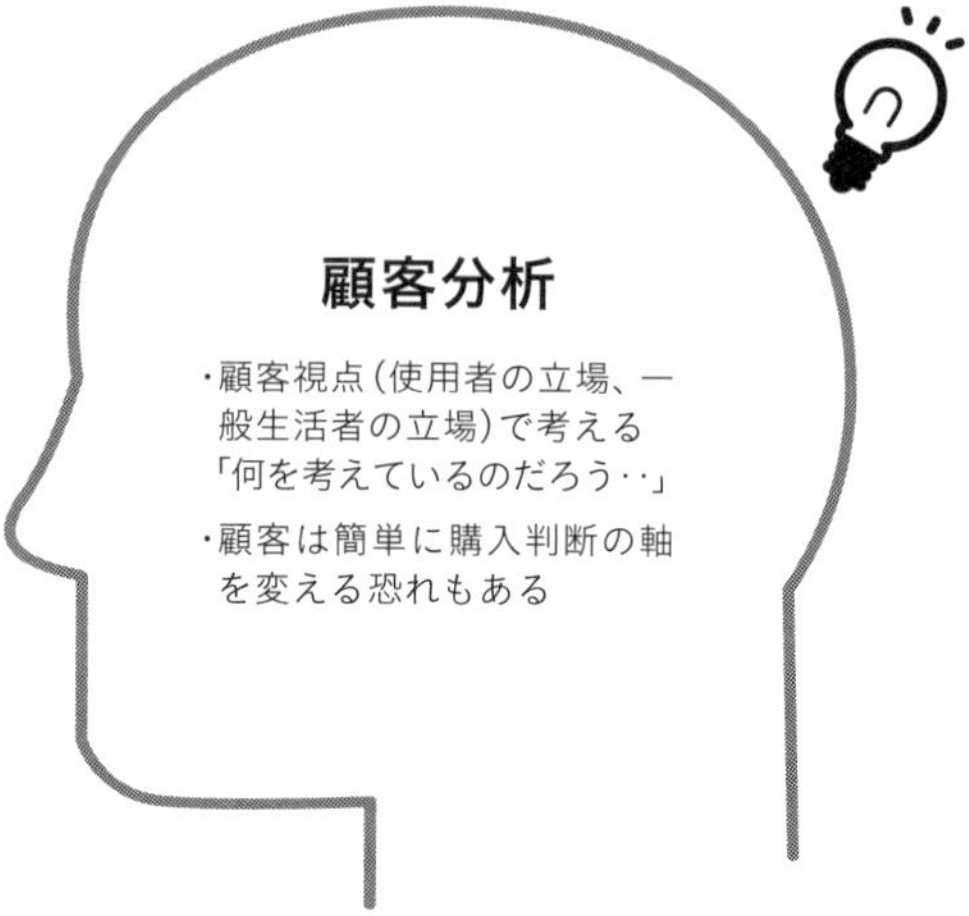
顧客分析
・顧客視点(使用者の立場、一般生活者の立場)で考える
「何を考えているのだろう‥」
・顧客は簡単に購入判断の軸を変える恐れもある

真二は、自分が何か物を買ったりサービスを受けたりするときのことを考えた。街を歩いていて、「これだ!」と自分の感性にピンとくる商品は多くはないが、時折そういうものに出合うことがあるのは事実だ。「この部分がたまらなくいいんだよな」と納得できれば価格が若干高くても気分良く買い物ができる。困るのは「これだ!」と思え

るものが少ないときだ。どんぐりの背比べになり、商品を比べる中で価格の比重が必然的に大きくなってしまう。この場合、購入判断の基準は商品やサービスが有する機能と価格とのバランスになり、たとえ購入したとしても「これだ！」と思えた商品よりも純粋な満足度が高くならない恐れもある。値引きなどの価格交渉において達成感を得るケースもあるけれども、本来の、もともと欲しかった商品自体に感じる感動の部分は小さいと言える。

（僕らの商品は一般の消費者から少し離れている商品かもしれないが、企業であれ自治体であれ、購入する時に考えることは一般消費者と大差ないよな…。ということは、常に新たな感動や喜びを提供していかなければいけないことになる。分かってはいるけど、こりゃ大変だ。いつも移り気な顧客がどう考えるかをイメージしていかなければいけないんだ…。そうか、これが課長の言う「顧客視点」なんだ。そうだよな、結果的に感動や喜ぶ顔を提供できるのは企業なんだから、僕ら自身が、「顧客満足」を超えて、顧客の視点で僕らが提供できる価値を追求していかなければいけないんだ…）

「さて、この顧客分析も少し広くとらえてみよう。大きい見方は消費者全体の変化で、これでよく知られているのが『ＰＥＳＴ分析』だ」と言って課長はホワイトボードに「ＰＥＳＴ」と縦に書いた。

（ペスト？　病気のペストと同じだなぁ。覚えやすいけど変な名前だ…）と、多くの人が思うことが真二の頭にも浮かんだ。

課長は真二の発想などお見通しであった。「まぁ、伝染病のペストと同じ発音だから、印象には残るけどな。でも、英語じゃペストは『Plague』だから全然違うけどね（ドイツ語ではPest）。ペストの『P』は『Politics（ポリティクス・政治）』のPで『政治的な変化』だ。法律の変化や税制の変化も含まれる。分かりやすい例では、消費税なんてわれわれの業績に直結しているし、規制緩和も新たな販売機会を創り出してくれる。この部分は『政治だから…』と消極的になっているとチャンスを逃してしまう場合もあるので、アンテナは感度を良くしておきたい」と言いながら「Politics」と記入した。

「次の『E』は『Economics（エコノミクス・経済（学））』のEだ。経済的な側面だが、これの分かりやすい例は景気だね。これには説明が要らないと思う。為替もそうだ。君も記入しているが、WJ-6500の利益率の悪化は為替が原因の一つだ。また個人消費の動きは販売に直接影響する。

働くっていう雇用も関係するし、『景気がいいな・悪いな』という一般的で社会全体に存在する感情的な部分も影響するよ」。課長は続けて、

「『S』は『Society（ソサエティ・社会）』のSだが、社会環境や消費者のライフスタイルの部分だ。今の時代で言えば、少子高齢化、直接的に販売に影響するネット販売などが簡単に頭に浮かぶだろう。少子高齢化では、そうだな、例えば介護関連や教育関連が良くも悪くも多大な影響を受けている。また商店街や百貨店などの売上はネット販売拡大の影響を直接受けている。どれも社会が大きく変わってきたからだ。まぁ、IT社会の進歩と拡大は次のTechnologyの進歩によるものでもあるがな」

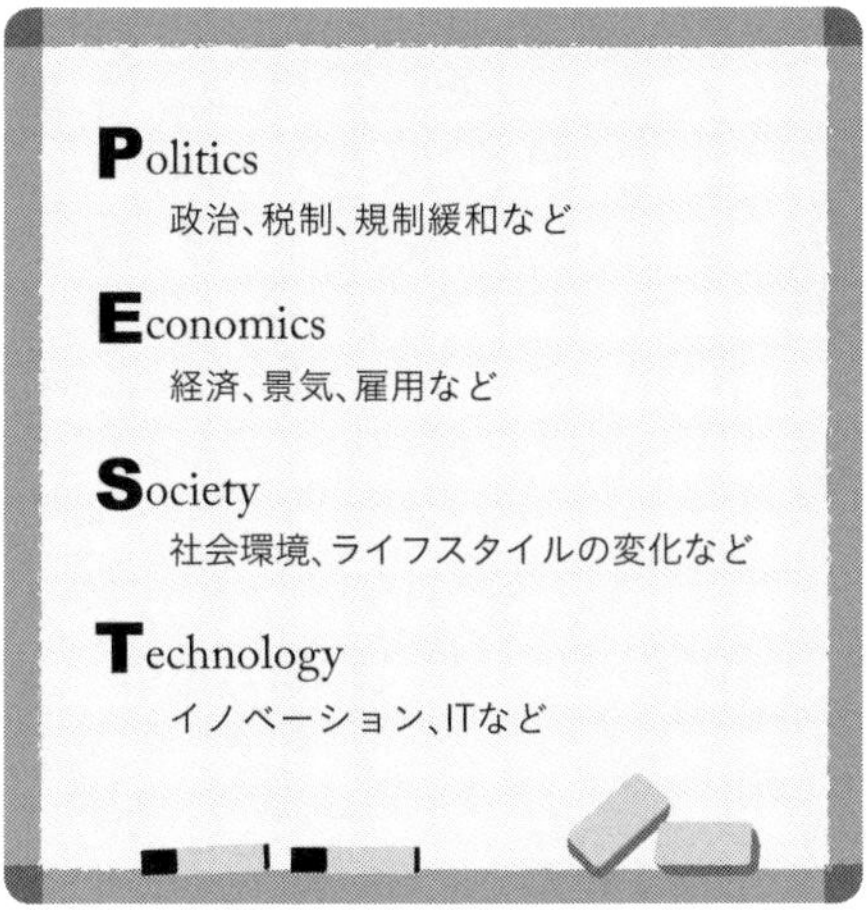

「最後の『T』は今話した『Technology（テクノロジー・技術）』のTだ。イノベーション的な側面だが、身近なところではインターネット、IT、バイオテクノロジー、携帯電話やスマホなどでイメージされる技術開発分野だ。これの強さを自社に取り入れることができるか、もしくは従

来持っている技術的な強みを維持・発展させることができるかが将来に向かってのカギとなるわけだ。やはり何らかのイノベーションがないと新たな商品開発、市場創造、顧客創造はできないからね。われわれメーカーのキモの部分だよ」

「はい。ＰＥＳＴというのは初めて聞きましたが、それぞれが僕たちの社会に影響していて、最終的に当社の事業にも影響するっていうところは想像できました」

「そうか。われわれメーカーでは、正直…、組織が大きいし商品の開発期間の影響ですぐに時流に乗れないこともあるが、第三次産業では事業化というか商品化が非常に速い場合がある。金融とかサービス産業だが…。ま、いずれにしても、広くとらえていく中で新しい事業や製品のヒントをつかむことが大切になるわけだ」

「はい。分かりました」


真二は確かにメーカーは大変だと思った。企画、開発設計、購買、製造などの主要な部門が頭に鉢巻きをして初めて形になるのが商品である。協力会社も膨大な数に上るし、そう…、自動車などは一体どれくらいの企業が関係しているのだろう…。それに対して金融商品は金融工学に基づく、ある意味、数学的なところで商品ができる可能性も高いし、膨大な部品点数というわけでもない。人的な品質は極めて高いレベルが求められるだろうが、商品自体の不良品・歩留まりなどという概念からは離れているだろう。業界は異なるので比較はできないが、あらゆる種類のスピードが速い時代に、各企業は本当に大変だなぁ、と真二は納得していた。

顧客分析②〈ジャンル・カテゴリー・セグメント〉

「さて、次に行こう。実は、消費者を広くとらえるとほかの見方も可能になるんだが、それは『ジャンル、カテゴリー、セグメント』という区分けだ」

「ジャンルとカテゴリーは日常語ですね。でも、セグメントって何でしょう。セメントではないし…」

「そうだな。ただ、セグメントは重要だぞ。セグメンテーションと言って、対象とする事業や市場を特定するときに使われる言葉だからな。これはまた話す機会があるだろう」。真二はノートに、ジャンル、カテゴリー、セグメントと急いで記入した。

「まずジャンルだが、これは大きい範囲だ。われわれのWJ‐6500で言えば、『デジタルカメラ』ってところかな。さすがに電気製品では大き過ぎるからな。カテゴリーで言えば『監視カメラ』となる。セグメントでは、『高感度カメラ』となるわけだ。このように区切ることで市場が具体的になり、戦略も立てやすくなる。さっき『ターゲット市場での顧客シェア』で鉄道写真の趣味の話をしたが、彼らは極めて狭い範囲をターゲット市場として設定していて、それが『セグメント』となっているわけだ。当たっているかは光学器メーカーではないから分からないが、『写真用レンズ→明るいズームレンズ→主に鉄道写真』というふうに考えること

ができる」と説明し、

「これらのとらえ方は基本だし、特に意識する場面は多くないけれども、繰り返すが『セグメント』という考え方は忘れないように」。課長は真二に念を押した。（よし、セメントだ）と真二は右脳で覚えた。

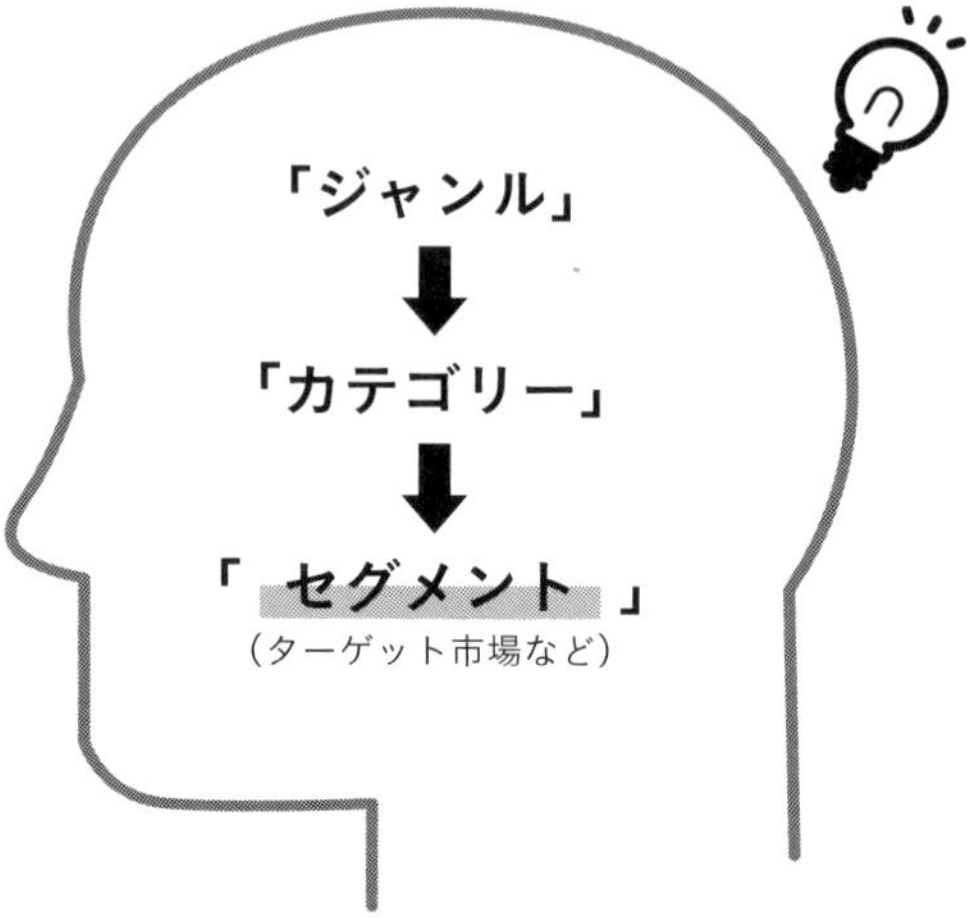

「さて、顧客を見るときだが、われわれが欲している顧客とはどういうものだろう。具体的に考えてみよう。ウチの商品よりも一般消費財の方がいいから、…そうだな、シャンプーを作っている会社が欲しい顧客とはどういうものだろう」

「そうですね…。新製品を出した時に飛びついてくれるお客さんでしょうか」

「確かにそれも大切だし、助かるのは事実だろう。でもほかにはいないかな？」と重ねて課長が問う。

「えーと…、シャンプーですよね…。一度買ったボトルはそのまま使って…、次は詰め替え用を買う。そのときは…、そうか、同じシャンプーを続けて買ってくれる人です」。真二は自信を持ってにこやかに答えた。

「当たりだ。基本的なところでは、多くの企業が求める顧客は、繰り返し購入してくれるお客さんだよ。『リピーター』だ。このリピーターがいるかいないかで、販売の苦労は雲泥の差になるよ。毎月ある程度の販売が見込めるのとそうでないのとでは、事業の運営自体が変わってくる。このリピーター獲得のために、主として各企業のマーケティング部や営業部が知恵を出していかなければならないんだ。単にプロモーションだけでなく、最新の理論で『川上（メーカー側）から川下（消費者側）』という流れで言えば、経営理念や実態への賛同、社会的貢献や誠実さへの理解、製品自体の価値として顧客が得た喜びや感動へとつながっていってようやく『リピート』してくれるわけだ。

　ちょっとシャンプーのような消費財とは異なるが、われわれも同じだ。われわれの商品は一度設置してしまうと同じ場所での取り換え需要はそうそうないが、同じ自治体、同じ企業や企業グループなどリピートしてほしいお客さんは山ほどいる。確かに性能も重要だが、一度設置した後のアフターサービスや、購入してくれたことから自然と湧き出るお客さんのファン的な意識を大切にするような企業行動によって次の受注も左右されるから、日々の活動がとても大切になるな…」。課長は納得しながら話しているようだった。

　真二は、先日、堀田が教えてくれた経営理念の大切さを思い出しながら（課長の話にも出てきたな…。堀田には感謝だ）と友人の顔を思い出していた。

「顧客分析のツールには古くからアンケートやインタビューがあるが、今ではインターネット上で多くの情報を集めたり、特定の顧客にアプローチして情報を集めたりすることがある。また、買ってくれたファンを複数名集めて意見を聞く催しなども行われているよ。どこの企業も顧客分析には時間も労力もかけているんだ」

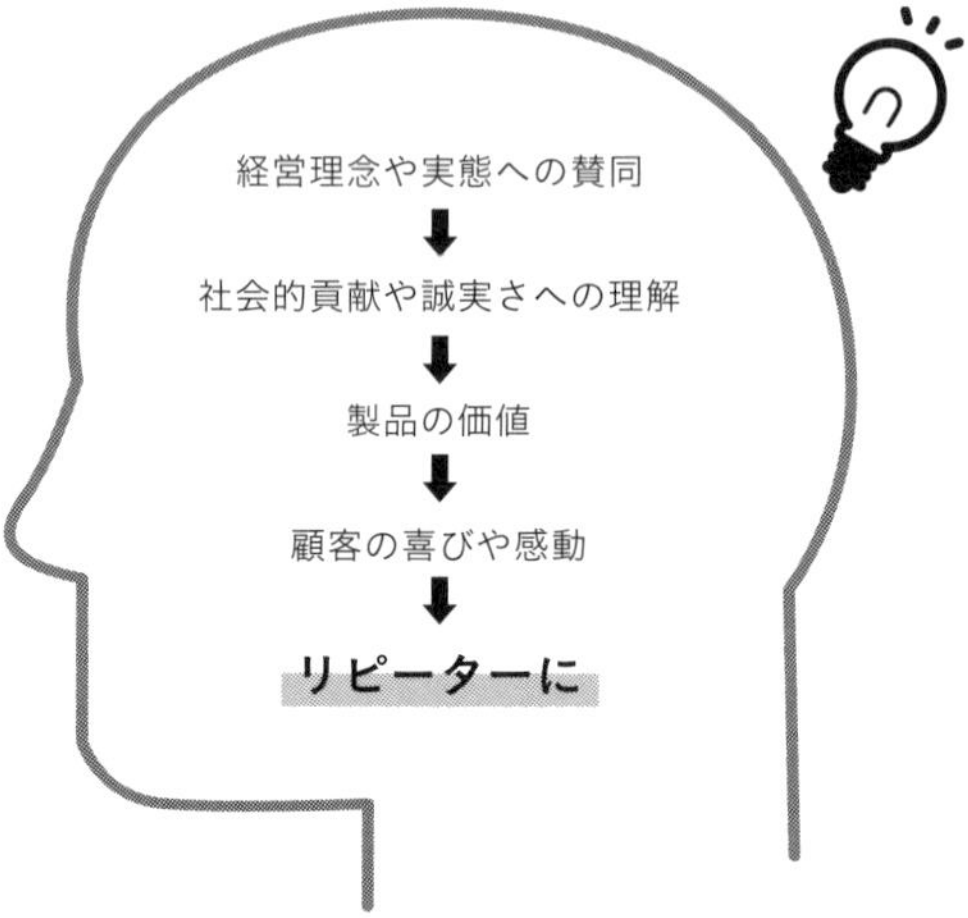

「さて、そろそろ時間だし、あと三つだけ話そうかな」

「え、あと三つもですか？」と、思わず真二は声に出してしまった。（いやぁ、頭が飽和状態に近いな）と正直に思った。（どこまでやるんだろう）と思いつつ外を見てみると、景色は夜に向かっていた。

その時である。ドアをノックする音が聞こえた。

「どうぞ」と課長が答える。入ってきたのは同じ部の梅原先輩であった。

「すみません、営業の小池部長が課長を探しています。なんか急ぎのようですけど…」と早口で伝えた。

「分かった…。恐らく時間がかかるだろう。吉田、今日はここまでだ。悪いな」と言って梅原とともに会議室を出ていった。

真二は背もたれにドカッと体を預けた。講義は楽しかったが、さすがに疲れていた。エネルギッシュな課長に新しい内容…。頭が飽和状態になっていた。(内容が濃いなぁ…。もう限界)と感じながら、ゆっくりと会議室を出る準備を始めた。真二に急ぐ理由はなく、早く片付けるエネルギーもほとんどなくなっていたのが実情である。

フロアに戻ってみると課長の姿はなかった。席に着くと梅原先輩が「悪いな、吉田。途中だったんだろ」と声を掛けてきた。「いいえ、僕は大丈夫です。と言いますか、少し助かりました」と本音を漏らしてしまった。

「まぁ分かるよ。でも課長も忙しいな。…しかし、小池部長の様子を見ると何か急な問題が起きているのかもしれない。二人で急いで営業部に戻っていったからな。近いうちに何かあるかも、だ」と思わせぶりな言葉を残して梅原は席に戻っていった。

何だろう、と真二も思いを巡らしたが、はっきりとは分からなかった。ただ、課長に依頼された調査でも販売状況に変化があったので、それかな、と思った程度であった。それよりも体を少しだけでいいから横にしたい衝動に駆られていた。どうして会社には体を横たえるスペースがないのだろう。わずか数分でも横になるととてもリフレッシュできるのに…。

そんな真二であったが、椅子の背もたれを倒して、講義中に必死に書いたノートを手に取りパラパラめくった。それは急いで書かれたメモ書き的なものであった。真二は、そのあまりの乱雑さに、(せっかくの講義も、これじゃ後から見返しても分からないな)と思い、カバンから別のノートを取り出すと、堀田のレクチャーに続けて今日の内容を清書した。

❸ 課長の熱血レクチャー(2)

監視カメラの威力

その日の夜、真二の家の近くに住む五つ上の洋一が平日の夜にもかかわらず遊びに来た。洋一は都内の専門学校でビジネスを教えているが、一人暮らしのせいか、年長者なのに時折夕食を食べにやってくる。それが兄の良いところと理解しているので、弟としてはうれしいことであるし、妻のえりもいつも好意的に受け入れてくれているので助かっていた。

洋一によると、数カ月前に勤めている学校で生徒のクレジットカードが盗まれ、誰かが本人に成り済まして使用したという事件があったそうだ。そこの学校は併設の寮を近くに持っており、何らかの理由で配達された留学生の新しいクレジットカードが盗まれ、勝手に本人に成り済ました犯人が短時間の内に限度額まで使用したという事件であった。

「ひどい話だね」と真二がビール片手に感想を漏らした。

「本当ね。留学生の方がかわいそうに」と、えりも憤慨している。

「そうなんだよね、えりさん。カードを盗まれた子を見ると本当にかわいそうでね。遠く母国を離れて日本に来てこれじゃあね」

「それで犯人は捕まったの？」と真二が質問すると、「ああ」と洋一が答える。

「やっぱり監視カメラはすごいな、真二」

「そうかな？」

「そうだよ。警察に被害届を出して捜査が始まるわけだが、盗んだ奴がいつどこでカードを使ったかはカード会社が把握しているから警察もすぐに分かる。何と彼らは同じ区内で使ってたんだよ、近過ぎるよな」と洋一はことのいきさつを説明していく。

「で、警察は当然そのお店に行く。そして監視カメラの有無を確認してレコーダーのデータ提供を求めるってことになるよな」

「そうだろうね…」。真二はサラミを噛みながら答える。

「で、最終的にお店のデータからカードが使われたと思われる時間を基にして、いくつか写真が出てきたんだ。それがカラーでさ、解像度って言うのかい、結構はっきり写っていたから服装とかだけでなく顔まで判別ができたんだ」

「そりゃ、今はカラーが当たり前だし、カメラの基本性能は上がっているから当然だろうね」

「しかし、これが昔だったら捜査は大変だったろうなあ。それがいいか悪いか言えないけど、例えば昔の三億円事件っていうの、あれもカメラが今のようにあったらさっさと解決していただろうね。これは監視カメラのおかげかな、初めて実感できたよ」

「実は私も経験があるの。直接じゃないけど」。えりが呼応して話し始めた。

「ウチの父さん、駐車場にカメラ付けたじゃない。覚えてる？」

「ああ、何だっけ、車がいたずらされたとかゴミを捨てられたっていうのだったっけ」

「そう。それでね、向かいの倉庫に泥棒が入った時に警察が来て、すぐにウチのカメラに気が付いたんだって」

「ふーん」

「そして録画してあるデータを警察が見たら、案の定、泥棒の車とかが映っていたんだって。それで逮捕も早かったみたいよ」

「事件ってそんなに身近で起こるもんなんだねぇ。何というか…」。真二は監視カメラより、身近で起きる犯罪の方が少し驚きであった。

「それで兄さんの方は全面解決したのかい」

「そうだね。犯人は捕まったし。実は留学生が封筒ごと落としていたんだよ、区内で。それに気が付かないうちに、たまたま外国人が拾ってそれを使ったんだ。外国の名前だから日本のお店では男か女か分からないし、後ろにそれらしくサインされていれば信じてしまうしね。何と7軒ものお店で使われていたんだよ、短時間に。でも、同じ寮の学生ではなくてホッとしたよ。

しかし、今度のことで思うんだけど、これだけ海外からのインバウンド、つまり海外からの観光客が増えて、そして留学生の数も増えているのに、まだ僕らは日本人しかいない感覚で大丈夫と思っているところがないかな…。人を疑うってことに慣れていないこともあるし、それがいい文化なんだけど、どうだろう、これからは…」

「何だよ、難しい話だね」。真二にもよく分からなかったが、何となく洋一が言わんとするところも理解ができた。

その後はテレビのクイズ番組で盛り上がり、残ったおかずは洋一がすべて持って帰った。

監視カメラにはダミーカメラというものもある。撮影機能はないが動作しているというLED表示ができるものもあり、本物と見分けがつかない。これが海外ではある一定の販売量がある。要は抑止力として機能しているということになる。実際の犯罪解決には役立たないが、これだけ犯罪が増えてきたら、日本の一般住宅にも増加していく可能性が高い。残念ながら、昔の古き良き日本にはもう戻ることができないのも事実である。鍵をかけなくても良かったなんていう、じいちゃんやおやじの時代はもう戻ってこない…。真二は枕に頭を埋めながら、そんなことを考えていた。

自社分析① 〈理念など〉

翌日の午後、もうすっかり外が暗くなってから、課長が声を掛けてきた。

「昨日は途中で終わってしまって悪かったな。残業時間で悪いが、今から空いているかな」

「はい。でも会議室を調べてみます。…あ、大丈夫ですね。1時間なら使えます」

「よし、じゃあ昨日の続きをやろう」と言って、課長はフロアを出ていった。


「昨日は小池部長に呼ばれてね。市場ではいろいろなことが起きているらしい。ま、これから1時間はそれを横に置いてやっていこう」

「はい」。右の手の指の痛さは残っていたが、真二は元気に答えた。

「えーっと、3Cで残っているのは『自社』だな」と、真二に確認した。

「はい」と返事をしながらペンを握った。

「さて、吉田は、自分のことはよく理解しているかな」。意外な質問が来た。

「んー、どうでしょう。自分のことですから理解しているとも言えますし…、しかし、友人が言うところの自分のイメージは予想外だったりしますから、100%分かっているとは言えないと思います」

「その通りで、自分のことは分かりづらいものだな。実は会社も同じで、自分たちが思っているイメージと突き付けられる現実との間で揺れているんだ。もちろん、大きな組織体としての揺れだから、個人とは比較できないほど感性が鈍いときもある。誰でも自分のことに自信を持っていたいし、悪いことは聞きたくないよな。組織も一緒だと思うんだよね。僕も君より少し社会人経験が長いだけだが、誤解を恐れずに言えば、『悪い情報が的確に迅速に伝わるに越したことはない』って感じるよ。しかし…、われわれも組織の構成員だが、その総意がいつの間にか自信過剰になったり、周りの状況が見えなくなっていたりしたらどうなる。例えば、商品開発では？」

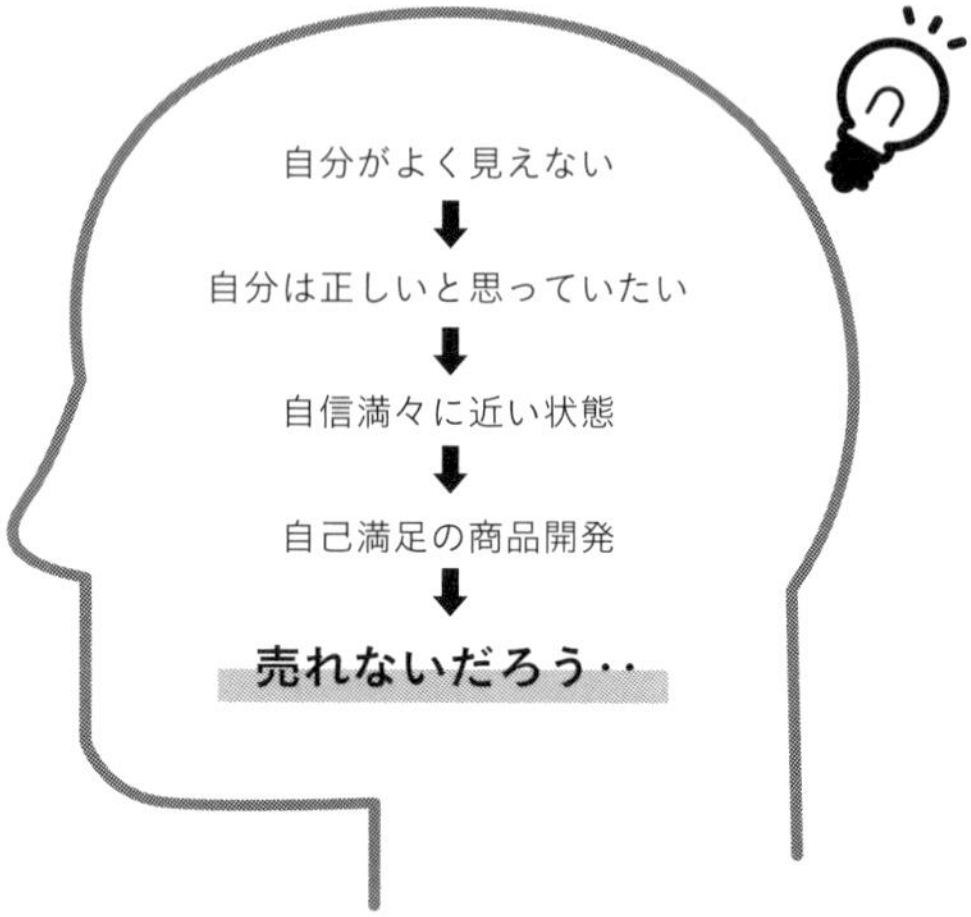
自分がよく見えない
自分は正しいと思っていたい
自信満々に近い状態
自己満足の商品開発
売れないだろう・・

「そうですね、昨日の顧客分析のところで出た『自己満足』の商品を作ってしまう可能性が高くなると思います」

「そうなんだ。そういう商品では投資をして開発し、材料を仕入れて製造し、人件費を掛けて販売していっても回収ができないことになる。まぁ、失敗だね。会社が長期にわたり存続していかなければならないのが目的であれば、自分たちを客観的に見ていくことが大切になるんだ。イメージできるかな」

「はい」

「幸いにも、会社には客観的なデータもあるから、それをベースに判断できるってことで、個人を客観的に見つめるケースとは異なってくる。昨日も『他社がまねできない何かが大切』ということを話したと思うが、自社の強みを客観的に分析することで他社との差別化のポイントが明確になってくるんだ」と言って、課長はホワイトボードに「理念」「リソース」「現場」「顧客」「サービス」と書いた。

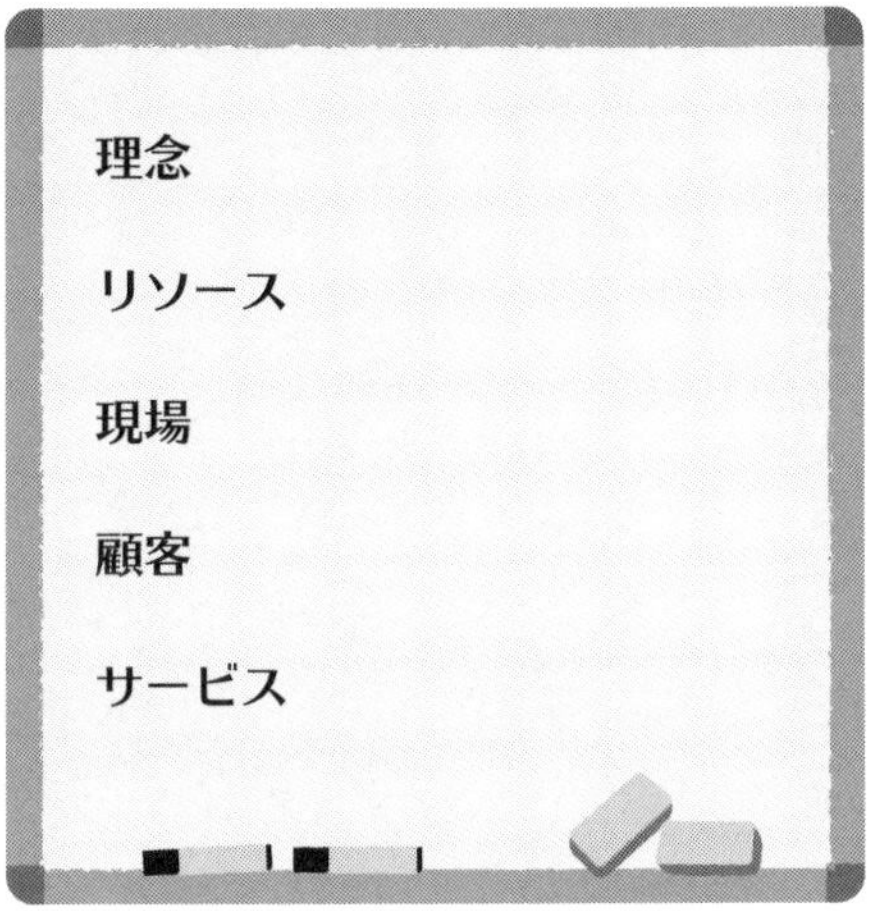

「今はこれら五つを書いてみたが、ほかにもあると思う。けれども共通して考えることは、事業運営の中で『強み』や『うまくいっている方法やパターン』、逆に『弱み』や『事業拡大の足を引っ張っているパターン』を見つけていく点だ」と言いつつ課長は「理念」を丸で囲んだ。

「まず『理念』だが、これはわれわれの事業に対するビジョンが市場で理解され、受け入れられているかというところだ。それに理念は日々の仕事をする上で、大きな判断基準のベースにもなっているからな。もちろん、君も新入社員研修で理念のことを学んできたはずだから理解していると思うが、われわれの夢や正しさ、そして行動が、今や消費者や地域に認められているかどうかを分かっていなければいけないんだ」。

ここまで聞いて真二は、例の大学生への回答を思い出し、少し顔を赤らめた。

「次に『リソース』だが、これは昔から言われている『ヒト、モノ、カネ』だ。『ヒト』に関して言えば、人材に強みがあれば他社に負けない環境になるわけだ。例えば新入社員に優秀な人材を集められるかどうかで将来的な成長が左右されるし、いくら優秀な人材を集めても離職率が高ければ長期的にみて意味がない。さっきの理念にも関わる部分だな。優秀な人材が明るく夢を描いて、かつ自主性を持って働けることが『強み』になるんだ。まぁ、当社に全く問題がないわけではないが、その部分の理解度は高い方だと思うよ」と課長は説明した。

「次の『モノ』だが、これは商品に代表されるものだ。商品自体が中心だが、商品としての形だけではない。お客さんに提供される価値、価格など多くの要素が絡むよ。『カネ』はそのまま『お金』になるが、資金力、資金調達力、使い方、資産など経理・財務的なところだ。企業である以上、お金がないと何もできないわけで、ここの強みもほかの『ヒト』や『モノ』に影響する。こう見ると、本当にリソースが根本だということが分かる。ヒト、モノ、カネがなければ企業として成り立たないし、それによって活動の質も将来も何もかも決まってくるところが大きいのは事実だ。また、ここ数十年言われているのは『情報』だね。特にインターネットが普及してからは、重要度が格段に上がっている。情報があふれて、しかも変化のスピードが速い時代では、情報収集力や分析力もリソースと言えるだろう。ほかには、そうだなぁ、社会関係資本という考え方もある。企業と関係者そして地域との結び付きが資源と考えられるということだね」。課長はリソースを何度も丸で囲んだ。

「さて、『現場』というのは、それぞれの部署に強みがあるかどうかという視点だ。『開発』『購買』『製造』『営業』『物流』や『各間接部門』に他社が追随できないような強みがあるかどうかだ。開発に力があれば新製品が短期間で出てくる可能性もあるし、イノベーションも起こせる可能性が高まる。購買に強みがあれば、コスト力に余裕が出て価格で他社を圧倒できる。製造に力があれば、省力化への可能性や海外生産の強みが出てくる。これもイノベーションだね。営業に力があれば、プロジェクトなどを受注できる可能性も高くなるし、ディーラーや顧客との関係も強化できる。間接部門や本社部門が強くなれば、的確な情報発信や新たな経営・事業提案ができる可能性が高くなる。まぁ、あまり強大な本社機能というのは事業部門の独自性というか柔軟性に弊害が出てくることもあるから要注意だがね」と、ここまで一気に話して、課長は持ってきたペットボトルのお茶を飲んだ。

「そして『顧客』だが、ここでの強みと言えば、昨日のリピーターがいい例だな。やはり市場に味方がいるのは心強い。でも、買ってくれる顧客だけが大事ではないんだぞ。正しく、的確なクレームをつけてくれるようなお客様は、同時に強みへのヒントをくれるんだ。なぜなら、顧客は購入する際に何らかの比較をしているからね。実際に使った結果、何らかの改善点があるから連絡をしてくれるわけだ。われわれの技術的な比較も重要だが、多くの人が実際の使用場面で発見した『何か』を教えてくれるという意味では、これは大切だな」

「はい、よく分かります」

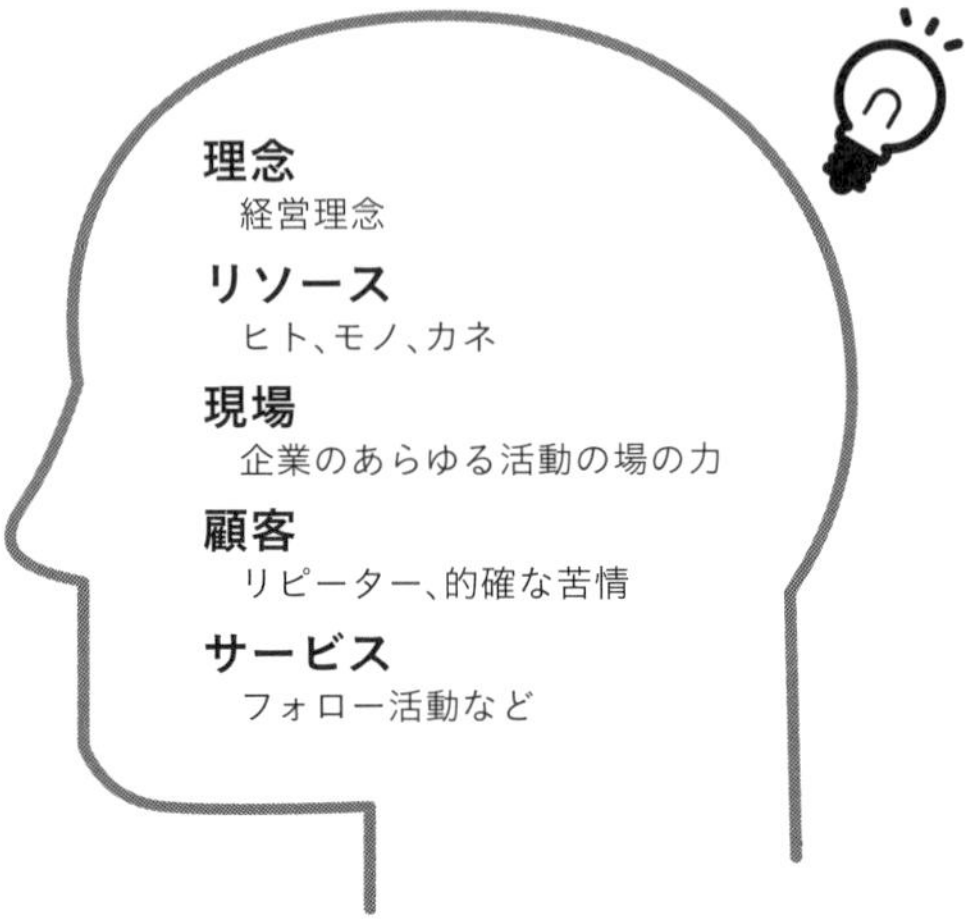

「次に『サービス』だが、やはり購入していただいた後のフォローに強みがないと、今日では事業の拡大も難しい。何といってもインターネットで情報が瞬時に市場で共有されるし、顧客の囲い込みという点では、関係性の継続が重要だからだ。どの企業も故障対応やら電話対応やら顧客との対話を充実させたり、顧客からメールアドレスをいただいて情報を流してみたり、ダイレクトメール

を発送したり、まあいろいろとやっているわけだ。正直、自分が消費者という立場に戻ってみると、『ここまでやらないといけないのかな』って思うほどの情報が来るが、これも時代の流れだろう…』。最後の部分は、真二も同感であった。

「まあ、今は『理念』『リソース』『現場』『顧客』『サービス』という切り口だが、専門家によってはさらに細分化して、『理念』『技術力』『研究開発力』『生産力』『購買力』『マーケティング力』『販売力』『財務力』『人材組織力』『顧客資産形成力』『ネットワーク力』『ブランド認知度』という項目での分析を勧めていることもあるから、今後は自分なりにさまざまな方法を試してみてはどうかな」と言って、またお茶を一口飲んだ。

自社分析② 〈SWOT〉

課長は再びホワイトボードに向かうと、今度は大きく四つの升目を書いた。「田」の字と同じだ。

「吉田はSWOTって知っているか？」

「スウォットですか。聞いたことがあるような、ないような…。何かアメリカの特殊部隊に同じような名前のものがありましたよね。テレビで観ましたが…」

「それはスワット、SWATだぞ。こちらのはスウォット。似ているがな、ははは」と課長も笑顔になっている。

「これは３Ｃに限らず、環境分析というとよく出てくる古典的な方法なんだが、市場における
われわれの立ち位置や今後の方向性を考えるときに使えるんだ」と言って、課長はマーカーを
持ち直した。

「まず『S』だが、これは『Strength（ストレングス）』のSだ。そのまま『強み』だな。『W』は『Weakness（ウィークネス）』で『弱み』だ。『O』は『Opportunity（オポテュニティ）』のOで『機会』だね。最後の『T』は『Threat（スレット）』で『脅威』だ。これらの頭文字をとってSWOT分析と言われている。強みと弱みはわれわれに関することで、機会と脅威は顧客に関することだ。言葉で言うよりも実際に手を動かした方がイメージしやすいから、ちょっと吉田が考える範囲でいいから、当社のSWOTを書いてみてくれ」と言って、課長はマーカーを真二に渡した。

「えー、まず『強み』からいきます。当社の強みは、①マーケットシェアが高いこと、②ブランド力です。ほかに、③技術開発力も入ると思います」と述べて、ホワイトボードに書き込んでいった。

「次に『弱み』ですが、利益率が悪化しているように、①価格競争力に弱みがあります。また、先ほどの、②情報発信力もアサダ電子工業に比較して弱いと考えます」と続けて、同じようにホワイトボードに書き込んでいった。

「課長、この『機会』というところは、どういう視点で書けばいいんですか?」と質問した。

「そうだな、機会という言葉からはイメージしにくいかもしれないが、そこは『われわれにとって好意的な消費者の考えや行動』だな」

「そうですか…。えー、では、消費者の行動として、①犯罪の増加で監視カメラへの需要が高まっていることです」として真二は「犯罪増加」と書き入れた。「次に、②当社はこの業界に長いので、既に設置されたシステムの数が多く、買い替えやシステム拡張の需要もありますから」として「販売チャンス」と書き入れた。漠然としているようで、真二は書きながら少し不安を感じる。

「えー、『脅威』は恐らく機会の反対ですから、われわれにとって好ましくない消費者の考え、そして競合他社の強みを書くと理解します。従って、まず、①価格偏重という実態が考えられます。少しぐらいは機能で妥協しても価格が安い方を選ぶ傾向が強くなってきています。また、それによってアドバンスドイメージのような②フォロワーの台頭が危惧されるところです」と説明して、それぞれ「価格」「フォロワー」と書き入れて席に戻った。

「いいね。まぁ、そんなところだろう。SWOTは数字による細かい分析とは毛色が違って、大枠でわれわれの立ち位置や、今後の方向性を考えるときに役に立つものと理解しておけばいいよ」と言いながら、課長はマーカーでさらに追加していく。

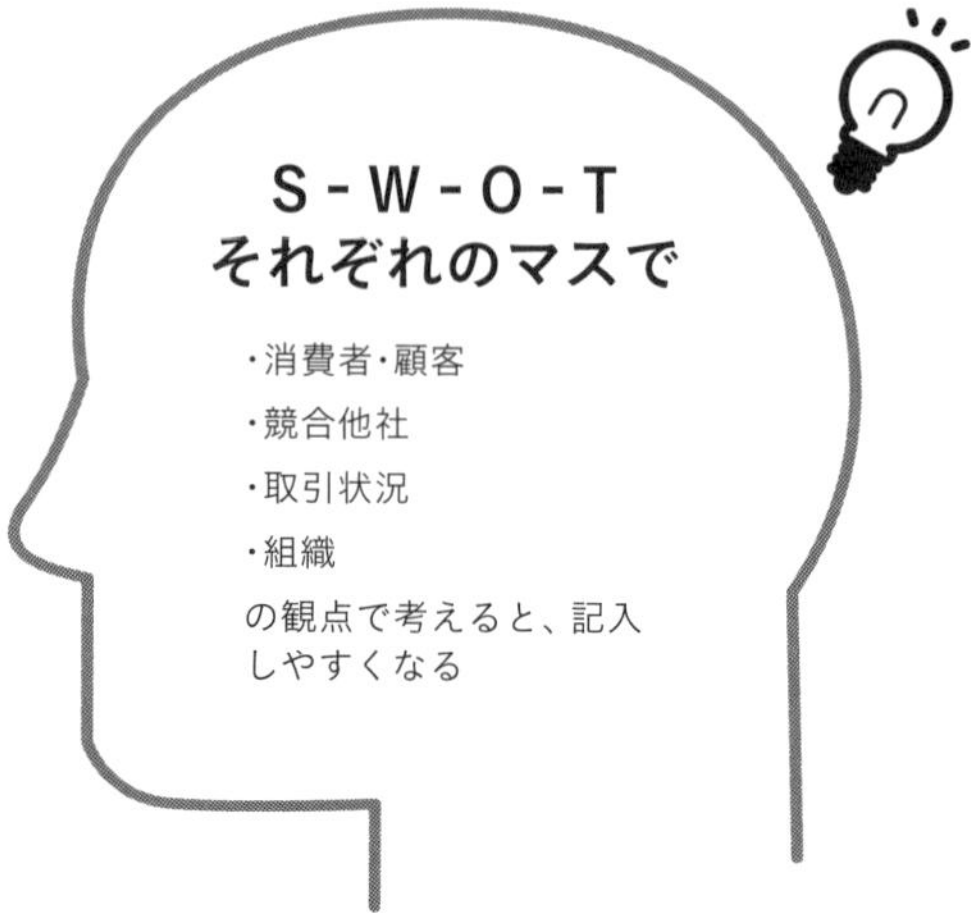

「SWOTは多分に概念的過ぎて、記入するポイントが分からなくなることがある。だから、それぞれの四つの枠の中で、『消費者・顧客』『競合他社』『取引状況』『組織』という観点から記入するとベターだと言われている。そこから次の戦略の整合性を見極めることにも使うことができるんだ。ここから次の段階であるバランス・スコアカードにも進めるんだが、それはまた機会があったらにしよう」と言って、課長は指でいじっていたマーカーを戻した。

「さて、今日の後半だ…。あと30分だからさっさといこう」と課長が言った。

自社分析③〈PPM〉

「次はPPMだ」と課長は少し大きな声で言って、自分に気合を入れているようだった。

(また変な言葉が出てきたな…。今朝のテレビで『今日の東京のPM2・5の濃度は…』とか言っていたけど…。でもそれはPMか。ppmって確か濃度の単位だったような…)。真二には見当がつかなかった。

「PPMは『製品ポートフォリオ管理(Product Portfolio Management)』と言うが、今までの話とはちょっと異なって、どちらかというと、自社のあるカテゴリーの商品群の投資戦略を考える際に使うことが多いんだ。だが、まぁ、自社分析の一部でもあろうから、簡単に話しておくよ」と課長は言って、ホワイトボードに大きな四角を書いた。

「縦軸には『市場成長率』、横軸には『マーケットシェア』と書くが、縦軸は上に行くほど成長率が高くて、横軸は右に行くほど占有率が低いんだ。普通のグラフのイメージだと、横軸は右に行くほど数値が大きくなるから逆だな」と言ってどんどん書き入れていく。

「これもSWOTのように大きな四つのマスがあると思うと楽なんだ」と言って課長は

SWOTのときと同じような「田」の字を書いた。

「左下は『金のなる木』と言われている。すでにマーケットシェアの高いところを維持していて、市場自体も大きく成長しない。従って、投資を積極的に考えることがなくとも商品の売れ行きが良く、会社にとって利益を稼ぐ大切なポジションだ。リピーターが多いとも言えるな」として「金のなる木」と記入した。

「次に『金のなる木』の対角線上にある右上だが、ここは『問題児』だ。マーケットシェアは低いが、市場としては伸びている場合の商品群で、利益を稼げない上に市場の成長率に合わせるためのさまざまな活動へのお金がかかる。まさに『問題児』だね。ここに区分けされると、資金を投入してマーケットシェアを高めるか、撤退するかという判断になることが多い」と言って、「問題児」と書き入れた。

「さて、左上はどうだろうか。ここは『スター』と言われている。市場は伸びていてマーケットシェアも高い。利益も徐々に稼げるが、やはり市場の成長に合わせる活動にお金がかかるというわけだ。でもスターの商品は独自に利益も稼げる位置にいる。すべてではなくて『金のなる木』からの投資もあるだろうが、『問題児』とは異なるところだ。活気があるし、将来の

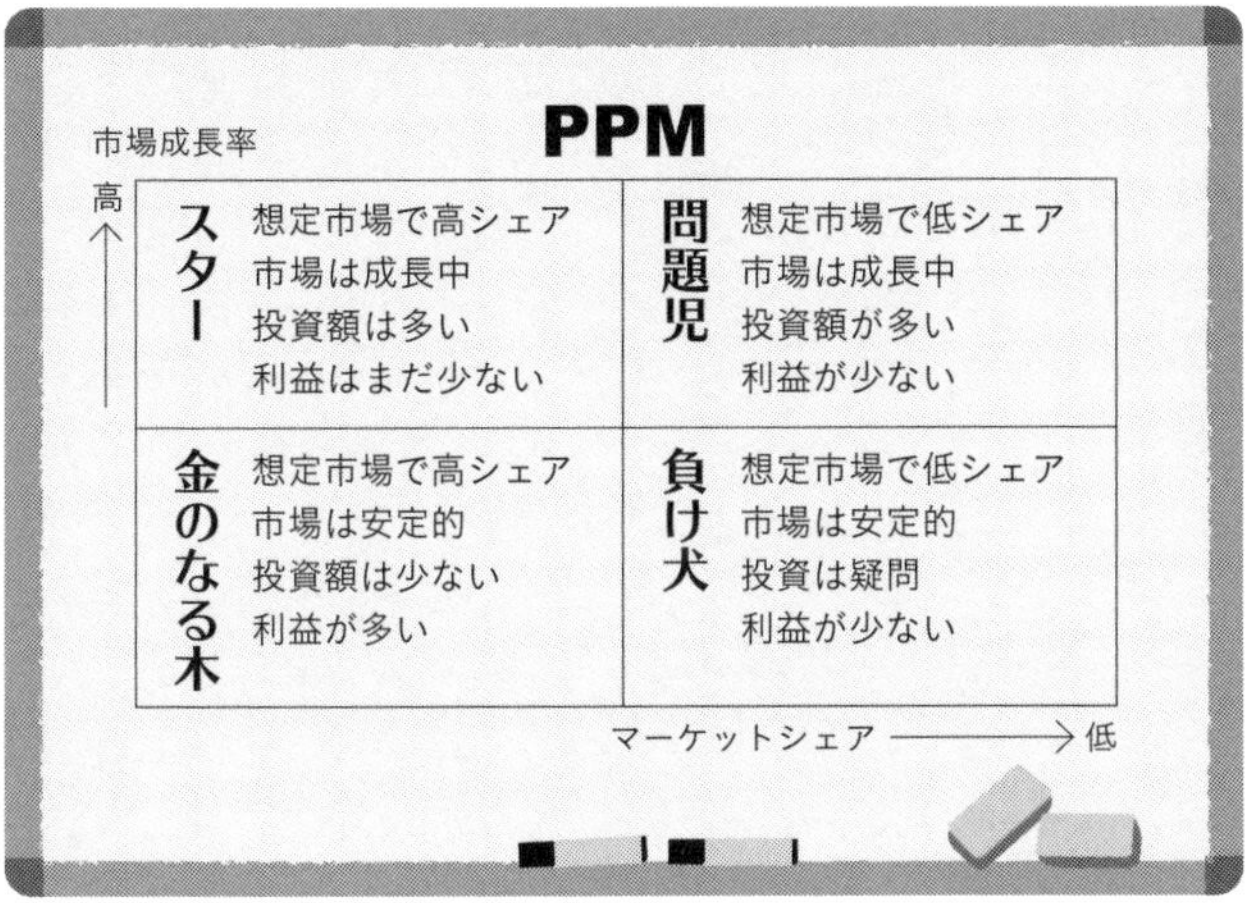

『金のなる木』を生み出すところになるというか、『金のなる木』に育成していきたいところだ」

「さて、最後のマスは『負け犬』だ。マーケットシェアも低ければ、市場の成長率も低い。イメージできると思うが利益も少ないので、このまま継続して意味があるのか判断を迫られるところだな。ただ、時代の流れの中で細々と作り続けていて、いつの間にか業界で数少ない生存者として珍重されたり、急に古い商品がリバイバルヒットしたりすることもあるので、まぁ必ずしも撤退がベストではないこともある」

「そう言う意味で見つめると、製品は『問題児』から始まって、反時計回りに回っていくってイメージかな」

「はい。何となく分かりやすいですね」

「まぁＰＰＭを実際に使うのは単一の商品ではなくて、大きなカテゴリーの中で各商品の状況を判断したり、本社が各事業の状況を判断したりする際に使用するツールの一つだから、今回のようにＷＪ-６５００単体の分析に使える可能性は低いかもしれない。でも覚えておいて損はない」と言って、課長はマーカーを置いた。

「どうだ、面白かったかな」

「はい。ありがとうございました。でも、正直、昨日を含めて頭がパンパンです」

「ははは、そうかもしれないな。ちょっと急ぎ過ぎたかもしれないが、伝統的で基本的な考え方の一部でも知っておくと、日常の業務で『これで分析してみよう』という引き出しが多くなるから助かると思うよ」

「はい。分かりました。一度自分なりに復習してみます」

「そうか。まぁ徐々に実務で使っていこう」と課長が言った瞬間に、誰かが会議室のドアをコンコンとたたいた。時計を見ると6時半であった。次の予約者が来てしまったのだ。

「後は自分が消しておきます」と真二は課長に言って、早速ホワイトボードをきれいにし始めた。

「そうか、頼んだぞ。んー、そうだな、来週月曜日の午後4時から2時間、会議室を予約しておいてくれ。続きをやろう」と課長は言って、会議室を出ていった。

「え、来週か…、すぐだな…」とつぶやいて、真二も筆記具をまとめた。

部に戻ると課長の姿はなかった。もう次の会議に行ってしまったようだった。（何で若い僕の方が疲れているんだろう…）などと漠然と思いながら席に着いて、痛くなった右手の指をさすった。（次はパソコンにインプットしていこうかな）と思ったが、課長が書く図の部分はパソコンでは追い付かないかもしれない、とも感じていた。ま、どちらでもいいや。

今日は帰ろう…、と見回してみると、部員の半分はすでに帰宅したようだった。（ちょっと早いけど、帰る）と心に決めて、残っている先輩たちにあいさつを済ませると真二はエレベーターホールに向かった。

帰宅して一息

「ただいま」。真二は靴を脱ぐと、妻のえりがいるリビングに向かい、ドカッとソファーに腰掛けた。

「あら、早いじゃない」と、えりは少し驚いたようであった。

「まだお風呂も沸いてないけど、どうする？」

「そうだな、着替えてから少しボーッとしたい」と言って、真二は寝室に向かった。えりにも「けっこう疲れているな」と分かったが、そこは夕食の時にでも話が出るだろうと鍋の火加減を確認した。

「いやぁー、この2日間は頭が疲れたよ」と、真二は夕食が半分過ぎたころに切り出した。

「何があったの？」

「久しぶりに学校の授業を受けた感じだったんだ」と、真二は箸を置いて筆記具でへこんだ中指の第一関節をまじまじと見つめた。

「あら、研修があるなんて話していたっけ…」とえりが受けると、

「いや、新しい部署の課長がいろいろと教えてくれてさ。結構な詰め込み授業だったんだよね、2日間。まぁ、課長は忙しいし、連続だったたってわけさ」

「いいじゃない。もしかしたら、今どき珍しい熱血指導の課長かもしれないし…」

「そうだな…。ありがたいことだよ。新しい部署に異動しても、何にもオリエンテーションがないって話も聞くからな。そういうのって、どうしろって言うんだよな、右も左も分からないのにねぇ。それを上から目線のＯＪＴだと考えるとしたら、ウチの課長は１８０度違うな。いや、本当にありがたい。でも疲れたよ」と最終的に真二は、疲れた実感の方が強かったことを正直に打ち明けた。

「お疲れさま。そろそろお風呂も沸くから、今日はゆっくり入ったら」

「そうだね。ありがとう」と言って、食器を片付けると真二はソファーに寝っ転がった。

翌日の朝、真二は先輩たちのサポートを中心に仕事を進めていたが、綾部ゆり子と一緒に最近購入した市場調査のデータをエクセルに打ち込んでいる時に、彼女が話し掛けてきた。

「吉田君、最近はちょっと大変だったんじゃない」とニコニコしていた。

「え、何がですか」。真二は何のことか思い付かなかった。

「課長のレクチャーよ」

「あ、はい。あれですね…、頭がパンクしました」と照れくさそうに答えた。

「そうでしょう。課長、熱血講師になってしまう時があるのよね」と笑っていたが、急に、

「あれ、このデータは何かおかしいわね…。去年の欧米の販売台数ってこれだけかしら。世界主要国って書いてあるから買ったのに、ちょっと疑問よね…。確認してみるわ」と言って席を立ち、海外営業部に向かった。

（何でゆり子さんはニコニコしてんのかな…）。真二はよく理解できなかったが、まずは目先の仕事、間違わずにデータをインプットすることに集中した。


インプットが終わると、真二は時間を惜しむように、昨日の講義のノートを清書した。講義は長かったが、落ち着いて内容をまとめてみると案外少ないことに真二も気付いた。（まとめてしまうとこれだけだけど、内容は濃かったなぁ）と思い返しながら、（急がなきゃ、今日は展示会に行かなきゃいけないし…）と、ペンを走らせた。

山崎課長のレクチャー　その1

1．3C　市場を構成するもの

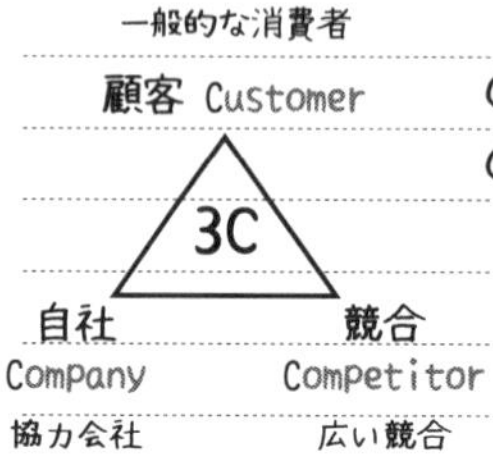

○基本的な視点。
○広く見ることも大切。僕らのお客さんや、自分の会社だけでなく、関連する分野も考える。

↓

環境分析の観点

2．市場での4つの立ち位置（競合の一つの見方）

- ✔リーダー（Market Leader）→シェアトップ。他社よりヒト、モノ、カネで強い立場にいる。
- ✔チャレンジャー（Market Challenger）→リーダーと異なる何か（差別化）。
- ✔フォロワー（Market Follower）→リーダーやチャレンジャーの製品と似たようなものを安く提供など。
- ✔ニッチャー（Market Nicher）→独自の生存領域。すき間。独自の強さ

3．競合分析

○他社の強み・弱み、僕らの強み・弱み
○他社が追い付けないような強みを見つける＝その要素を探す！

4．顧客分析

○自己満足な商品は危険
○お客さんが何を考えているのか、彼らの感動や驚きとは？
○でも、お客さんは移り気。気を付けないと…

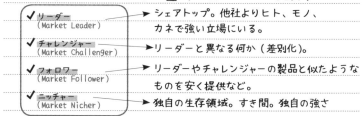

PEST：消費者全体の分析（広い視点）

○Politics：　政治的なところ

法律、規制緩和、税制など関係する。機会にもなる。

○Economics：　経済的なところ

為替、景気、個人消費、雇用、漠然と感じる経済的な不安。

○Society：　社会的なところ

ライフスタイル、少子高齢化、ネットの拡大など。

○Technology：　技術的なところ

イノベーション、いろいろな創造（商品、市場、お客さん）。

ジャンル、カテゴリー、セグメント

○極めて狭い範囲のターゲットとなるお客さんたち　「セグメント」

○大切なリピーター：製品の価値への納得や感動だけでなく僕らの会社自体への賛同なども必要。

5．自社分析

○自分のことは分かりづらい。自信を持っていたいと願う。けれど自己満足になったら、売れない商品やサービスを抱えてしまう。

○客観的な自己分析　→　理念、リソース、現場、お客さんなど

山崎課長のレクチャー　その2

SWOT

Strength （自社の強い点）	Opportunity （顧客が好意的） （自社に有利）
Weakness （自社の弱い点）	Threat （顧客が否定的） （自社に不利）

S「強み」：僕らの強いところ

W「弱み」：僕らの弱いところ

O「機会」：僕らにとって有利なところ。好意的なお客さん、好意的な状況

T「脅威」：不利なところ。否定的なお客さんや状況

PPM

PPM

市場成長率

高 ↑

スター	問題児
想定市場で高シェア	想定市場で低シェア
市場は成長中	市場は成長中
投資額は多い	投資額が多い
利益はまだ少ない	利益が少ない
金のなる木	**負け犬**
想定市場で高シェア	想定市場で低シェア
市場は安定的	市場は安定的
投資額は少ない	投資は疑問
利益が多い	利益が少ない

マーケットシェア ——→ 低

○金のなる木

✓稼ぎ頭

✓ここの資金を問題児などに投入して育成

○問題児

✓「これから伸びる」ところ

✓まだ利益を出せない

○スター

✓市場は成長中

✓高い市場シェアを確保

✓まだお金が必要

○負け犬

✓撤退か継続か

第3章

展示会での屈辱

❶ 課長の熱血レクチャー(3)

LO-2300の脅威

この週の後半、東京ではセキュリティ関連の大きな展示会が開催されていた。セキュリティ産業の中で、監視カメラ市場は今後4年間で30%以上の伸びを期待されている分野であった。国産メーカーだけでなく海外メーカーの商品も並び、家庭向けの簡易なシステムから都市を監視するような大規模なシステムまで、各社がその技術を形にして展示していた。

それもあってか、東京ビッグサイトの会場では関連の学会やシンポジウムも多数開催され、非常ににぎやかであった。やはり都心の企業にとって、展示会が近くで開催されることは時間的にも物理的にも楽であったし、地方の企業にとっても空港や駅から近いことは助かるものである。

真二の会社のブースは、展示会場に入って中央メインロードの行き止まりの正面というベストな場所であった。社名のサインボードもブースのサイズに比較して大きく、ブランディングの一環として、その場所の確保ともども広報宣伝課がかなり頑張った結果であった。真二は営業部に在籍していたころから毎年参加していたが、今年も短時間ながら自社のブースに立つことになった。

「今年も大勢の人が観に来ているな」と、営業部の池上誠が周囲を見回しながら真二に話し掛けてきた。

「そうだなぁ。ウチも結構大きなブースを構えたけど、他社も頑張っているし、小さなブースを出展している企業も増えたよな」。確かにセキュリティ関連の商品は、犯罪だけでなくさまざまな不安が漠然と広がる中で拡大を続けている。

最終日である金曜日の午後ということもあり、来場者も多いようであったが、真二は他社のブースを回ることにした。展示会によっては同業者の見学を断ることもあるが、この展示会ではまだそれは無かったので安心して回ることができる。とはいえ、最低限の対策としてスーツの襟に着けている社章は外すが…。他社のマーケティング部の中には広告や記事などを出稿して懇意になった出版社にお願いして、その出版社の名刺を作ってもらい、ライバル会社の情報を得ようとする社員もいた。真二の会社はそこまでの対応はしていなかったが、それは他社の見学が制限されていない中である程度の情報は得られると判断されていたからであった。

「あれ？　もしかして吉田さんではないですか」

キンキンとした高い声には聞き覚えがあった。ライバルであるアドバンスドイメージ社の片桐であった。

「あ、片桐さん」。真二は作り笑いで対応したが、本心では最も会いたくない男であった。営業部時代にいくつかの展示会で出会い、お互いに名刺交換していたのである。

「吉田さん、今日は偵察かな」。嫌味な表情が露《あら》わである。

「いやぁ片桐さん、相変わらずキツイなぁ。偵察ってほどではないですが、誰でも他社のことは気になりますからね」

「どう御社は。ま、ウチなんて吉田さんのところよりシェアは小さい泡沫企業ですけどね」。本当に嫌味なヤツである。改めて真二はタイミングの悪さを感じた。

「ところで吉田さん、ウチの新製品見てくれた？」

「いや、まだ…」。実際には技術部の上野とともにベンチマークしていたが、この男には当たり障りのない答えがふさわしいことは明らかであった。

「いやぁ、いつも吉田さんのところのカメラが素晴らしくて、雲の上の方々の作るカメラは違うなぁと思っていたんですけどね、今回ウチも頑張りましたよ」と、アドバンスドイメージ社のブース最前面と中央部に鎮座している新製品「ＬＯ‐２３００」を指さしていた。

「なんか、すごい展示ですね。カタログもこればかり並べてあるし…」と、真二はライバルでありながらその積極性に素直に驚き、同時にきれいなコンパニオンがＬＯ‐２３００の特長やスペックをよどみなく説明している声を聞いていた。いつも思うのだが、彼女たちは非常に技術的な内容で、しかも長い文章を、紙を見ずに人前で発表できる、そのプロ意識に真二は感心していた。

そんな真二を見ながら片桐は続けた。「そりゃ、ウチが吉田さんのところのシェアを少し分けてほしいなぁと思いながら作った新製品ですから、力が入りますよ。どうですか、ちょっとした暗室も用意してありますから一緒に見ませんか」

もちろん、真二はこのモデルの特長は知っていた。しかし、場の雰囲気からこの嫌味な男の説明を聞くことにしたが、果たして片桐の言う要点は真二たちの比較と同じであった。ただ、簡易暗室における比較対象モデルが真二たちのWJ‐6500であったことに（露骨だな）と思わざるを得なかった。ブランドや品番シールにはテープが貼られ、分からないようにはしてあったが、形がそのままであるから業界の人には一目瞭然であった。

「すごいですね。最低照度でも性能が高いですね。驚きました。脱帽です」。真二はそう答えるしかない。ここで喧嘩をしても始まらない。

「まぁ、ウチは製造能力もないので、ほんのちょっとしか売れませんけどねぇ」という割には、顔が自信で満ちあふれている。

「どれくらい作るのですか」。思わず真二は口に出してしまったが、すぐに後悔した。そんなことを教えてくれるはずもない上に、真二たちがLO-2300に脅威を感じていることを悟られてしまったと思ったからである。

「いくら吉田さんでも、それは無理でしょ」と片桐はニヤニヤしている。こうなったらこちらは何かしら装うしかない。「いやぁ、そうですよね。俺もバカだよなぁ、ほんと」

「よかったらカタログを差し上げますよ。価格表は無理ですけどね。あはは」。本当に会いたくない男である。「ありがとうございます。それではお言葉に甘えて…。ではブースに立たなきゃいけないので、これで」と片桐が差し出したカタログを受け取り、足早に立ち去った。少しでも早く片桐のいる空間から離れたかったのであるが、少なくとも彼らは今後数年を大々的に発表した新製品に注力することは明白であり、それを肌で感じることができたのは収穫であった。

ブースに戻ると、営業部の亀山係長がイライラしていた。なんでもアサダ電子工業の部長が亀山との雑談で沖縄産業の失注の件を出してきたそうである。部課長レベルでは珍しいケースかもしれないが、企業のトップ同士では展示会やパーティーなどで時々聞く話である。

亀山は「何だか悔しいなぁ。あっちは値引きで勝ったんだよ。もちろん値引きも実力の内だけど、途中まで製品ではウチが勝っていたんだからな。客も客だよ。結局値段だけだったからなぁ、最終的には」。亀山には珍しくロジックをあまり感じさせない発言であった。

「いや、悔しいですね。僕もさっきアドバンスドイメージのブースで…」と十数分前の顛末《てんまつ》を亀山に話した。

亀山はじっと聞いていたが、少し考え込んだ素振りの後、顔をキリッとさせ「頑張ろう、吉田」と真二の肩をたたいた。「はい。もちろんです」。真二も体の中に悔しさからのエネルギーが満ちていくのを感じていた。

焦りが生んだ失敗

展示会が終わった翌日の土曜日、真二は中京地区担当だったころに販売面でお世話になった武井システム株式会社を訪れた。そこの中京地区担当部長とは販売拡大で大変お世話になったのである。どうしてそんなことを考え付いたのかといえば、展示会での悔しさと、亀井と共に「頑張ろう」と誓い合った気持ちがそうさせたのに間違いなかった。

「川上部長、こんにちは」

「はい？　おう、吉田君じゃないか」と、川上は意外そうであったが、すぐに満面の笑みで迎えてくれた。

「どうした。今日は土曜日で休みだろう。まぁウチはやっているけどさ」

「はい。突然に申し訳ございません。お元気そうで何よりです」

「はは、元気だけが取り柄だからな」

「とんでもないです。いや、先般お知らせいたしましたが営業部を離れまして、マーケティング部の方に異動になったので早速いろいろと調べたいと思いまして…」

「そうか、まぁ、こっちに来なさい」と言って、川上は受付横の商談スペースに真二を招き入れた。土曜日のためか平日よりオフィスが静かである。

二人はすぐに展示会の話になった。川上は「今年も盛況だったね。新しい技術がどんどん開発されて、勉強するのに大変だよ」と笑っている。確かにそうだ。セキュリティシステムも最新プログラミングを導入し、例えば顔認証など最先端技術は一般の人々のイメージよりはるかに先を行っている。顔の認証技術自体の高度化だけでなく膨大なデータとの照合を迅速化することも可能となり、日々の犯罪捜査にも役立っている。もちろん、個人の顔が知らないうちに使われてしまうという課題を感じることもあるが、従来にない幅広い分野での貢献が見込まれている。

「そうですね。世界中でテロなどが増えてしまったこの15年ほどの変わりようはすごいと言われていますね。残念ですけど」

「そうだねぇ。ところで、今日は何の用事かな」と、川上は笑顔を真二に向けた。

「あ、はい。実は先日の展示会でもアドバンスドイメージ社の新製品を見て、ウチも改めて頑張らないといけないと強く感じたんですが、今日はいろいろと教えていただきたくて伺いました」

「そう。確かにあの新製品はいいかもしれないなぁ、性能的にね。正直、君のところとは長い付き合いの専売代理店である僕らとしても興味はあるよ。まぁ、今までのつながりから、今後も君のところとやっていきたいけどね」。川上の顔は真剣になっている。

「ありがとうございます。で、その新製品に対抗していく活動が必要だと思っているのですが、部長はどのようにお考えですか」

「何だよ、急に。まだそんなことは分からないなぁ。この前初めて商品を見ただけだし…。もちろんカタログはもらっているよ。でも仕切り価格も何も来ていないから、判断はできないってところだよ」と川上は答えたが、顔には不満の色があった。

「そうですか…。いや、部長なら何でもご存じかと思ったのですが…」と真二が答えるや否や、「そりゃ、無理だろう、吉田君。確かに僕らは君たちメーカーよりも市場に少しだけ近いかもしれないが、新製品の乏しい情報を基にメーカーがどうすればいいのかなんてことには、お互いに言えるタイミングってものがあるのは知っているだろう」

川上は続けた。「そもそも君はアドバンスドイメージの新製品と君らの商品との比較表でも持ってきたのかい。そして君らが考える何らかの戦略的なものを用意してきたのかい。まぁ、今日は非公式だろうからいいけどさぁ、でも、ちゃんと準備はしてこないと話ができないよ！」。穏やかではあったが、言葉の行間には憤りや呆れたという雰囲気がにじみ出ていた。

「いや…。申し訳ございません。ただ、あの新製品に焦りを感じていたものですから」と真二は頭を下げた。

「そりゃ、事情は分からないこともないが、えーと、君はマーケティング部に移ったんだったっけ」

「はい」

「それなら、なおさらいろいろ調べる立場なんだろうから、気を付けなきゃいけないよ」。もっともなことであった。

「はい。申し訳ございません」

「…で、吉田君のところは製品ライフサイクルをどのように考えているのかな。僕らはパートナーだから、現行品シリーズに関しては教えてくれる範囲でいいのだが」と、川上は優しく話題を変えた。

「…製品ライフサイクル、…ですか」。言葉に詰まった。

「そうだよ、製品ライフサイクル。ＷＪ‐６５００を中心とした製品群だよ。もう長く販売している商品もあるしさ」

「…すみません」。真二は下を向いた。

「もしかして、君、知らないの」。驚きの表情であった。

「はい…」

「…あのねぇ、吉田君。展示会で感じた君の気持ちは分かるけど、もっと事前に勉強しなきゃダメだよ。言葉ではないよ。少なくとも商品をどうしていくのか、周りの状況をどう考えていくのか、そういう、何て言うか全体を少し見渡せる要素を考えなきゃいけないよ。その上で僕らと話をするのならいろいろと刺激し合って話ができるが、何も知らないで『どうしたらいいでしょう』ではこちらもつらいなぁ」

当然の成り行きであった。マーケティング部に配属になり、展示会で悔しい思いもし、課長からレクチャーを受けて何となく気分が高揚してしまい、形のない自信もあったのかもしれない。慇懃にしている川上が呆れても無理からぬ状況であった。

「本当に申し訳ありませんでした。出直してきます」。それしか答えられなかった。

「そうだね…。一度ゆっくり話すためにも、日を改めた方がいいね」。若気の至りを受け止める川上でもあった。

「はい…」

本来であれば楽しいはずの土曜日の明るい太陽の光を、真二は前向きにとらえられなかった。

（バカだなぁ、俺。片桐と会ってから最低だ…）と、久しぶりに滅入った。もともと前向きに考えを変えられる方である真二でも、今日の川上に対する非礼は自分を責めるのに十分であった。古本屋さんが並び人通りの多い靖国通りであったが、真二は一人トボトボと歩き、はっきりした感覚のないまま地下鉄神保町駅の階段を下りていった。

中央林間行きの急行がすぐに来て、また何となくという感覚で乗り込んだ。（焦ってもダメだったなぁ。…いや、焦ったからダメだったんだよ）（川上さんに申し訳ないことしちゃったなぁ…、あんなにお世話になったのに）（製品ライフサイクルって何だよ、全く）。いろいろな思いが浮かんでは消える。車窓に映る自分の顔が、かなり情けない。電車は何事もなかったかのように暗闇の中を田園都市に向けて疾走していった。

週が明けた月曜日の午後、池上誠が真二の席にやって来た。「おや、元気がないなぁ。ブルーマンデーかな」とからかう。

「何だよ。どうでもいいじゃないか…」。ムッとする。

「武井システムの川上さんが『頑張れ』ってさ。そのことだけ言いに来たんだよ」

「川上さんが…」

「そう。午前中にアクセサリーの打ち合わせに行った時にね…。なんか週末にあったようだけど、気にしなくていいんじゃないの」

「いや、ありがたいけど。まだまだなんだよ、俺は…」

「当たり前だろ。お前、異動になってどれだけの日が経ったって言うんだよ。まだ始まったばかりだろう。…じゃあな」。誠は真二の肩をたたいて部屋を出ていった。

ありがたかった。でも、まだ自分のことを恥じていたから、余計に情けなくなった。

マーケティング・ミックス〈4P〉

早くも山崎課長の熱血指導3回目の時間となった。まだ指の痛さも引いていなかった。

「さて、この前は環境分析について話したけど、どうだった？」と課長は切り出した。

「はい。とてもためになりましたが、少し疲れました」

「ちょっと、急ぎ過ぎたけれど、まぁ許せ」と、課長も詰め込み授業を自覚しているようだった。続けて、「どうした、少し元気がないようだが…」。課長は真二の声のトーンがいつもと違うことに気が付いた。

「あ、はい」

「何だ、話せることだったら聞くぞ」と、課長は両肘を机の上に置いて優しく見つめた。

「実は…」と、真二は土曜日の川上部長とのいきさつを話した。

「…そうか、そんなことがあったか」

「はい…」。真二は次の課長の言葉を待った。

「気にするな、とは言えない。なぜなら、吉田はいまそれが気になって、どうしたらいいかと悩んでいるところだからな。正直に言えばあまりに行動が早過ぎるし、休日に行くことだったのかということもある。気持ちは分かるが、われわれもチームとして仕事をしているわけだし、より良い準備をしてから川上さんのところに行った方が良かったのは事実だ」。明白な事実を改めて課長から聞くことになった。

「で、どうしたい？」。唐突に聞かれた。

「そうですね。自分が情けないのは事実ですけど、一方で、展示会での思いを早く解決したいという気持ちもあります。まぁ、ただモヤモヤしているって言えばそれだけなんですが…」

「僕は川上さんがいいヒントをくれていると思っているんだ。『全体を見渡していけるような要素を考えなさい』って言ってくれたんだろう。細かく見るという調査的なことも必要だけれども、経営としてみたら全体を俯瞰《ふかん》して取り組まなければ事業の成長に影響を与えてしまう恐れがある」

「はい。それはイメージしています」

「そうなら、もうちょっと勉強してみようじゃないか。もちろん、すべてが直接的に役立つかどうかはケースバイケースだが、引き出しは多い方がいいからな…。どうだろう。川上さんの期待に応えることにつながるかもしれないしな」

もっともであった。「はい。そうですね。いつまで考えても答えは出ないですし。まだ情けない気持ちはありますけど、いろいろと学んでいきたいと思います」

「じゃあ始めるか」

「はい」


「さて、この前、君が埋めてくれたフォーマットの部分で、説明が残っているところがあるから、今日はそこを手短に話そう」

「はい。お願いします」。気分が幾分か良くなっていた。

「まず、あのフォーマットの右の部分で、共通して書かれていた言葉があるが、何だった？」

「はい、『機能』『価格』『プロモーション』『流通』です」

「そうだな。まぁ、あれは社内のフォーマットだから世間一般の言葉と若干異なるのだが、普通は『商品』『価格』『流通』『プロモーション』となる」と言って、課長はホワイトボードに4つの「P」を縦に書いた。


「まず、商品の『P』は『Product（プロダクト）』だな。価格は『Price（プライス）』だ。流通は何だか分かるか？」と課長はスペルを書きながら真二に質問した。

「えーと、分かりません」。ばかに元気な声で答えた。

「そうはっきりと言うな。流通は『Place（プレイス）』だ。確かに流通という言葉から『Place』というのは出にくいかもしれない…。次のプロモーション（販売促進）はそのまま『Promotion（プロモーション）』になる。これらの４つを『４Ｐ』と言うんだ。これは重要な言葉の一つだから覚えておいてほしい」

「はい」と真二は答えて、ノートに書き込んでいった。（４Ｐか…、この前の３Ｃだのいろいろな言葉があるなぁ。どうやって覚えよう…。柿ピー、山Ｐ、４Ｐかな）。しようもないことを考えている。

「さて、この４つのＰは『マーケティング・ミックス』と言って、マーケティング戦略を考える際の基本的な要素をまとめているものだ。本来はターゲット市場を明確にしてからマーケティング・ミックスを考えていくのが手順なんだが、ここは、まあ、勉強会だから大切な考え方のツールの一つとして覚えてほしい」

（何だよ、今度は４Ｐがマーケティング・ミックスか…。頭の中がミックスされて追い付かないな…）

「さて、君もフォーマットに記入してくれたが、どう感じたかな？」と課長は質問した。

「はい。そうですね…。実際にはそこの部分は営業部との会話で理解したことをまとめたんですが、自社にしろ他社にしろ、実際に行っている戦略の一部をまとめたような気がします。としても不十分かもしれませんが…」と真二は正直に答えた。

「いや、今回は中身の精度よりも、『視点』をイメージできたことが大切なんだよ。実際、マーケティング戦略を考えるには大小さまざまな要素を考えていかなければならないわけだが、やみくもに考えてもまとまらない。そこで、この4Pに分類して考えていくことが基本となってきたんだね。実際、企業の活動を見てみると、商品やサービスを導入・展開していく活動は大きく4Pを外れることはないと思うよ。誰が考え出したか知らないが（米国の学者、E・J・マッカーシー）、われわれも助かっているわけだ」

「ところで、このマーケティング・ミックスの肝心なところは何だと思う？」と、いきなり課長が尋ねた。

「え、肝心なところですか？」。真二は面食らった。まだレクチャーは始まったばかりであるから無理もない。

「えーっとー、良い戦略を立てることです！」。真二は少し開き直っていた。

「まぁ、そこは究極の目標だな、われわれの」。課長は少しニコニコしていた。

「マーケティング・ミックスのキモは『差別化戦略』だ。君も『コモディティ化』という言葉を知っているな」

「はいっ!!」。真二は自信を持って答えたが、それ以上は質問されなかった。知っていて当然なのだろう…。

「そのコモディティ化の中で、『差別化』がわれわれのような部門の目指すところの一つとなっている。そのためのいろいろな商品や方法を考える基本ツールがマーケティング・ミックスというわけだ」

4P① 〈プロダクト〉

「では、簡単に一つずつ話していこう」と言って、課長は「Product」を四角で囲んだ。

「この『商品』は『商品内容』だ。商品は顧客が求める価値の最も見えやすい部分だからとても重要で、われわれがターゲットとした顧客の視点で考えて形にしていく部分だ。だから単に形のある『商品』、そうだな、われわれとすれば『カメラ単体』として見るだけでなく、もっと広く提供できる価値というか、提供するものの本質を考えるということになる。専門家によれば、商品には『本質的サービス＝本質的価値』と『補助的サービス＝補助的価値』があるというんだ。まず本質的サービスは顧客が満足を感じる部分で、旅館の宿泊で言えば、『泊まる』という価値だけでなく『旅行における満足感の提供』というような価値も含むんだ。女性の化粧品だったら、その商品だけではなく『きれいになりたい』という夢を買っているわけだ。だから、形のある商品が中心ではあるが、その視点を広く持って考えることが大切なんだな」

「さて、もう一つの補助的サービスだが、これはブランドやパッケージ、アフターサービスなどで、本質的サービスを補完する役目を果たしているんだ。例えば車を買うとして、もし友人から『あそこのディーラーを薦めるよ』と言われたら、まずはそこを訪問するだろう。『サービスマンの質が高い』と具体的に聞けば、購入したくなる気持ちが後押しされるに違いない。また、商品の大きさもあるな。1枚の大きな板チョコよりも、小さな箱に入った個包装の一口サイズのチョコの方が購入シーンによっては買い求めやすい。ただ、いずれの場合も本質的サービスを補助的サービスが超えることはないから、まずわれわれはあくまでも本質的な部分を議論していかなければならないこととなる。今の例では、自動車自体の持つ価値とチョコ自体の持つ価値を、補助的なアフターサービスや個包装が超えることはないってことだ」

「また、さっき言った差別化という観点からは、『顧客が実際にそれを使う場面』『商品の内容』『品質』『顧客が抱くであろうイメージ』、そして『補助サービス』などを考えていくことだ。まあ、どの要素にしても想定する顧客の視点で考えていかなければならないのは共通だ。ここまではいいかな」と、課長は真二が記入しているノートを見ながら尋ねた。

「はい。大丈夫です」

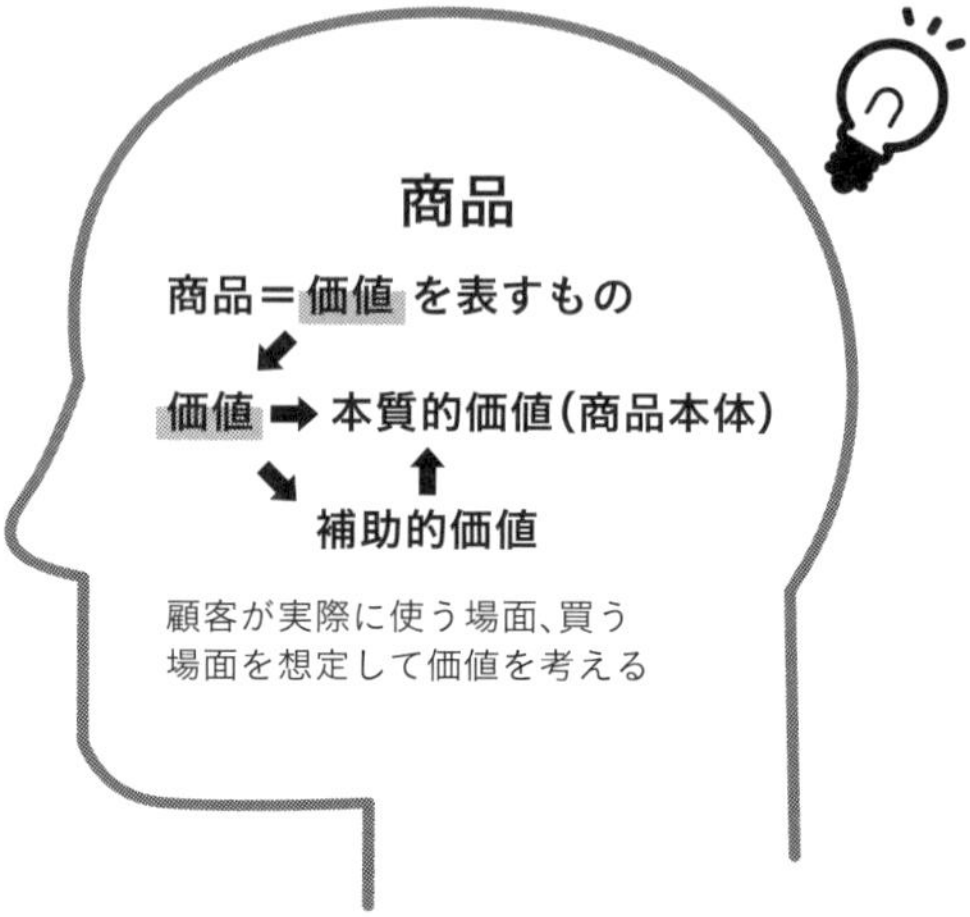
商品
商品＝価値を表すもの
価値
本質的価値(商品本体)
補助的価値
顧客が実際に使う場面、買う
場面を想定して価値を考える

4P② 〈プライス〉

「そうか、では次の『価格』に進もう。時間も限られているからな。えー、その価格は、『顧客が受け取るであろう価値・ウチが提供できる価値に対して、価格が妥当かどうか』というところに目が行きがちだが、それだけではないぞ。価格を決める際にはいくつかのポイントがあるんだ」と言って、課長は話しながら書き込んでいく。

「一つは今の『顧客が納得する価格』だ。次は『利益・コストからの価格』で、われわれの利益を確保するための価格になる。そして最後は『競合において勝てる価格』だが、これは他社に対抗でき得る価格のことだ。価格は、これら三つの視点で考え、全てを満たせるように考えなければならないわけだ。

例えば、顧客のことだけを考えれば安いに越したことはないが、それではわれわれの利益が確保できず、ボランティアのような事業になってしまい、いずれはその事業を継続できなくなる。一方でわれわれの利益だけを追い求めれば価格は高くなってしまい、市場で誰も受け入れてくれない。そして、顧客が競合他社の価格と比較して購入を決めているとすれば、市場における実勢価格も無視できない。これら三つの視点で同時に達成されうる価格が理論的にはベストな価格となるわけだ」と言って、課長はいったんマーカーを机に置いた。

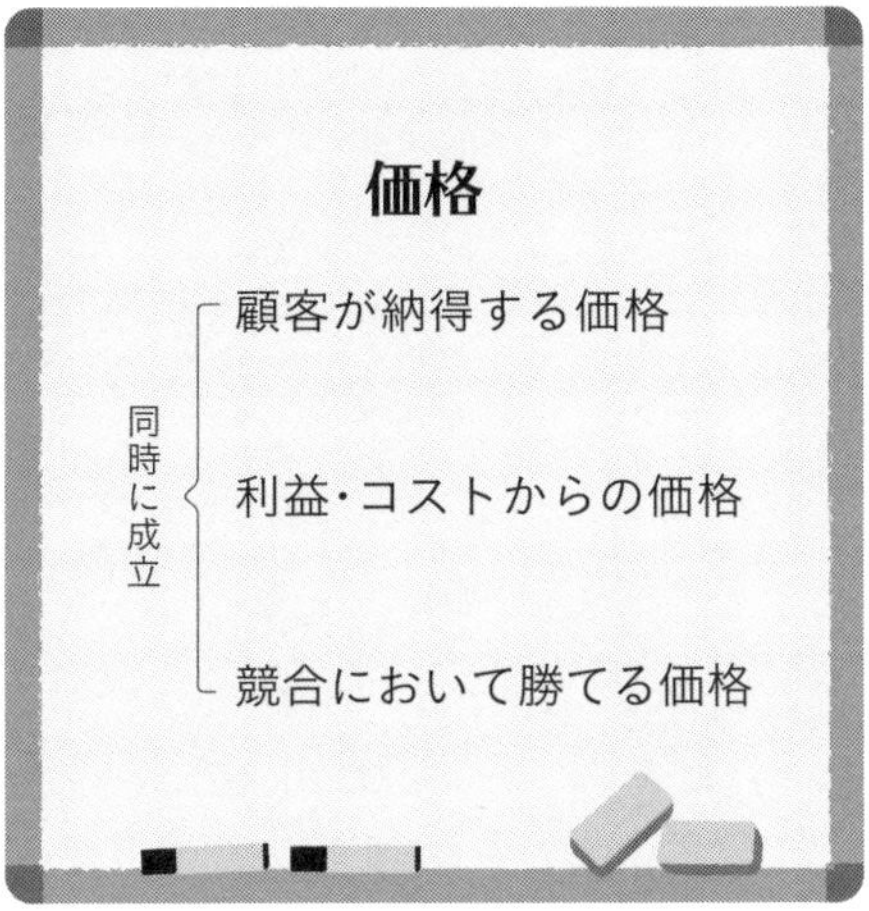

「ただ、言葉で表現するのは簡単だが、さっきの

『商品』を実現する際に、例えば非常に高性能なものを作ったとしても、そのコストや価格が異常に高ければその商品に市場性がないことになる。だから、マーケティング・ミックスの各Ｐは相互に関連していると言える。

また、価格の決め方も業種や市場で異なってくる。われわれの特殊カメラなどは性能と競合の面から考えることが多いが、食品やシャンプーなどの広く大量に流通していて、しかもわずかな価格差で販売に影響が出るものは、もっともっとシビアな世界のはずだ。価格調査やＰＯＳデータなどの数多くのデータを分析し、価格を上下させた時の顧客の反応度合い（価格弾力性）や受け入れられる価格の範囲（価格感度）などを調べ、さらに地域や時期などの変動要素も加味していると思うからな。

また、例えば携帯電話やスマホのように、使用量によって価格が変動したり、逆に定額制になっていたりする場合がある。そして同じ商品でも流通先によって価格が異なる場合もあって、百貨店向けと一般スーパー向けでは価格が異なってくるケースも見受けられる。そのほかには、まぁ、これは本体の価格戦略だが、プリンターのように本体は薄利でもインクなどの消耗品で利益を獲得するようなケースもある。また、商品の機能・価値から判断して最初から高い価格で導入するということもあるし、逆に最初から薄利多売を目指して手ごろな価格で導入することなども考えることがある。いずれにしても、価格は顧客にとっての『対価』という最もシビアな部分に関与するわけだから、慎重に考えていく必要がある」と言って、課長は前回と同じように財布の中身を確認し始めた。

「悪いが、コーヒーを買ってきてくれないか。ブラックがいいな。君も好きなものを飲んでいいよ」と、真二に千円札を渡した。

「はい」と答えて、真二は会議室を出ていった。（そうか、課長はブラックコーヒーなんだな。覚えておこう）と思いながら自販機コーナーへ急いだ。

（今日の話は面白い。しかしよく考えられているなぁ、4Pって。教えてもらって、よく考えてみれば当然なんだけど、ここに気が付いた人はすごい。ずっと昔は会社も小さくて感覚的に行っていたことが、会社が大きくなり市場も大きくなるにつれ、また好景気や不況があったりして学者さんや企業の人々がいろいろと考えてきたんだろうな）と感心しながら自販機コーナーに着くと、「えっと…、課長はブラックコーヒーで、俺はウーロン茶っと」と、ブツブツ言いながらボタンを押した。

「はい、課長、ブラックです。それとお釣りです。僕はウーロン茶をいただきました」

「おっ、ありがとう」。課長はお釣りを財布にしまいながら、

「しかし、缶コーヒーの競争は激しいなぁ…。君はコーヒー派かな、それとも紅茶派かな」

「僕はどちらかと言えば紅茶の方が好きです」

「そうか、家内も紅茶派なんだが、自販機での紅茶は加糖されたものばかりだから、外出先ではいつもコンビニで買っているよ。無糖のストレートだな。そういうのが出てきて心からホッとしているようだよ」

「あ、それ、分かります」。真二も賛同した。「今でもペットボトルの紅茶の主流は甘いものですが、どうしてあそこまで甘くしなければいけないんだろうって思います。ボトルが小さい方のでも全部飲み切れないときがありますから」

「そうなんだよなぁ。どうしてあんなに甘いんだろうね…。家内は家では多くの種類の紅茶を買って楽しんでいるけど…、そうそう、ちょっと前にカプセル交換型の紅茶の機械ができて、いろいろな味の紅茶を楽しめるって喜んでいたよ。珍しいハーブティーが簡単に飲めるのが特に気に入ったようだ」

「そうですか。紅茶もコーヒーぐらい多くの製品を開発してくれるとうれしいです」

「そうだなぁ…、でも市場の大きさはどうだろうね…」。課長はまじまじと缶コーヒーを見つめた。

❷ 課長の熱血レクチャー(4)

4P ③〈プレイス〉

「えっと、次は『流通』だな」と言いながら、缶コーヒーの栓をパキッと開けた。

「さて、では『流通』だが、これは企業から顧客まで商品やサービスが届くプロセスのことだ。まぁ名前から簡単に想像がつくよな」

「はい」

「実は、今までの『商品』『価格』までを『価値形成』という段階、これからの『流通』と『プロモーション』を『価値実現』と呼ぶこともあるらしい。われわれメーカーの立場で考えると、新製品の企画から価格も含めた開発終了までというところが『価値形成』で、市場に販売、また情報を流すことなどの普及活動というところが『価値実現』ととらえられるんだろう。そういう観点から見れば、これから『価値実現』の話に移るんだ。まぁ、実務上では使わない言葉だがな」

「はい」

「さて、その流通は、専門家によると、三つの側面で考えられると言われている。一つ目は『物流』、二つ目は『情報流』、最後が『商流』だ。君も物流は聞いたことがあると思うが」

「はい。もちろんです」

「物流は文字通り商品などのモノの流れだ。工場で生産された商品が顧客に届くまでの流れで『輸送』や『保管（倉庫）』という手段が講じられる。次の情報流だが、これも言葉で分かるように情報の流れだ。今のＩＴ時代は、企業と物流拠点などとの間の情報は多くなり密になっている。受発注の情報だけでなく商品に付随する商品情報などもこの範囲に入るんだ。よく言われるサプライ・チェーン・マネジメントも情報流が無ければ成立しないよね。だから、この部分はどんどん重要性を増していると言えるな。

　次の商流は社会人になってから初めて聞く人が多い言葉だと思う。まぁ、商売の流れから商流と呼ばれているが、要は取引の流れだよ。売買や取引という商行為の流れで、それがあって初めて物流や情報流もあるわけだな…。まぁ、このように

流通と一言で言っても細かく見ると三つに分かれているってことだ」。課長は缶コーヒーをおいしそうに口に含んだ。

「しかし、身近な物流も本当に進歩したよな。宅配便のデータ管理もすごいじゃないか。バーコードでピピッて読み込んで、そのデータで最後まで管理されている。追跡確認も簡単にできるから安心感や信頼感が違う。まぁ、今じゃ当たり前だが、20年以上前にアメリカのデルコンピューターが始めた、オーダーメイドパソコンが短時間で海外工場から直接届くというシステムを体験した時は感動したよ。まぁ、親も新し物好きだったから買ってみてくれたんだけどな…。父は『時代が変わった』って言ってたよな…。本当に物流は変わった…」。課長は何か思い出に浸っているようにも見えた。

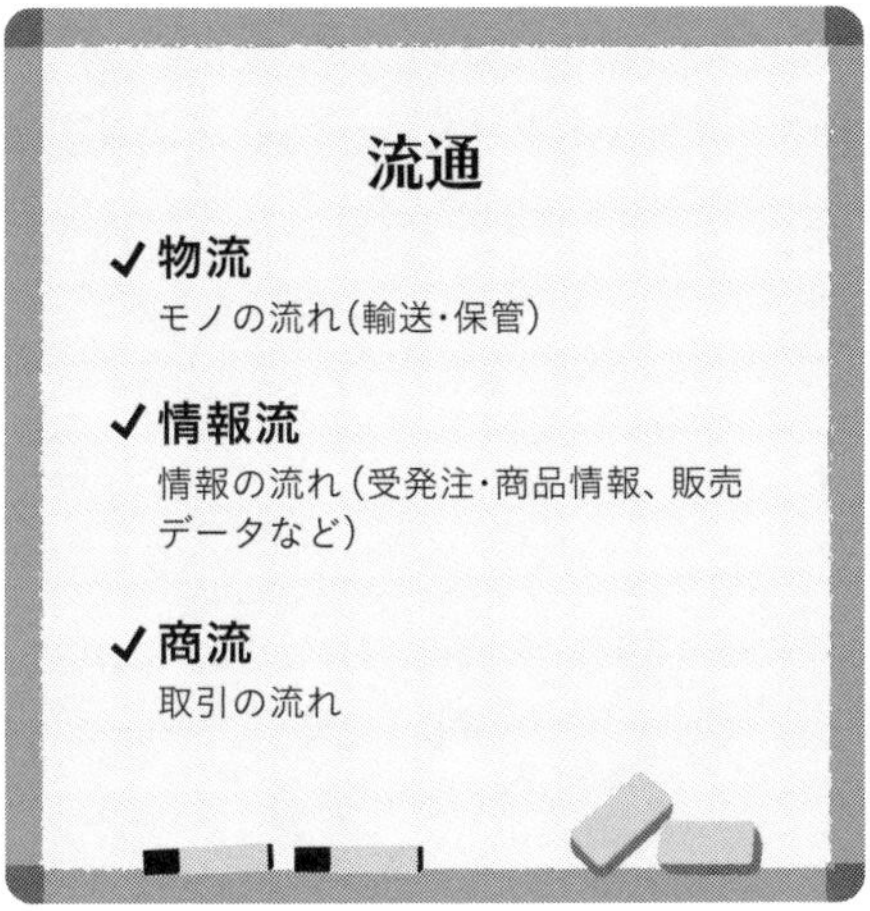

「でも、今はドライバー不足などが大きな問題になっている…。マーケティングの一環として顧客が喜ぶと思った短時間配達が極限まで来て、働き

方に関する問題になってしまった。配達料の値上げもしてドライバーの待遇改善や確保に動いているけれど、そもそも『すぐに届かなければいけないもの』はそれほど多くないんじゃないかな。値上げも今度は小売側への問題となるしな。まぁ、ＡＩやインフラが発達すればドライバーが置き換わると言われているし、ドローンなども活用されていく可能性がある。物流、いやモノだけでなく人の移動の仕方も大きく変わるだろうなぁ。いずれにしても、今言ったような『ラスト・ワン・マイルの問題』、つまり商品が顧客に届く最後の段階が解決されないと、次の新しい時代にうまく進めないかもしれないな…。ここは君にも改めて話すことがあるだろう…」。40歳を少し過ぎた課長は、恐らく時代の流れを体験してきたから、物流の大きな変化に実感が湧くのだろう。

「おっと、ごめん。さて、次に流通のほかの見方だが、『直接流通』と『間接流通』の二つに分ける見方だ。これも話を聞けばすぐに納得できるところだと思う。直接流通は自社が直接的に顧客にモノやサービスを提供する形だね。例えば、自社独自のインターネット販売、自社の直営店での販売、そして自社のセールスマンなどが直接販売するケースなどだ。自社独自のインターネット販売は、もはや当たり前になっているね。小売店を通す企業でも直販型のインターネット販売をしている。ただし、価格は小売店経由の方が安いことが多いね。なぜなら、企業が独自ネットの価格や直営店の価格を下げてしまったら、既存の流通ルートを自ら壊してしまうからだ。また自社の直営店というところでは、ユニクロやシャトレーゼなどのケースだね。そして自社のセールスマンの販売というところでは生命保険の外交員（生保レディーなど）が当てはまるかな。

そして間接流通は、卸などの流通業者を経由して販売するケース、販売代理店を経由するケース、そして他社の媒体を経由するケースなどがある。卸と販売代理店はイメージしやすいと思うが、他社を媒体にするというのは、例えばメディアを通じた販売のことで、テレビ、ラジオなどを経由した販売だね。まぁ、この二つの側面もあるということを知っておいて損はないよ」

「はい」

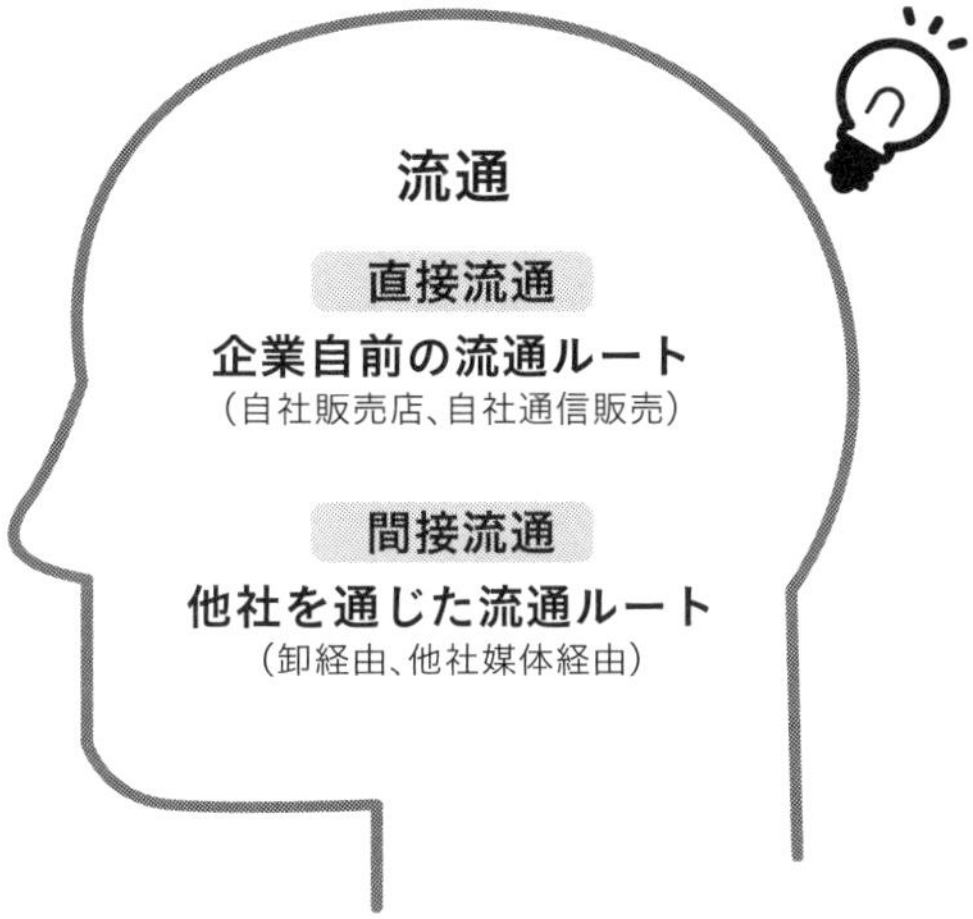
流通
直接流通
企業自前の流通ルート
（自社販売店、自社通信販売）
間接流通
他社を通じた流通ルート
（卸経由、他社媒体経由）

「さて、その流通を考える際のポイントだが、まぁ、いろいろとあるんだろうが、ウチがいつも気を付けているのは次の二つだ。まずは、確実に商品やサービスを顧客に届けること、そして、いかに効率よく低コストで届けるか、だな」と言って課長はホワイトボードに書き込んだ。

「1点目は当然なことで、商品が顧客の生活する範囲に届いているかとか、確実に手に入る方法があるかというポイントだね。2点目の効率よく低コストというのは、最終的な価格にも反映されることにもなるが、卸を使うのか直接の流通でいくのか、また全国展開か地域限定かなどを効率とコストの観点から考えることだ。いずれにしてもモノ、ヒト、情報の動きが速い現代では、流通システムを細かく考えることはとても重要だ。でも、実際にはさっき言ったような課題があることも事実だがな…」。ここで缶コーヒーをひと口飲んだ。

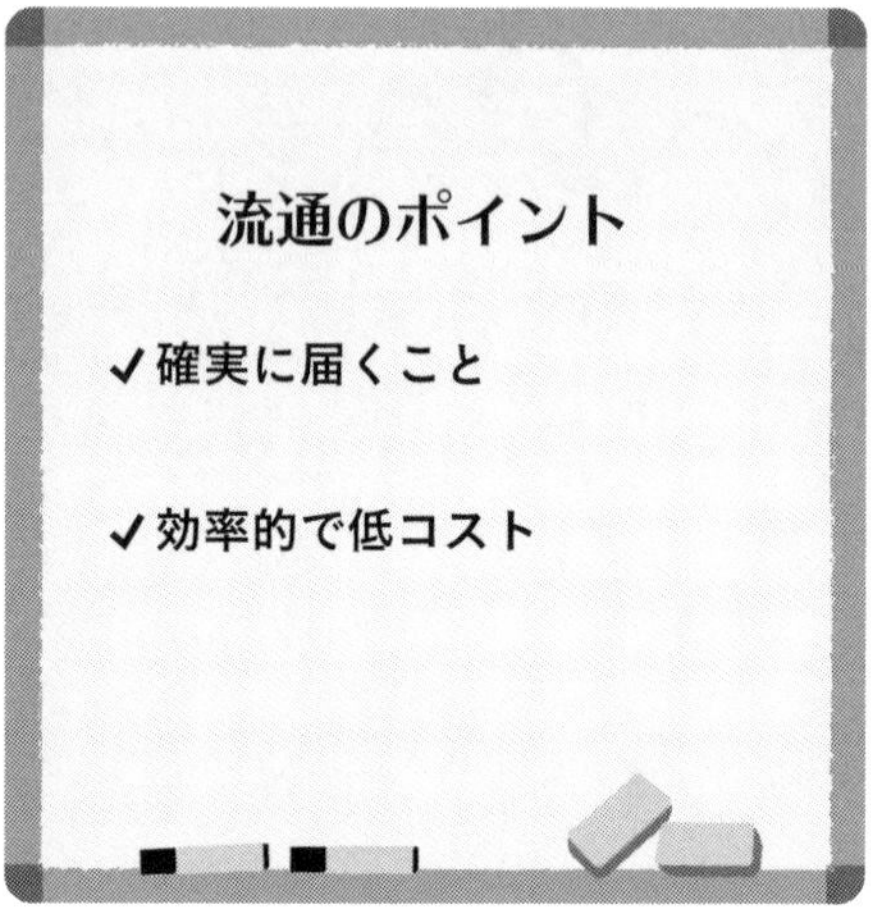

「ところで、吉田はウチの海外向け製品の箱の大きさはどのように決まると思っているかな」と課長が問うた。

「そうですね、システム商品の大きな製品もありますしね…。やはり商品自体の大きさと壊れないための安全な大きさというところでしょうか」

「そうだな。それはもちろん、最低限必要なところだが、ほかに、そうだな、海外工場や日本からの輸出ではコンテナの大きさもあるんだ。例えば

20フィートや40フィートのコンテナに詰め込んで船積みするとして、縦・横・高さがコンテナの内側の寸法に隙間なく入った方が効率的だな。箱の安定性自体も良くなるし。大量に同一の商品を入れる場合にはそういうことも考えているんだよ。まぁ、それを目的として無駄な大きさにすることは本末転倒だが、みんな、いろいろなことを考えているよ」

4P④〈プロモーション〉

「さて、今日の最後だ。『プロモーション』にいこう」

「はい」。真二も最後と聞いて少しホッとした。

「プロモーションもその名の通り、商品やサービスを買ってもらう顧客を対象にした情報発信活動だ。典型的な例ではテレビコマーシャル、ラジオでの宣伝、雑誌広告、お店でのＰＯＰ、販売員による商品説明などで、その多くは想像できると思うが、われわれは主に四つの活動からとらえていくんだ」と言って課長は右手にマーカーを持った。

「まず『ＰＲ（パブリシティ）』、次に誰でも頭に浮かぶ『広告宣伝』、続いて『販売促進（セールスプロモーション）』、そして最後の『人的プロモーション』の四つだ。これらの組み合わせでプロモーション活動を形作っていくんだ。僕らの生活では誰でも、この組み合わせを体験しているはずだよ。例えば新車の販売だが、新聞や雑誌に記事が掲載され、テレビＣＭで頻繁に流され、家のポストにはダイレクトメールや販売店のチラシが投函され、恐らくディーラーに行けば販売員が積極的に商品をアピールしている。その比率は商品ごとの戦略によって異なるだろうが、この四つの組み合わせが基本だと言われているんだ」

「では、まず『ＰＲ（パブリシティ）』だが、例えば、新聞を読んでいると小さな『新製品の記事』が目に入るだろう。多くの企業がメディアに対してプレスリリースを行っていて、それが記事になっているわけだ。純粋に企業側が作成した新製品発表記事だけの場合もあるし、専門誌の展示会レポートのようにして早目に市場に情報を流す場合もある。いずれにしてもメディアを通じたＰＲ活動という位置付けだね。

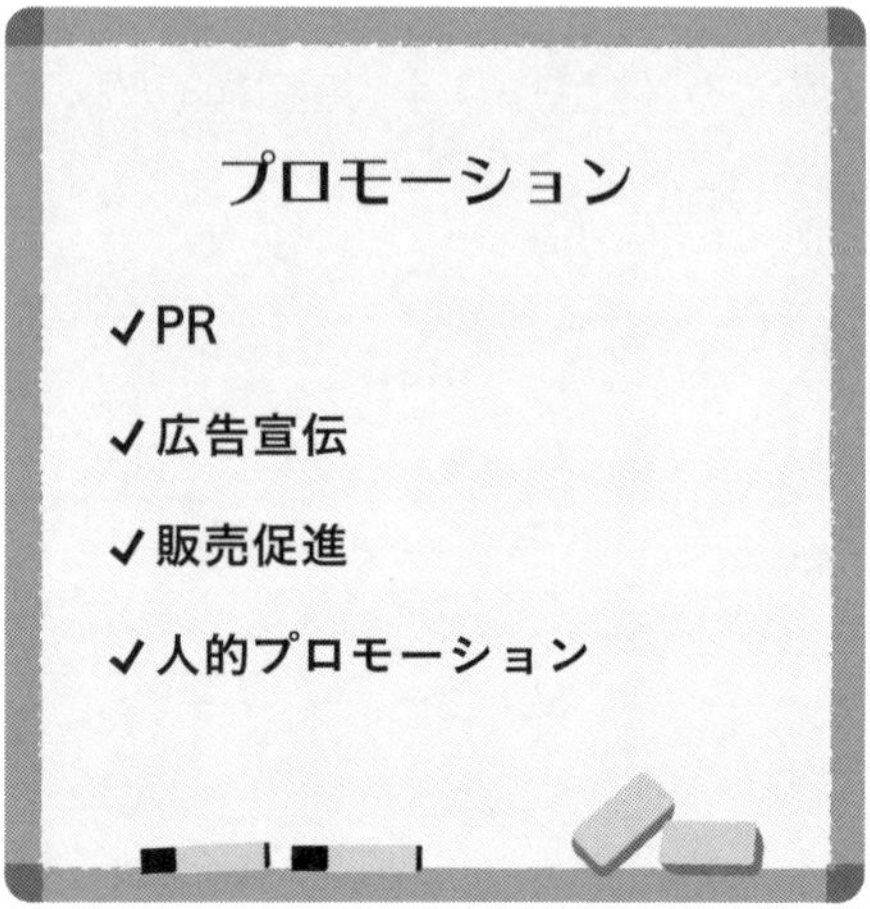

　次に『広告宣伝』だが、これはメディアなどを通じて行う広告活動だ。これは情報を流すとともに即効性を発揮してリアルタイムに反応が出る半面、コストは高いな…。テレビＣＭなどは大手企業以外ではなかなか流せるものではないのが実情だが、紙の媒体なら多くの企業に門戸が開かれていると言える。想像がつくように、商品イメージ

や企業イメージの訴求には効果絶大だ。一方で、今のデジタル時代では、従来の新聞やテレビといった媒体だけでなく、ネットを大いに活用する方法が日々重要になってきている。以前は新聞、テレビやラジオのアナログ媒体を有効活用するというメディア・ミックスで考えていたが、今ではそれに幅広いネット活用が含まれてクロス・メディアとして考えていくことが主流になっている。顧客と接触する場面もとても拡大したからね。

でも、どうなんだろう…。広告宣伝の範囲に入る情報も多過ぎないか…。そう言えば、この前あるセミナーに出たんだが、講師が広告宣伝の90％はスルーされていると言っていた。一人の人間の処理能力をはるかに超えた情報がすでにあふれているんだね。企業から見れば、情報面の技術革新や大量のデータ分析の進歩とともにいろいろと考えていく必要があるっていうことでもあるし、コンテンツ、いわゆる情報の中身が大切になっているんだな」

「さて、次に『販売促進（セールスプロモーション）』だが、これは顧客と商品やサービスが接する場所で購入を喚起させる・うながす活動だ。例えば、ＰＯＰ、カタログやチラシ、イベントや展示会などで、商品をより顧客に理解してもらうような活動を通じて、最終的に購入に結び付ける活動というわけだ。最後の『人的プロモーション』は、さっきの車の販売員のように接客に重点を置いた活動だ。ここは接客する人の商品知識や対応力に大きく依存する部分もあり、インターネット販売などを除いて商売の基本となる場所での活動となる。どうだ、大体イメージできたか」

「はい。プロモーションは生活に溶け込んでいるので分かりやすかったです」

「そうだよな。それに、このプロモーションは常にクリエイティブで面白いところだしな」

「ええ。誰もが広告宣伝はやってみたいと思うんじゃないでしょうか」。真二も実はワクワクして答えたが、「まぁ、広告宣伝まで担当できるかは適性を見てからだ」と瞬殺であった。

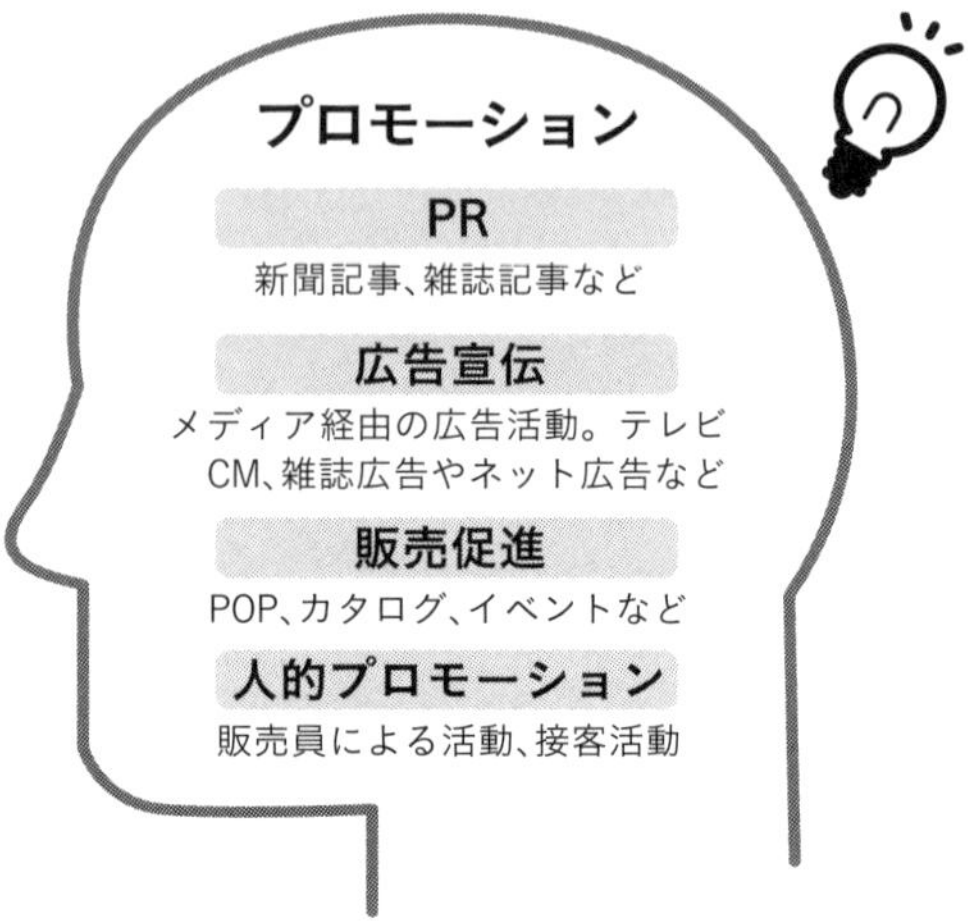

心理段階とプロモーション①〈AIDMA〉

「さて、このプロモーションだが、消費者の心理…、そうだな…、商品を知ってから購入するまでの流れに沿っているんだ」と課長は説明を始めた。

「君は『アイドマ』を知っているかな」

「アイドマですか。これは聞いたことがあります。商品を知ってからの考え方というか行動ですよね。アイドルって言葉と似ていたので覚えられました」

「そうだな。覚え方はどうでもいいが、アイドルって答えたら間違いだぞ」と言って、課長はホワイトボードに「A」「I」「D」「M」「A」と縦に記入した。

「最初のAは『Attention』、順に『Interest』『Desire』『Memory』『Action』と続くんだが、それぞれの意味を言ってくれるかな」と真二に質問した。

「はい。Attention（アテンション・注意）は商品やサービスに対する注意を払い始めることです。その商品やサービスの存在を知るという段階です」

「そうだな」

「Interest（インタレスト・興味）は、存在を知った商品やサービスに『興味を抱く』ことです。関心を持つ段階です。Desire（ディザイア・欲望）は、その商品やサービスを実際に『使ってみたくなる欲望』で、欲求の段階です」

「いいぞ」

「はい。次のMemory（メモリー・記憶）は、それらの『商品などを記憶する』段階で、最終的にAction（アクション・行動）という『購入すると

いう行動』に移ります」

「その通り。ありがとう。今、君が簡単に説明したように、このＡＩＤＭＡというとらえ方ができて、それぞれの段階でのより良い戦略は何かということを考えられるようになったんだ。最初のAttentionにしても、商品やサービスの存在を知らしめることができなければ、顧客は何の感情も行動も起こせないからな。そのために何をどのように実行するか、ということで四つのＰのプロモーションに関係してくる。また、Interestで、興味が湧いてくればいいが、そうでない場合は何が問題なのかを考える必要が出てくる。Desireも、興味は持ってくれても欲しいと思ってくれなければ同様に購入まで至らないし、幸いにも記憶してくれても購入手段が身近になければ買ってくれない。最終的にお店に来てくれたとしても、実物を見ても購入しないかもしれないし、アフターサービスや接客も最終的な購入に影響するわけで、どこに問題があるか注意していく必要がある。やはり顧客がどのようにわれわれの商品をとらえ、行動してくれるかを知らなければ

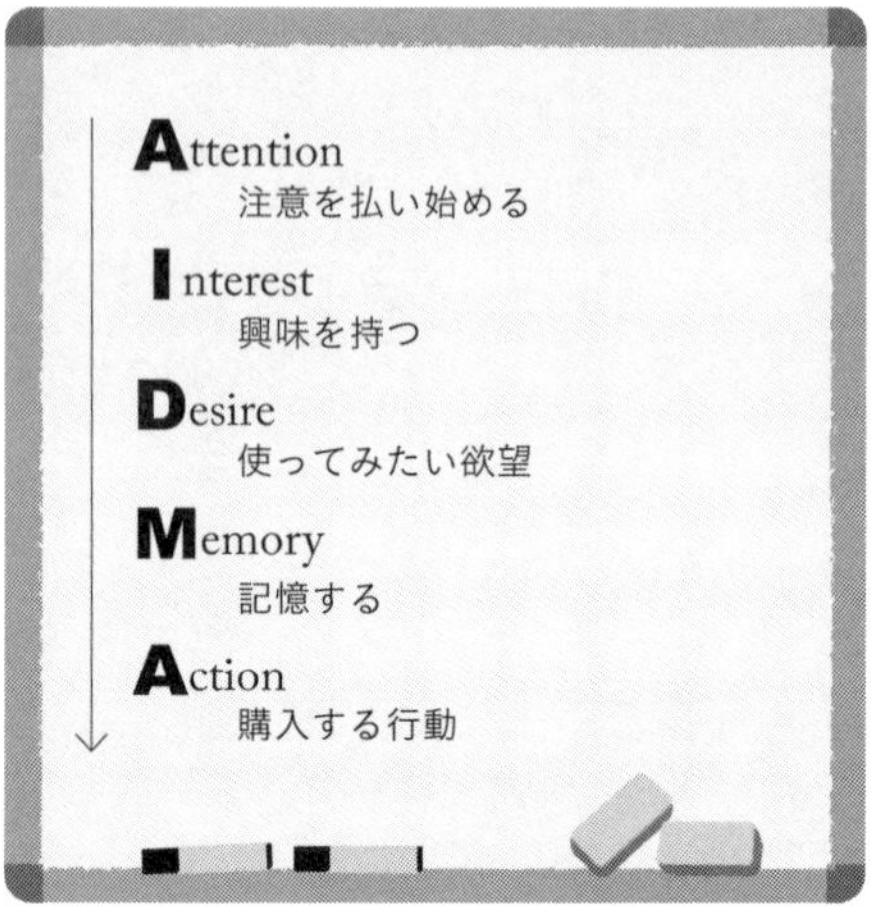

ならないし、プロモーション活動のどこを改善したら最終的な売上がより改善されるかをわれわれは考えていかなければならないんだ。いいかな」

「はい。知識だけではダメですね」

「いいところに目を付けたね。ＡＩＤＭＡも、知っているだけでは不十分で、いくつかの商品で実際に調査してみると、さらに奥が深いことを知ることができると思うな」

「はい。やってみたいと思います」と、真二はＡＩＤＭＡのすべてを答えられたことで少し上機嫌になっていた。


「さて、今のＡＩＤＭＡだが、現代ではその行動パターンの変化から、ほかの言葉も出てきているんだ」

「そうなんですか」

「そうだ。恐らく君が日常でとっている行動によく合致すると思うが、ＡＩＤＭＡの発展形としてアイサスだ」

「アイサス…、ですか」

「そうだ。説明を聞いたら『なぁーんだ』と思うかもしれないが、現代ではまさにこのパターンだと思うよ」と言って課長は、また縦に頭文字を書いた。ＡＩＳＡＳ。

（あいさす…、あいさつ…。さっきのと合わせて、アイドルとあいさつ、かな）。これでまともに覚えられるのか…。

心理段階とプロモーション②〈ＡＩＳＡＳ〉

「最初のＡは『Attention』で変わらない。注意だね。次の『Interest』も同じで興味だ。でも、ここからが違う。『Ｓ』は何だと思う」

「んー、分かりません」

「そうかな。君がもし商品を調べるときは、どのような行動をとるのかな」と課長は再度質問した。

「そうですね、手近なところでは、スマホで調べますが…」

「それだよ、検索するだろ。『Ｓ』は『Search（サーチ・調べる）』のＳなんだ。興味が湧けばすぐに調べられる時代だからね。今は簡単に商品比較もできるし」

「そうですね」

「さて、次にＡは『Action』で同じだね。でも、ＡＩＤＭＡと異なって、この段階ですでに購入という行為に動く可能性が高いこともインターネット時代ならではだ」

「そして最後の『Ｓ』は何だろう。想像してごらん」と課長にうながされ、

「はい…。インターネットで調べて…、気に入ったとして、買いました…。その後ですよね…。あ、分かりました。ＳＮＳなどで告知します」

「そうだ。当たりだ。最後のSは『Share（シェア・共有する）』だよ。商品自体のシェアではなくて、情報のシェアだ。フェイスブックやツイッターなどでのシェア、口コミでのシェアなどがあるよね。こう考えるとインターネットは一昔前の購入パターンを完全に変えたように思える。でもＡＩＤＭＡが全くなくなったわけではないよ。あくまでも心理的な動きがＡＩＤＭＡで、行動的な動きも含めたものがＡＩＳＡＳと思っておけばいいと思うんだ。

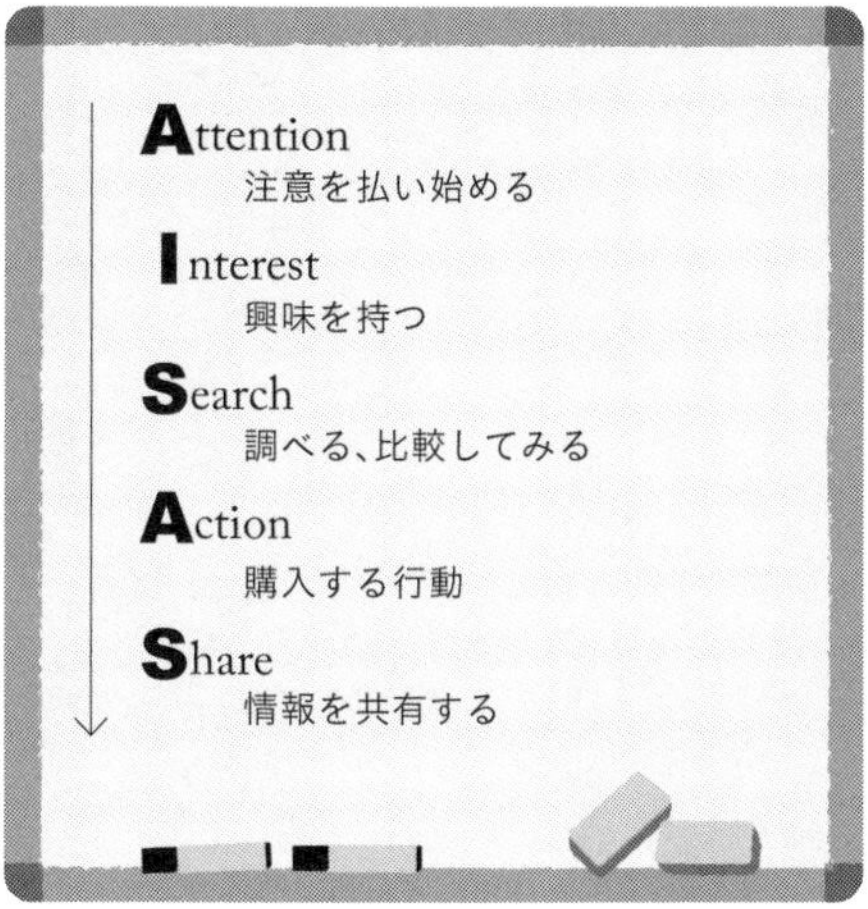

ＡＩＤＭＡも新製品導入期においてはプロモーション戦略を考える際にヒントとするわけだからな。まぁ、ここもいろいろと研究者によって提唱する表現も異なってくる」と課長は缶コーヒーを一気に飲み干した。真二はふと、堀田が言っていた「５Ａ」もこれに関係するものに違いないと思った。

「さて、４Ｐを説明してきたが、最後に、４Ｐを別の視点でとらえた場合を考えてみよう」と言って、課長は４Ｐ「Product」「Price」「Place」「Promotion」を縦に書いた。

4Pの異なる視点〈4C〉

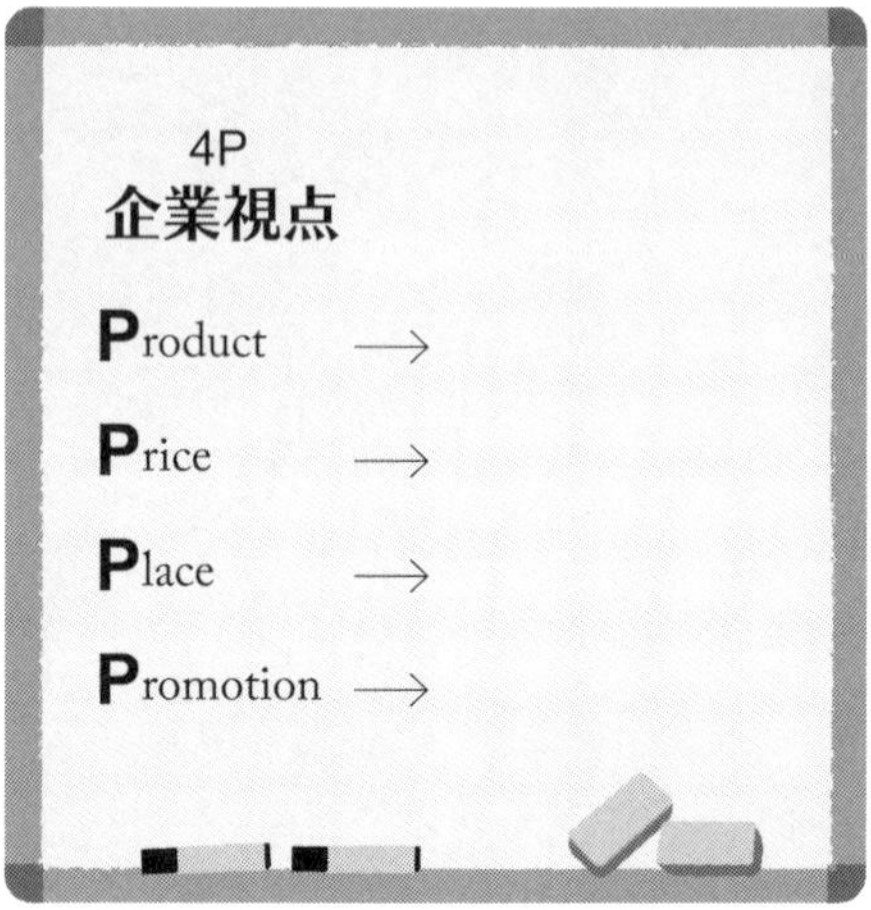

「で、この4Pだが、これは誰の視点だろうか」

「はい。僕らがマーケティングを考える際の4つの視点ですから…、『企業』です」

「そうだ。これはわれわれ企業の視点だね。では、これを顧客の立場から考えたら、どういう言葉になるだろうか、ちょっとやってみよう」

「まず、Productだが、そもそも顧客は何で商品やサービスを買うんだろう」

「そうですね。まぁ欲しいからですが、それを必要とする何かがあるんでしょう」

「そうだね、ちょっと硬い言葉では『顧客が抱える問題の解決』と言うんだ。顧客は、購入する商品やサービスで、何らかの問題・課題を解決してほしいんだよ。確かにそうだ。薬局に行って薬を買うのは、頭痛なり風邪なり体調不良を軽くしてほしいからだね。で、ここを『Customer Solution』

と言う」と言って、課長はProductの右に「Customer Solution（カスタマー・ソリューション／顧客の課題の解決）」と書き入れた。

「そうそう、マーケティングの世界では以前からよく言われることだが、ホームセンターに電気ドリルを買いに来た人は何が欲しいのだろうか」と課長が質問してきた。

「そうですね。それは、もちろん電気ドリルそのものだと思いますが」と、けげんな顔をして真二が答えた。

「そうじゃないんだな。電気ドリルを買いに来たお客さんは『穴』が欲しいんだよ。板なり壁なりに穴を開けたいからドリルを買いに来たんだ。ドリルは解決のための手段であり解決道具だね」。この話は真二にも面白かった。

「さて、次のPriceだが、これは何だろう。簡単だろう」

「そうですね…。顧客の視点ですよね。価格はわれわれ側の言い方だとすると…、顧客は買うためにお金を払うわけだから、分かりました。出費です」

「そうだ。日本語で言えばその通り。でもここを出費と厳密にすると頭文字がE（Expenditure, Expenses）になってしまうかもしれないから、ここは『Cost（コスト・費用）』にしよう。『顧客が支払う費用』だな。顧客としてはPriceの金額をCostとして支払うと思えば簡単だよね」

「次はPlaceだが、これを顧客の視点で考えたら何になるかな」

「はい。えーっとCで始まる単語ですから…。えーっと…、難しいですね」

「流通としてとらえた場合、身近にあって便利なものの言葉と同じだよ」とヒントをくれた。

「えー、身近で便利…。あ、分かりました。コンビニです」

「そうだな。あはは。でもコンビニでは単にお店のことになってしまうから、ここは『顧客の購買時の利便性』ということで『Convenience（コンビニエンス・利便性）』としよう。さっきも話が出たが、買いたくてもお店に置いていなかったら話にならないよな」

「はい」


「さて最後のPromotionはどうだろう」

「そうですね。これもCで始まるでしょうから、えーっと、プロモーションは顧客の認知度を上げたりすることですね、あ、分かりました。Communication（コミュニケーション・情報伝達）です！」

「当たりだ。『顧客との相互情報伝達』ということで『Communication』だな。これまでの『Customer Solution』『Cost』『Convenience』『Communication』を『４Ｃ』と言うから覚えておこう。われわれは往々にして４Ｐだけを考えてことを進めてしまうが、その対となる『４Ｃ』を常に考えていくことが『顧客視点』の基本となるからな」

「はい、分かりました」。真二は元気に答えた。（4C…、ヨンシー…、キョンシー？　でも、これで4Cを覚えたって、それぞれのCが頭に入らないと意味ないんだよな。さすがに全部を駄じゃれで覚えるのは無理だ）。真二は諦めた。

「さて…、今回のレクチャーはここまでだ。

これまで3回に分けて基本的なマーケティングの言葉というか考え方のヒントになるツールを教えてきたが、どうだったかな」

「はい、正直、まだ消化不良のところが多いですが、復習して今後の仕事の中で使っていきたいと思います」

「そうか、期待しているぞ。まぁ、この3回でレクチャーできたことは基本の一部分でしかないし、そのままきれいに理論的に判断できたりするわけではない。それほどわれわれが扱う事象は簡単ではないからな。…そうだな、漠然とした山ほどの事柄を考える際のガイドラインとしては使えると思う」

「はい。ありがとうございます」

「それとな…、実は君に記入してもらったフォーマットだが…」

「はい」

「実は今では使っていないものなんだ」

「えっ、そうなんですか！」。真二は驚いて聞き返した。

「いや、そうなんだ。実は新しく異動してくる君のような人を対象に、今回のような研修に対するベースを作ってほしくてお願いしているんだ」

「そうなんですか。全く知りませんでした」

「まぁ、正直、一から説明するには時間がかかるし、いきなり実務では君もきついだろう。そこで、以前使っていたフォーマットをベースにして、まず自分自身が社内で動いて、聞いて、記入してみるということにしたんだよ。その中で勉強できた点があればいいし、動くことで情報を集める大切さもイメージできればいいというわけだ。まぁ君は営業部出身だから動きも良かったけどな。とはいえ、昔は使っていたわけだから大きな間違いはないフォーマットではあるよ」と課長は背景を説明した。

「そうだったんですね、ありがたいです。こんなにたくさん勉強させていただいて…。ちょっと量は多かったですけど、今までと違うとらえ方の基礎ですし、これからも勉強していきたいと思います」

「そうか。そう言ってくれるとこっちもやりがいがあるよ。でも、このフォーマットは今では使っていないが、同じ思想で組み上げた共通のデータベースシステムがあるから、今後はそっちを見てくれ。担当部署がしかるべき情報を適宜インプットしている。情報量も必然的に多くなるが、それをベースに課題も早くつかめる可能性も高くなったし、会議を行う際に共通認識がすでにできているという利点もある。まぁ、会議自体の数が減らないのは困るがね。あはは。では、今日はこれで終了だ。君もよく記入してくれたし、頑張って聞いてくれたな。お疲れさま。…後片付けは頼んだよ」と言って、課長は会議室を出ていった。

「ありがとうございました」と、真二は課長の背中に頭を下げた。

「はぁー、終わったー」。真二は背伸びをしたが、充実感が体を満たしていくように感じた。

「俺って、結構いい部署に来たんじゃないのかな。こんな勉強会まで開いてくれたし」とホワイトボードを消し、課長が机の上に置きっぱなしにしていたマーカーを片付けながら実感していた。と同時に、「でも、これって、この部署の仕事が大変だからってことじゃないのかな…」などと雑念もいろいろと浮かんできた。

部署に戻って席に着くと、綾部ゆり子が話し掛けてきた。

「どうだった？　終わったようね」

「はい。終わりました。まだちょっと整理がついていないんですけど、いろいろ教えていただきました」と真二は少しだけ素直に答えた。本当に素直であれば、答えは「全く整理がついていない」のはずであった。

「良かったわね。課長、誰か新しい人が来ると喜んでフォーマットを渡すのよ。きっとレクチャーが好きなのよね」とニコニコしてゆり子は自説を述べた。

「そうかもしれません。普通はあんなに理論的な内容を教えてくれませんよね…。でも、異動してきてすぐに教えていただいたこと自体が僕のやる気につながったように感じますし、自分でもいろいろと学んでいきたいと感じました」

「わっ、優等生的な答えね。あはは。でも、そんな課長がみんな大好きでね。いい部署に入ったと思うよ」。そう言うと、ゆり子は席に戻っていった。

（…そうか、この前、ゆり子さんがニコニコして話してくれたのは、これだったのか…）と、真二はすべてが胸にストンと落ちたような気になった。


帰宅すると、えりがお風呂を沸かしておいてくれたので、真二は早速飛び込んで「今日の充実感」を満喫した。

夕食では、

「なんかうれしそうね」と、えりが言うので、

「そう見えるかな。いや、この前の課長の勉強会が今日もあったんだけど、何かさ、やっぱりいい部署に移ったのかなって思うんだ」

「そうなの。良かったわねー」と、えりも自分のことのように喜んでいるようだった。

「たぶん、本屋に行って本を買って読めば同じだと思うよ。でもさ、それも自分がやる気にならなくちゃ買わないわけだよね。つまり、行動を起こさなければ何もないってこと。でもさ、新しい課長は、まず僕みたいな新しい人を動かして、そして勉強会だよ。こっちがやる気になならなかったらいけないよね」と、ちょっと興奮気味に真二は今日の出来事を説明した。

「…そうね。山本五十六の有名な言葉があるじゃない…。『やってみせ、言って聞かせて、させてみて、褒めてやらねば、人は動かじ』だったかしら。真二の今の言葉を聞いていて、まずこの言葉が頭に浮かんだわ」

「そうなんだよ。まぁ将来、課長が僕を褒めてくれるかは分からないけど、そんなイメージの課長だなぁ」と、ほおが緩む真二であった。

夕食後、真二は横になりたい気持ちを抑え、リビングのテーブルでノートの清書をした。えりは録画してあった医療ドラマを見ている。そのドラマは古い体質の大学病院で、一人の医師

が持てる能力を駆使して困難な手術を次々にこなしていくものであった。

（古い体質かぁ。ウチは課長がいるから大丈夫かな…）と、夕食の話を思い出しながら清書を進めた。

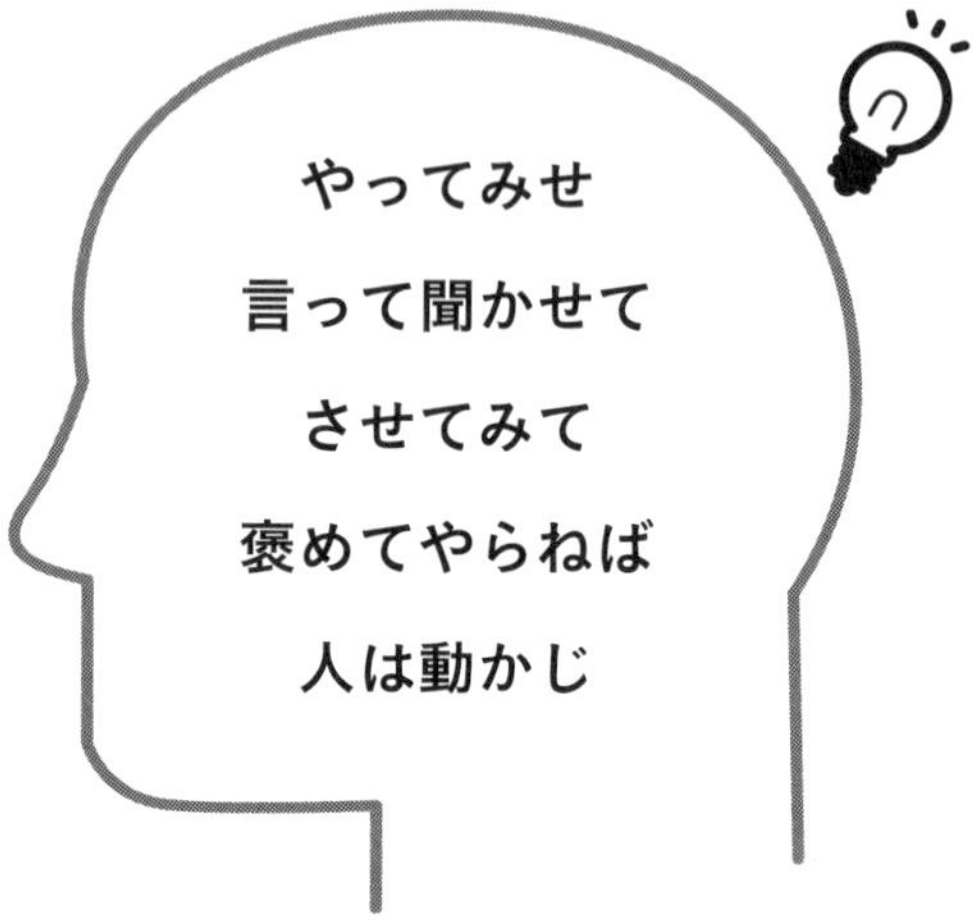
やってみせ
言って聞かせて
させてみて
褒めてやらねば
人は動かじ

山崎課長のレクチャー　その3

6.　4Pとマーケティング・ミックス、そして4C

○4P = Product, Price, Place, Promotion
　　= マーケティング・ミックス　→　戦略の基本要素

○Product：商品

✔ 商品やサービスの内容自体
✔ お客さんの視点で考えることが大切：機能、品質、イメージ
✔ 本質的価値：最も大切な商品やサービスの根幹
✔ 補助的価値：補完的な価値。パッケージ、アフターサービスなど。
　しかし本質的価値を超えない

○Price：価格

✔ 価格を決める視点　→　同時に成立
　1．お客さんが納得する価格
　2．僕らの利益やコストからの価格
　3．他社との競合において勝てる価格
✔ お客さんが最も気にする部分

○Place：流通

✔ 物流：モノの流れ
✔ 情報流：いろいろな情報の流れ（受発注、販売データなど）
✔ 商流：売買や取引など商売行為の流れ
✔ 大事なこと　→ { 確実にお客さん、その範囲に届くこと
　　　　　　　　　効率的で低コストなこと

○Promotion：プロモーション

✔ 情報発信活動
✔ PR：プレスリリースなど。新製品発表記事など
✔ 広告宣伝：メディアを通じた大々的な活動など
✔ 販売促進：お客さんと接する地点で「買いたい」と思わせる
✔ 人的プロモーション：接客での販売促進

4P 企業視点		4C 顧客視点	
Product	→	Customer Solution	顧客の問題解決
Price	→	Cost	出費
Place	→	Convenience	利便性
Promotion	→	Communication	相互情報伝達

7.　AIDMAとAISAS　買うまでのお客さんの心の変化

AIDMA	→	AISAS
Attention 注意を払い始める		Attention 注意を払い始める
Interest 興味を持つ		Interest 興味を持つ
Desire 使ってみたい欲望		Search 調べる、比較してみる
Memory 記憶する		Action 購入する行動
Action 購入する行動		Share 情報を共有する

第4章

緊急価格検討会

❶ 厳しい情勢報告

イラつく営業部長

翌日の火曜日、朝一番に、山崎課長が真二を呼んで、「今日の10時半から緊急会議があるんだが、君も出てほしい。いい機会だし、議事録をまとめてくれるか」と尋ねた。もちろん、真二は二つ返事だ。

「議題はWJ-6500の価格検討だ。主催はウチだが、進行自体は他部門となるかもしれない…」ということであった。

（WJ-6500の価格か。この前調べた時も、アサダ電子工業の価格が問題になりそうだったしな…）と真二は会議の背景を予想したが、その通りであった。営業部としても価格の値引き決裁を個別に出して対応するよりも、全体的な価格検討を行いたいのは当然であった。実は先日のレクチャーの途中で小池部長が課長を呼んだのは、まさにこの問題であったのだ。

会議には、各部門から課長以上のキーパーソンが出ていた。進行役は山崎課長であった。本来であればマーケティング部の権藤部長が参加し、進行役となるはずであるが、部長は海外営業部長と共に欧州の販売会社や現地ディーラーを訪問する出張に出ていたため欠席であった。真二はパソコンのキーボードを打つ指と画面、そして耳に集中していた。課長は、まず営業部による現状説明から議事を開始した。

「営業部の小池です。今日はお忙しい中ありがとうございます」と営業部長が始めた。

「皆さんもご存じのように、当社のメイン機種の一つであるＷＪ‐６５００において、ここ数カ月厳しい競合があります。社内のネットワーク情報にもインプットしているのでお読みになられていると思いますが、アサダ電子工業の改定価格によってプロジェクト案件や通常のディーラー販売にかなりの影響が出始めています。

例えば、先日の沖縄産業の案件では、アサダの価格攻勢で失注したと考えています。どうして彼らが急に強力な値段を付けられるようになったかは調査中ですし、今日出席いただいている各部門でも調べていることとは思いますが、早急に対策を打たないと引き続きＷＪ‐６５００の販売に影響すると思わざるを得ません…」と、営業部長は続けて販売の現状を説明したが、アサダ電子工業の価格の影響は決して小さいものではないと出席者全員は身を引き締めて聞いていた。

山崎課長は「営業部の説明にもありましたが、次期モデルが出るまでの間、どうしてもＷＪ

‐６５００には頑張ってもらわなければなりません。ところで、経理部から現状の価格に関して報告はありますでしょうか」と述べて、経理部の西条部長にボールを投げた。

「そうですね、ＷＪ‐６５００の利益率は先月末時点で15・８％です。半年ほど前の昨年上期の実績利益率が16・３％ですから、表面上は０・５ポイント悪くなっているだけです。しかし、今、表面上と申しましたのは、当初の、時系列的なコストダウンや工場での効率化によって予定していた利益率からは２ポイントほど悪い数字です。ですので、会社全体として悪い数字になってきているのは事実です」と西条部長は数字を出し、さらに続けた。

「この背景は最近の為替による部材高騰の影響です。年間計画のレートを超える予想外の為替変動で、輸入部品が想定以上に高くなっているのです。購買部にも見直しをお願いしていますが、それは購買部からの方がいいでしょう…」と、ほかにも若干の説明を加え、席に座った。キーボードを打つ真二も（厳しいな…）という思いで一杯であった。続いて山崎課長は購買部に意見を求めた。

「購買部の斎藤です。今、経理部から説明がありましたように、買入部品の値段が上昇しています。もちろん、われわれとしては協力会社にお願いはしていますが、これ以上の値下げは不可能という回答ばかりです…」と言ったところで、

「君たちのやり方が生ぬるいんじゃないのか」と、営業部の小池部長が割って入ってきた。

会議の雰囲気が、ガラリと変わった。

「何ですか、小池部長。いきなりですね」と、斎藤部長も引かなかった。

「購買としては、できうる範囲で協力会社にお願いしています。毎月の社内データでは利益率の悪化、そして失注、価格決裁の合議依頼、そして日々の受注状況が見られるわけですから、じっとなんかしていられませんよ」

「しかしなぁ、斎藤君、事態はわれわれの予想を超えてもっと悪く進んでいるかもしれないんだぞ。この前の展示会でも他社にばかにされたようなもんだ…。こっちは商品を作って売っているんだ。そのおかげで協力会社だって売上がある。もっと早く何とかできないのか‼」。かなり激しい口調であった。

察した山崎課長が何か言おうとした瞬間であった。

「では、小池部長、聞きますが…」と斎藤部長が小池部長の顔を鋭く見つめて言った。

「現に購買部は協力会社に最大限のお願いをしているのですが、小池部長は経営理念で考えられるべきレベルを超えて彼らにお願いしろというお考えですか。例えば、われわれが下請法の違反で告発されてもいいというようなイメージでお話しされているのでしょうか。部品を製造している協力会社も必死ですし、為替による影響の吸収力にも限界があります。われわれも実際に彼らのところに赴いて、いろいろと検討しています。しかし…、われわれが部品を購入している企業だからと言ってやみくもに、しかも高圧的に部品価格を据え置くよう、もしくは値下げしろと強要するのは果たして許されるのでしょうか。そもそも、そんなことをしたら部品の品質自体も確保できなくなるかもしれないんですよ」

「そんなことは言っていない。そんなことをしては、われわれが長年築き上げてきた総合的なブランドイメージはすぐに崩れ去ってしまう。今の時代、どこから情報が漏れ出てしまうか分かったものではないからな。もちろん、協力会社も仲間だという創業者の基本理念は理解している。しかしだなぁ、君…」。小池部長も一線の存在は理解していた。

ここで会議の雰囲気を変える意味もあって、経理部の西条部長が改めて発言した。

「ところで山崎課長、マーケティング部としては今回の件をどのようにとらえているのかな」

製品ライフサイクル〈導入期など〉

山崎課長は、まるでこの問いを予想していたかのように、すっくと立ち上がった。

「はい。今回の件に関して、マーケティング部では次のように考えています」と言って、プロジェクターのケーブルを自分のパソコンに接続するとともに、会議室正面のスクリーンを下ろした。

「ご存じのように、商品やサービスには寿命があります。いわゆる『製品ライフサイクル』で

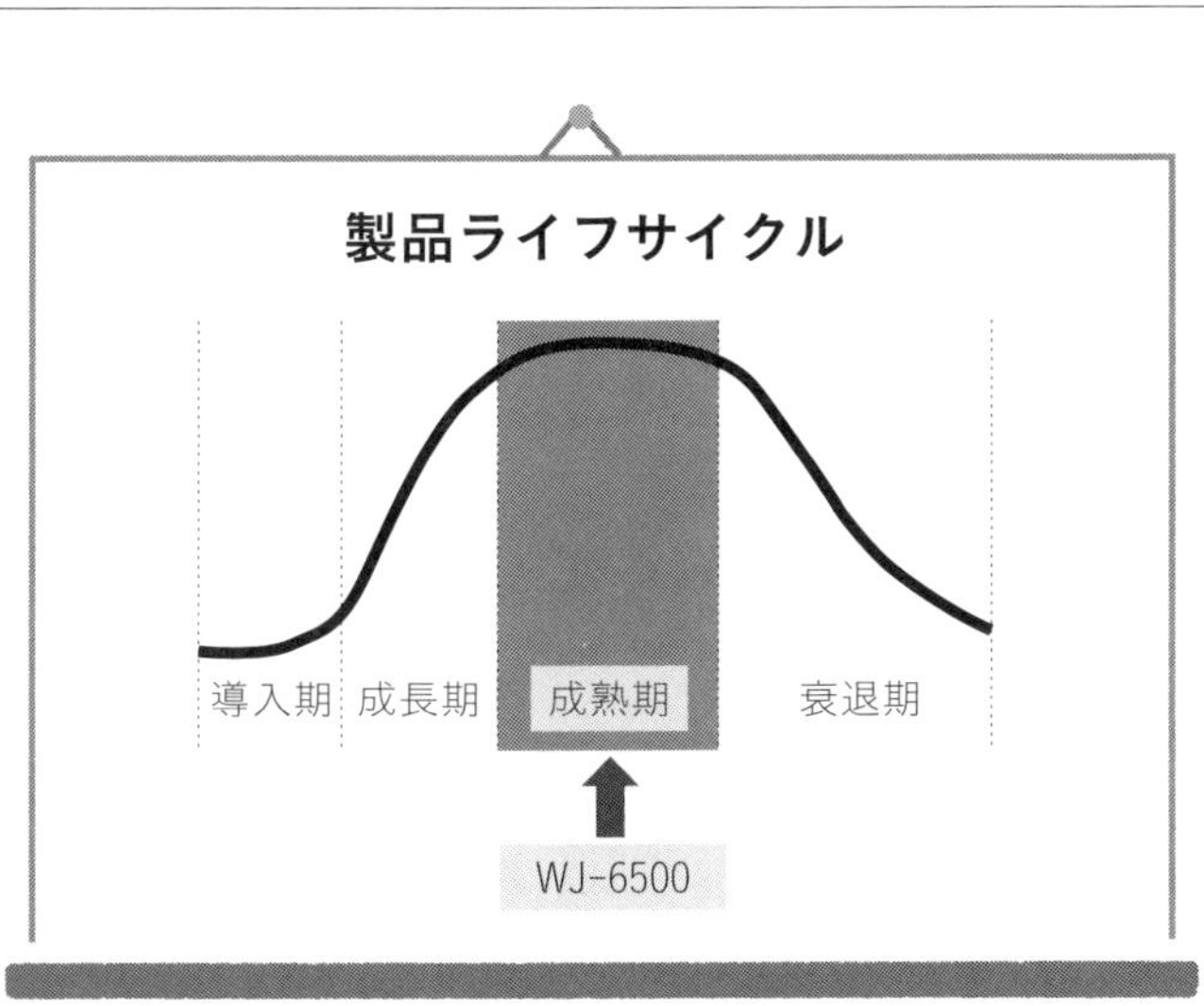

す」
「おっ、山崎課長の授業が始まった。お気楽だなぁ、マーケティング部は」と小池部長が茶々を入れた。真二は、元上司である彼のその発言にはちょっとカチンときた。
「ありがとうございます。まぁ、お互いに意見を自己主張しても何も見えない場合もありますので、ここはちょっと軽い気持ちでお聞きいただきたいと思います」と、課長はにこやかに一同を見回した。
「えー、製品ライフサイクルというのは、ご覧いただいているグラフのような商品の寿命のことで、『導入期』『成長期』『成熟期』『衰退期』という四つの段階があるという学説です。もちろん、人間の寿命の個人差と同じで、どこからどこまでが『導入期』、どこからどこまでが

導入期

- **売上は少ない**
  商品が十分に市場に浸透していない
- **利益は僅少かマイナス**
  多額のプロモーション費用、新しい製造機器購入など多額の出費
- **競合は無い、もしくは極めて少ない**
- **イノベーター、マニアなどが顧客**
  新しいものに興味を持つ先進的な顧客

『成長期』というのは厳密には分かりません。分かりませんが、われわれには経営数字という実数があるのでおおよその見当がつきます」と言って、グラフ全体をレーザーポインターで丸く指し示した。

真二は（これかぁ、製品ライフサイクル。俺が武井システムの川上部長に答えられなかったやつだ）と少し興奮して聞いている。

「ちょっと授業のようになってしまいますが、全員の理解のために簡単にそれぞれを説明したいと思います。『導入期』は文字通り新製品を市場に導入する段階です。顧客の望むであろうと判断した仕様や価格等々で形のあるものにして、市場に送り出した段階です。基本的には市場における競合は少ないです。もしイノベーション的にどこよりも最先端であれば、競合は

全くない段階です」

「そうだな」と斎藤部長がうなずいていた。

「その導入期の特徴でありますが、『売上は少ない』『利益は僅少かマイナス』『競合はゼロかほとんどなし』『顧客はイノベーターかマニア』、そして『キャッシュフローはマイナス』なのですが、項目が多くなってしまうので、キャッシュフローは外します。売上が少ないのはわれわれも分かるところですが、それは商品やサービスが市場に浸透していないためで、まだほとんどの顧客が商品の存在を知りません。利益も少ないです。商品を市場に知らしめるために多額のプロモーション費用を使いますし、商品を形にするまでの調査費用や開発費用も多額に残っています。工場では新たな製造に携わるわけですから、新しい製造機器および検査機器の導入や新しいフロー、ルーティーンの導入で費用がかさんでいます。この段階では、通常では実質的な利益は見込めません。

一方、市場全体での競争状態をみると、競合はゼロか極めて少ない段階です。一見望ましい状態に思えますが、商品自体の市場浸透がなされていないので、購入してくれるのは先進的なイノベーターかマニアの人たちです。市場はまだまだ小さい段階です。これが導入期です。われわれのWJ-6500が初めて市場に出た時のことを思い出していただければ、簡単にイメージできると思います。今までにない新しい商品コンセプトで世に出した商品でしたから、開発費にも製造設備にも資金を投入しました。プレスリリースや業界紙とタイアップした広告

成長期

- **売上は急成長**
  市場での商品認知度が急速に拡大
- **利益はピーク**
  売上拡大、規模の経済性、経験効果で利益も拡大
- **競合は他社の参入により激化**
- **顧客層が一般消費者に拡大**
  最先端ではないが新しいものが好きな
  一般消費者が購入

も行いましたし、全国のディーラーネットワークや各国の販売会社での啓蒙・営業活動にもお金を使いました。そのかいもあって、いくつかの特殊な設備を持つ企業や国の特殊な施設から受注が決まり始め、新しい機能に強い興味を抱くような客先からも受注が決まっていきました」

「次に『成長期』ですが、導入期に実行した施策が成功して、顧客も増え、市場も大きくなっている成長段階です。この段階の特徴は『売上は急成長』『利益はピーク』『競合は参入企業の増加により激しい』ものになります。『顧客は、最先端を追い求めないけれども新しい物が好きという人たち』です。商品の浸透に比例して売上は急成長し、利益は全4段階の中でピークを迎えます。それはマーケットシェアの拡大による利益率の増大と言えますが、背景は『規模の

経済性』と『経験効果』です。結果として自社の事業の拡大に伴って商品の、単位ごとの生産コストが低下するからです。『規模の経済性』は、大規模生産設備、間接経費の軽減、そして調達コストの低下などにより起こります。まぁ、マーケットシェアが高い企業ほど、規模の経済性が良くなって利益率が向上するというところです。『経験効果』は工場での習熟度の改善、社員の提案などによる生産工程や設備の改善、設計変更などにより起こり得ます。ここは先ほど経理部が説明されたように、WJ-6500の現在の利益率は当初予定していた利益率より低いという説明の中の、『当初予定していた利益率』の計算に反映されています。順調に当初の数量で販売がなされていれば、規模の経済性と経験効果で利益率が徐々に改善されると予測、と申しますか、期待していたわけです。次の競合ですが、これは新規参入企業が増えて徐々に厳しくなってきますし、顧客も先ほどのようにマニア的な人たちから大衆的というか一般消費者の方に変わってきます。これが成長期です」

「相変わらずだね。山崎課長は乗ってくると話が難しくなる。ここは学校かなぁ、山崎君。あはは。まぁ、続けたまえ」と小池部長がまた嫌味な茶々を入れた。

「はい。申し訳ありません。さて、次の『成熟期』ですが、われわれはWJ-6500が、この成熟期に入ったものと判断しています。その成熟期ですが、特徴は『売上はピーク』『利益

成熟期

- **売上はピーク**
  市場でのブランド力などにより高いレベルを維持
- **利益も安定的か、減少傾向**
  好調な売上で利益を確保するも、成長の
  鈍化した市場での顧客確保にコスト拡大
- **競合は安定的か、弱まる傾向**
- **顧客層は一般消費者、買い替え需要**
  平均的な一般顧客層に顧客が拡大

は緩やかな減少傾向』『競合は、参画企業は多数で安定もしくは減少傾向』『顧客は後期大衆追随者と呼ばれる普通の人々や、買い替えの需要のある人々』になります。売上はピークになりましたが、市場自体の成長はあまり望めず、ある大きさのパイを競合会社と取り合うイメージです。市場の成長が小さい上に、顧客の囲い込みと申しますか味方に付ける施策が増えるためコストの増加が見受けられるようになります。ニッチャーなどもマーケットシェアの高い企業の弱点を突く格好で出てきますし、一方で、同じパイを取り合うので体力のない企業などは撤退を考える段階でもあります」

「その段階にＷＪ－６５００があると言うのかね」と斎藤部長が質問した。

「はい。そのように考えます。ただ、今、申し上げているのは経験則的なところですので一概

- □ 製品ライフサイクルと戦略
- □ ❶ 製品ライフサイクル
- □ 製品ライフサイクル〈導入期など〉

衰退期

・**売上は減少**
市場の縮小による減少

・**利益は減少傾向、もしくはゼロ**

・**競合は弱まる**
他社の撤退などでプレイヤーが減少

・**顧客層は一般消費者**
保守的、もしくは情報に疎い顧客層
→ 撤退・継続の経営判断

には『その通り』とは言えないのですが、大きな傾向から考えると若干早いのですが『成熟期の入り口』だと思います」と課長は答えた。

「では、最後の『衰退期』を簡単に説明いたします。衰退期は文字通り、市場において商品なりサービスなりが徐々に消えていく段階です。『売上は減少』『利益も減少かゼロ』『競合は他社の撤退で激しさはなくなる』状態、『顧客は保守的な人か情報に疎い人が買う程度』になり、この段階では『撤退のタイミングを検討する』か、『製品改良や用途拡大で新たな展開をする』か、『継続して市場で競合他社が誰もいなくなる状態まで頑張る』かというような判断を迫られます。少なくともＷＪ－６５００は衰退期には全く入っていません」と言って、課長は次のスライドに移った。

各ステージの基本戦略

導入期	―	認知と啓蒙
成長期	―	ファンづくり
	―	ブランド確立
	―	一般消費者層の獲得
衰退期	―	撤退タイミング
	―	撤退方法（生産終了、告知、アフターサービス、部品確保など）

各ステージの基本戦略

「さて、今申し上げた各ステージには、長年の、世界的な経験から考えられてきたある程度の戦略があります。それがこの表です。もちろんこれを実施すれば解決できるというものでもありませんし、そんな簡単でないことは分かっておりますが、考え方を広げる意味でお聞きいただきたいと思います」

「今回はＷＪ‐６５００が対象ですので、導入期や成長期の戦略に対しては簡単に述べます」と言って、課長はレーザーポインターを「導入期」に合わせた。

「まず導入期の基本戦略は『認知と啓蒙』と言われております。これは先ほど申し上げた顧客に対し新製品を告知し、その中心となる性能・

機能と申しますか、顧客の問題を解決する商品であることの説明が重要になります。商品に対するアンテナの感度が良い顧客はこの段階で興味を持ってくれますので、その顧客を大事にしていくことが必要で、いかに商品を育てるかという視点も大切になります。イメージできる主な活動は広告宣伝、記事、イベント、プレスリリース、啓蒙的なカタログなどでしょうか。いずれにしても、最も大切なことは市場の拡大を目指す戦略です」

「次の成長期ですが、ここは『ファンづくり』です。小さかった市場が、商品の認知度が高まるにつれて急成長していきます。その際に肝心なことは『ブランドを確立する』という施策であり、参入してくる後発商品もしくは後発企業とは『何が異なり何が優れているのか』という視点です。最高なのは、新たに導入した商品が業界のデファクトスタンダード（標準モデル）になること、そして、商品の先進的な性能と使い勝手の良さなどのソフトの部分を両立させられるような商品の成長を実現できることです。その結果、市場においてブランドが確立できれば大きな成功をもたらしてくれる可能性が高くなります。一度ブランドが確立されれば、販売の状況は大きく好転します。売上も利益も拡大基調にあるので、ここで補助的な商品価値、例えばアフターサービス、アクセサリーの拡充などで顧客を取り込むことが大切になります。一般消費財ではありませんが、われわれのWJ‐6500は、この成長期である程度、成功したと考えております」

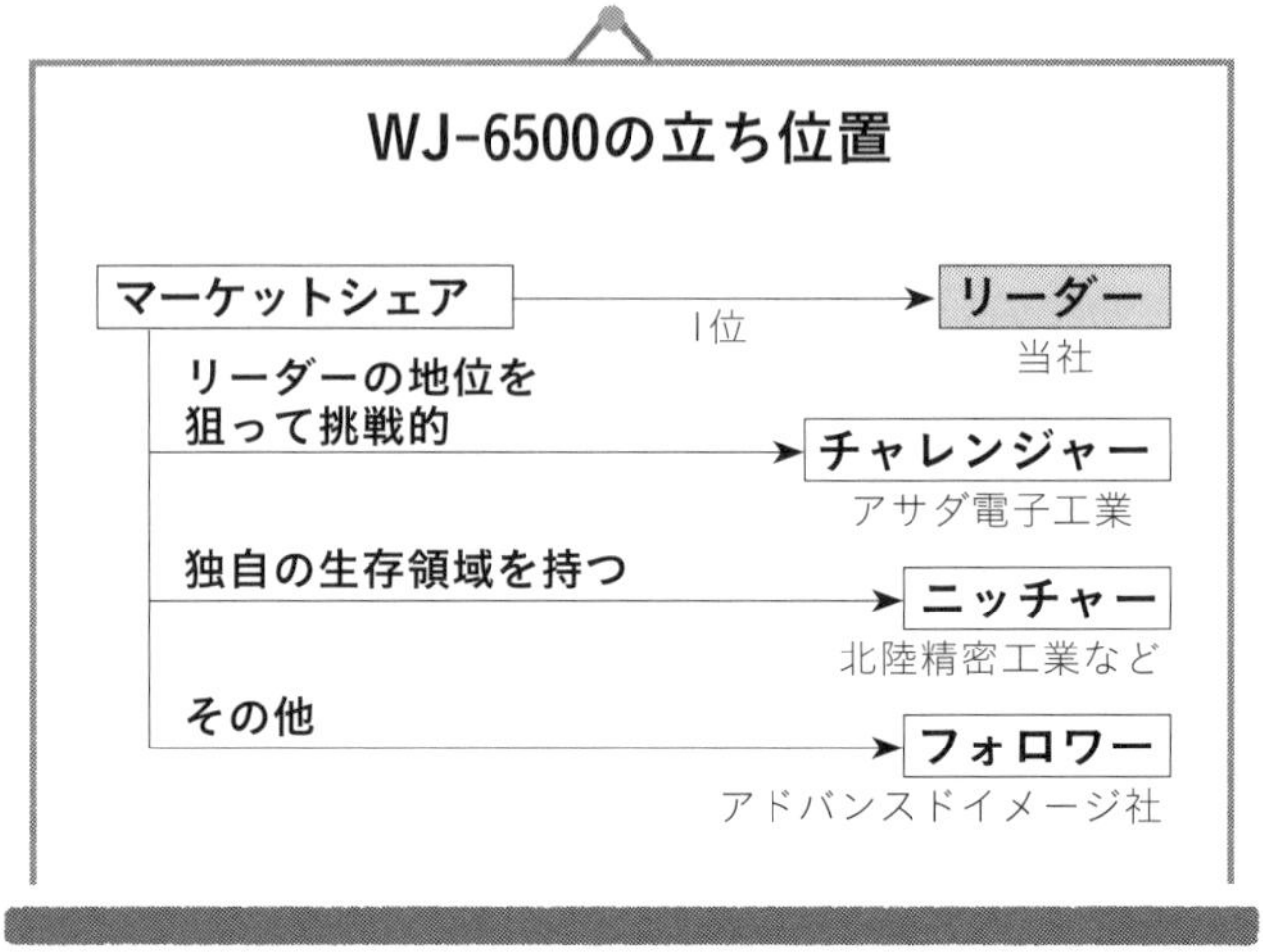

「では、成熟期は後に回して、衰退期ですが、これは撤退・展開・存続判断を迫られる時期で、多くは撤退のタイミングを検討するというものです。いわゆる、大きな、そして経営的判断ですので、その決定自体が戦略ととらえられます」

「さて、ではWJ-6500が位置していると思われる成熟期の基本的戦略ですが、これは『シェアの防衛』『一層の差別化』『費用対効果』がキーワードと言われております」と言って、課長は新しいスライドに変えた。

「その説明の前に、われわれの立ち位置ですが、ご存じのように市場におけるプレイヤーは四つに分かれます。『リーダー』『チャレンジャー』『ニッチャー』『フォロワー』ですが、われわれは過去の販売台数から見て『リーダー』と言えます。この分類の方法は概念的には次のようになります」とスライドを指し示しながら、「まず、マーケットシェアが1位かどうかで判断し、この段階で当社は『リーダー』と位置付けられます。その次は、リーダーに対して挑戦的な戦略で挑んでいるかという観点で、該当すれば『チャレンジャー』となります。ここはアサダ電子工業が該当します。次に自社特有の顧客層と言いますか独自の生存領域を確保している場合は『ニッチャー』となり、いずれの場合も該当しない企業は『フォロワー』となります。ニッチャーは北陸精密工業と想定しています。フォロワーは、いよいよその地位から脱出しようとしていますが、アドバンスドイメージと考えることができます」

「では、リーダーとしてのわれわれの戦略ですが、まずマーケットシェアの維持です。やみくもにマーケットシェアを維持するための極端な値下げや、利益を度外視した広告宣伝を行うことは、よくよく検討しなくてはなりません。セキュリティ市場は大きく伸びていますが、該当モデルの部分的な市場自体はもはや大きく成長していないわけですから、ここは利益確保も重要な視点です。

では、どうやってシェアを維持するかですが、『フル・カバレッジ』のラインアップで総合的に他社が入り込めないようにすることが考えられます。WJ‐6500を中心とし、その上下のプロダクトラインを十分に吟味して、他社が追随できず、同時に当社製品を購入したくな

成熟期・リーダーの基本戦略

・もう大きく成長しない市場
・利益確保も重要

マーケットシェアの確保
・フル・カバレッジのラインアップ
・アクセサリー、オプションの充実
・イノベーションによる新製品　　など

一層の差別化
・商品訴求の軸の拡大・変更　など

費用対効果の見極め
・資金を掛けない

るような安心感を与えるラインアップを確立することです。

　これは、研究者によれば『同質化』と『イノベーション』の二つの切り口があると言われています。同質化とは、他社が出してきた製品に対してリーダーの技術力、資金力そして生産力を武器に、同じレベルの商品を短期間に市場に出すことです。また、さらに基本的なところでは、同じセグメントにおいてイノベーションによる全く新たな製品を作り上げて他社の追随を許さず、同時に新たな市場を獲得していくことです。この面からは、今回のアサダ電子工業製品の価格だけでなく、アドバンスドイメージの新製品ＬＯ‐２３００に対しての戦略も同時に考えることが大切になります。まぁ、今日はアサダ対策ですので、その議論は後日にしたいと思います」と、ここで課長は飲み物に口をつけた。

「次に一層の差別化による製品の、何と申しますか、エネルギーの再注入による改善です。成熟期に入った製品を新たな差別化により、成長期に戻す戦略です。ここでは、商品が成熟して顧客層が拡大した中で改めてターゲット戦略を練ることになります。例えば、缶コーヒーの市場は成熟した市場で、プレイヤーも非常に多いものですが、以前は年齢や職業、性別などで市場細分化の軸を考えていた中で、ある企業が、いつ、そしてどんなシーンで飲むか、という切り口で缶コーヒーを売り出したところ、これが大ヒットになったケース。そして、同じように成熟市場のシャンプーで『フケ・かゆみ』というキーワードで販売していたものが、売れ行きが鈍化したために、新しく『弱酸性』という切り口にしたところ、販売量が復活したという事例もあります。従来と同じ商品でありながら、もう一度市場を切り分ける軸を素直な視点で見直すことで販売が改善される戦略となります」

「さて、費用対効果ですが、先ほども触れましたが、成熟期は市場が大きく伸びる段階にはありませんので、そのままの商品でいくのであれば、成長期のように多大な資金を投入していくことは利益率の悪化を招き、想定よりも早く市場から退場せざるを得ない状況を招く恐れがあります。ここの判断も重要となりますが、ただ、先ほど申し上げたようなラインアップの拡充や新製品開発は新たな市場獲得ですから、費用対効果の面では外されるものとなり得ます」と、ここで課長は一呼吸おいた。

「そこで、懸案の価格でありますが、アサダ電子工業の製品がどのようにして戦略的な価格を再設定できたかは調査中でありますし、各部門でも調べていただいているとは思いますが、対策としては、選択と集中、海外生産、部品入れ替え、部品企業のＭ＆Ａなどいろいろあるとは思います。いずれにしてもＷＪ－６５００の今までの優位性が脅かされているので、ブランド力がある当社ではありますが、対抗でき得る体力があるのか検討したいと思います。併せて、今までご説明してきたような観点から、価格以外の対策も衆知を集めて講じて参りたいと思っております。まずはいったんここで切りたいと思います」と言って課長は席に着いた。

課長としては、単に価格だけでない総合的な戦略を講じたいのであろうし、部門間での責任のなすり合いもあるかもしれないと、あらかじめ想定してこのスライドを用意したに違いない、と真二は確信していた。

総合的な検討へ

「いや、山崎課長、ありがとう。われわれの論点が価格のみに行かないようにとの山崎君の配慮が感じられる発表だった」。斎藤部長が感謝を述べ、続けた。

「さて、総合的に判断していくことが必要とのことであるが、まず、われわれが価格を下げられるかどうかの現状を知りたいところだろうから、簡単に述べたいと思う。まず部品価格だが、先ほども述べたように現状の部品を使用する限りにおいては正直、厳しいと言わざるを得ない。しかし、技術部で代替部品の検討をお願いしているので、一部の部品のコストダウンの可能性はある。理想としては協力会社の部品から調達していく。また、次期新製品のCCD（イメージセンサー）については、どの会社の製品を最終的に採用するかによって変わるが、WJ-6500と同じメーカーにするならば購入量が大きく拡大するので交渉はできる。ここの価格が低減すれば効果は大きい。ただし、現時点ではスペックが優先なので、可能性の一つと考えていただきたい。さらに興味があるのは時期だと思うが、どうだろう、松本技術部長」

「そうですね、代替部品の件は今月中に決着します。ただ、CCDの方はもう少し時間が必要ですね」と、松本部長は資料を見ながら回答した。

「そうか、購買部も全面的に協力するから、一日でも早く決着させよう」と、斎藤部長は現時点での結論に行きついたような発言で締めた。

「ところで…」と山下製造部長が切り出した。

「先ほどの山崎課長のマーケティング戦略の中で、新たな視点で商品を生き永らえさせるというものがありました。また、WJ-6500を中心としたラインアップを見直すことで、他社の追随を許さないという戦略もありました。製造的観点から言えば、価格だけでなくシリーズとして数量を拡大できるならばコストダウンの可能性も捨てきれません。山崎課長が言ったように、経験効果による改善の余地、そして規模の経済性によるコストダウンも可能性がないとは言えません。ここもしっかり検討していく必要があると思います」と、さらなる可能性を提言してきた。ここで営業部の小池部長が、

「そうだなぁ、営業としてはラインアップが充実した場合は顧客に対して選択肢の充実によるアピールができるし、システム性の拡充という場合は他社の参入をブロックすることにつながる…。そういう策で行けるならば営業としては助かるな」と珍しく好意的に受け止めた。

「そうですね。技術部でもそういう策は必要だと感じています。ただ、マンパワー的に新製品に注力しているので、どこまで余力があるか少々不安でもあります。…そうですね、メカの部隊には若干余裕があるので、周辺機器のシステム性の拡充であれば対応が可能かもしれません」と松本技術部長は説明した。


ここで山崎課長が手を挙げて発言した。

「皆さん、総合的に見ていこうと言いながら大変申し訳ないのですが、実はまだ全体検討のきっかけを作成すべきマーケティング部でも、どの戦略が最も効果的か判断できておりません。新たな切り口でＷＪ‐６５００の販売台数をさらに拡大すると申しましても、細かい分析は開

始したばかりです。システム性にしても、数あるアクセサリー、オプション品の中で最も投資効果が高いものを見極めなければなりません。そして、新たな切り口やシステム性の拡充に対して、さらには4Pを見直していかなければなりません。

……そうですね、今日は時間も来ましたし、コストダウンに対する購買部と技術部の検討は最優先にしていただき、新たな商品展開などについては、一度マーケティング部で検討させていただいてから再度お集まりいただくということでよろしいでしょうか」と、山崎課長が提案し、全員の一致を見た。部門長の時間は長くは取れないのも事実で、すでに予定した終了時間を過ぎていた。

「まぁ1時間では、あの程度だろう」と課長は言いながら、オフィスへの道を急いでいた。恐らく次の会議の準備でもあるのだろう。真二も「そうですね。でも、また勉強になりました」と返事をした。

「まだまだやるべきことは山ほどあるが、まずは購買部と技術部による検討が重要なのは言うまでもない。そこでコスト的な余裕が出れば楽になるのは紛れもない事実だからな…。えっと、議事録は明日でいいから、既定のフォーマットにまとめてから見せてくれ。ありがとう」

二人は部の入り口で別れた。

❷ もっと知りたい

チャレンジャーの戦略

会議の後、昼休みまでの短い時間、真二の頭の中に新たな疑問が浮かんでいた。（WJ-6500は、幸い現時点の市場ではリーダーだろうけど、ウチのすべての商品がリーダーであるわけではない。ということは、チャレンジャーなりフォロワーなりの戦略も知っておかなければいけないよな）というもので、それは課長が会議で述べていた戦略の話がきっかけとなっていた。リーダー以外の立ち位置の企業が採るべき成熟期の戦略を知りたくなったのである。自然なことであった。

そこで、課長と昼食を交えながら教えてもらおうと、課長がデスクに戻るのを待った。昼休みもその4分の1が過ぎようとするころになって、課長がノートパソコンを抱えながら戻ってきた。

「課長、一緒にお昼を食べたいのですが、よろしいでしょうか」と真二が尋ねると、

「お、そうだね…。君が異動してきてから初めてかな。よし、社員食堂でいいかな」とパソコ

ンに電源ケーブルや外部モニターケーブルを差しながら課長が答えた。

「はい。もちろんです」

二人はエレベーターホールに向かって歩いていった。


社員食堂は最初の20分ほどは行列ができるが、二人が着いたころにはその列は短くなっていた。課長は焼き魚定食、真二はロースかつ定食をトレイに取ると、会計を済ませ、窓側の明るい席に着いた。


「課長、早速なのですが、先ほどの会議では、われわれリーダーの成熟期の戦略を説明されていましたが、実はほかの立ち位置の企業の戦略も知りたくなりまして…」

「そうか」と、課長はニコニコしながらおかずに箸をつけ始めた。

「はい。私たちも今はリーダーですが、いつその地位を追われるか分かりませんし、逆に相手の戦略を予測しておくことも可能かと思いまして…」と真二が背景を説明した。

「そうだな。それは大切な視点でもあるな…。じゃあ、まず成熟期のチャレンジャーの戦略からいこうか」

「はい」と、真二も味噌汁に手を伸ばしながら答えた。

「時間が短いから一気に話すが、市場自体の成長が小さい成熟期におけるチャレンジャーの戦略は『上位のリーダー企業のシェアを奪うことを目標にする』というものだ。自分より下位の企業のシェアを奪う方が楽に思えるかもしれないが、下位の企業はチャレンジャーの企業よりさらに小さいシェアしか持たない。ということは、顧客の絶対数が非常に少ないケースがあるわけで、そこに注力するより最も大きなシェアを持つ企業のシェアを奪った方が結果的に多くの顧客を獲得できる可能性が高い」

「はい。例えば、リーダー企業とチャレンジャー企業で既にシェアの半分以上を占めているような場合など、3位以下の企業のシェアはかなり小さいだろう、と想像ができます」と真二も答えた。

「では、そのチャレンジャー企業がシェア奪取を狙って採る戦略のキモは何だろうか、分かるか」

「んー、何でしょう…」と、真二が箸を止めて課長の顔を見ながら尋ねると、

「それは、『差別化』だ。リーダーと一緒だが、内容は少し違う。チャレンジャーの差別化は、リーダーが持っていない何か、つまり弱点と思われるものをマーケティング・ミックス＝4Pに落とし込むってことだ。例えばアサダ電子の今回の価格戦略だ。彼らはわれわれの価格対応力がそれほど強くないと考えたに違いない。つまり、当面はわれわれが彼らに追従できないだろうから、その間にわれわれのシェアを奪い、より良い立ち位置を確保しようとしていると考

えられるわけだ」と課長が一気に説明した。

「そうですね。恐らく短期的には…、ですけど」と真二が応じた。

「そうだ。なるべく早く元のように対等以上にならなければならないな。そして成熟期のチャレンジャーの一般的な戦略だが、それは『ラインアップ対応』と『4Pをベースにした差別化』だ。われわれリーダーがフルラインアップで競合しようとしているとするならば、チャレンジャーはセミ・フルラインアップで対応するんだ。リーダーはリソース面でも優位に立っているからフルラインアップができるわけだが、チャレンジャーも限定されたリソースではあるが、リーダーのラインアップに準じた商品戦略を採用するということだね。ある意味、狭い範囲で集中して挑んでくるとも言えるな」

「はい」

「そして、マーケティング・ミックスでは、さっきの話と重なるが、今回のアサダ電子は4Pのうちの価格に集中して差別化戦略を採ってきていると考えられる。WJ-6500の価格競争だよ」

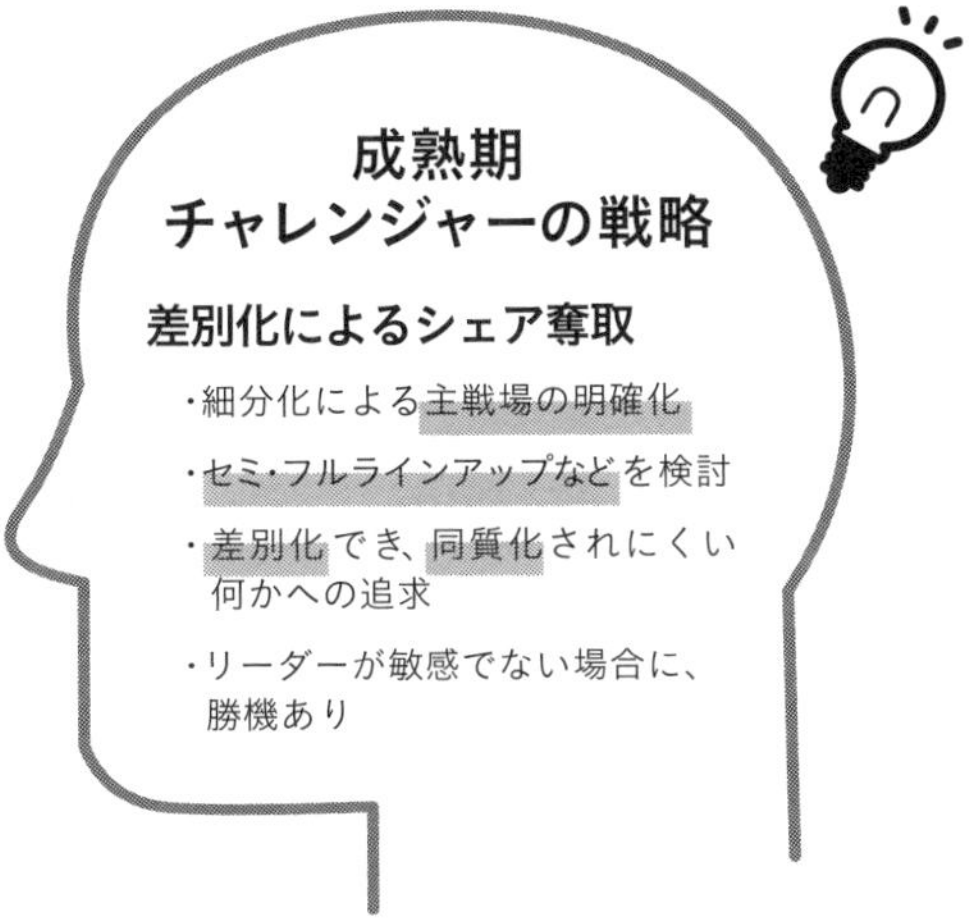
成熟期
チャレンジャーの戦略
差別化によるシェア奪取
・細分化による主戦場の明確化
・セミ・フルラインアップなどを検討
・差別化でき、同質化されにくい何かへの追求
・リーダーが敏感でない場合に、勝機あり

と、課長が漬物を口に入れながら説明する。

「…その通りですね。今日の会議で話し合われていたところです」と真二はご飯を飲み込んだ後で答える。

「ここで怖いのは、リーダー企業の慢心だ。長くリーダーの立ち位置にいると状況変化に敏感でなくなる恐れがある。実は、それは君がまとめた報告書にも表れていた」

「はい。価格と新製品、そして北陸精密のサービス対応などですね」と真二が答える。

「そうだな。われわれも鈍感になっていたんだと痛感する…。ま、痛手が小さいうちに悪いところはどんどん改善していこう」

「はい」。真二も身が引き締まる思いがした。

ニッチャーの戦略

「さて、次はニッチャーかな。ニッチャーというのは、吉田も知っているように、誰も狙わない・狙えないような狭い範囲で存在感を示している企業だ。そのような市場の一部分で支持率が高く、価格なども独自性の高いものを提示できる強みがある。彼らは、この状況がなるべく長く続くことがベストだから、そのままその顧客層に対して安定して売上を上げていくことを目指すことになる」

「はい。イメージできます」と、真二はキャベツを口に入れながら答えた。課長は続けて、

「大きく成長することは困難かもしれないが、コアなファンがいてくれることが大切な点だ。成熟期でも常にリピーターがいてくれるという感じかな。一つの例では『ペヤング』だろう。『ペヤングソースやきそば』で有名な『まるか食品』だ。日清食品など大手と異なって、商品ラインアップは限られているし、販売地域ももともとは東日本だけだった。しかし、その地域ではコアなファンがしっかり存在している。以前、一時的に販売が中断された際も、その再販が待ち望まれていたよね。身の丈にあった独自戦略で、自分のテリトリーも存在意義もあるから、安定的とも言える。だからといって全く挑戦的でないとは言えないし、販売網も拡大しようとしている…、とても興味深い立ち位置にいると思うね。しかし、やはり長年のファンがついているのがニッチャーとして素晴らしいところだろう」

「はい。僕も小さいころから身近だったので、コンビニで気楽に手が伸びます」と、真二が課長の話を受けた。

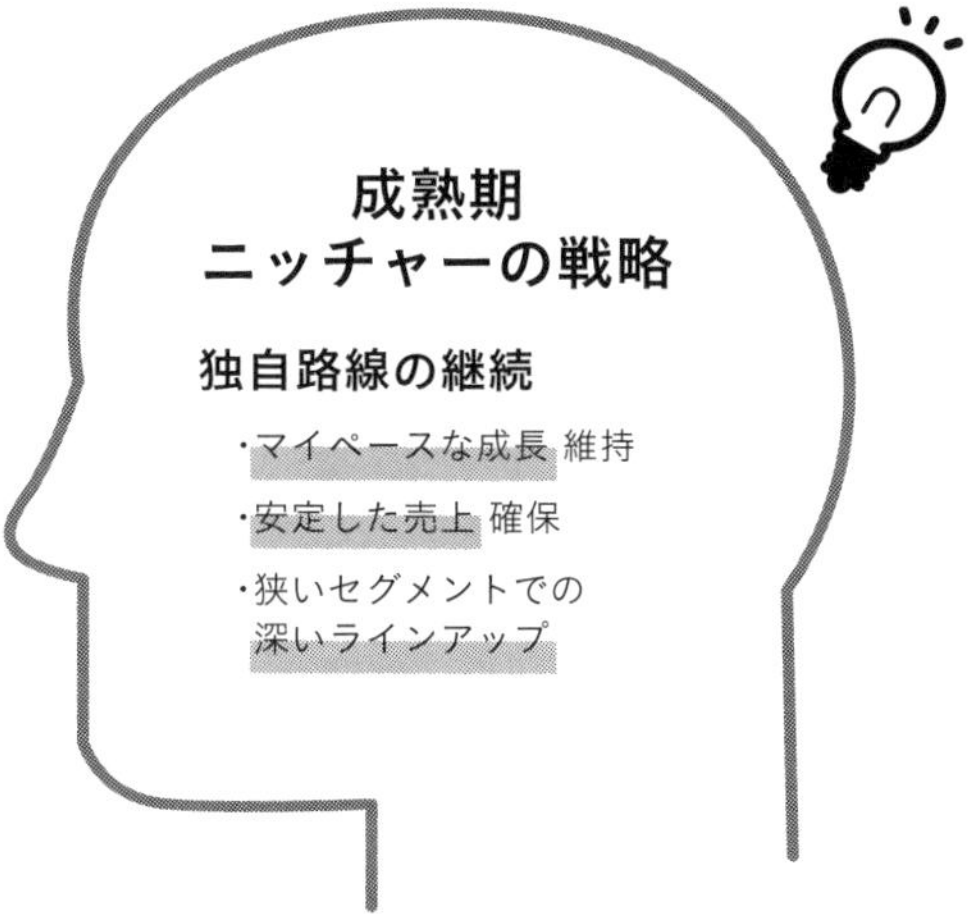
成熟期
ニッチャーの戦略
独自路線の継続
・マイペースな成長 維持
・安定した売上 確保
・狭いセグメントでの
深いラインアップ

「しかし、いくらニッチャーが安定的といっても、顧客の好みは変化するものだから、置かれた状況や顧客の満足感の変化には気を配っていく必要はあるかもしれないな。特に成熟期であれば…」と課長は付け足した。真二は口に肉が入っているので、うなずくことで同意を示した。

フォロワーの戦略

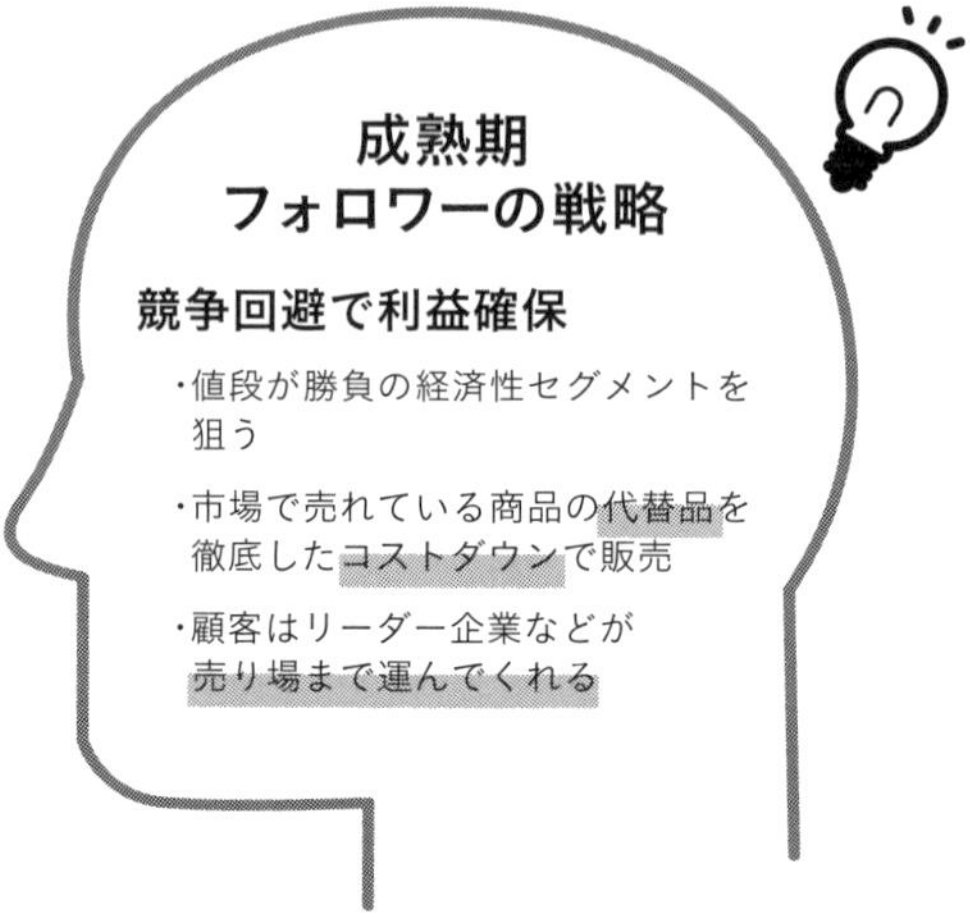
成熟期
フォロワーの戦略
競争回避で利益確保
・値段が勝負の経済性セグメントを狙う
・市場で売れている商品の代替品を徹底したコストダウンで販売
・顧客はリーダー企業などが売り場まで運んでくれる

「さて、最後はフォロワーだが、吉田はフォロワーをどうとらえているのかな」と、課長は口を拭きながら質問した。

「そうですね、少し分かりづらいですが、リーダーやチャレンジャーほど市場シェアも無く、持っているリソースには限りがある。一方で、ニッチャーの立ち位置になれるほどの独自の技術や製品の特性がない企業だと思います」

「そうだな。そんな彼らの戦略は、やはり直接的な競争をせずに利益を確保していくことになる。つまり競争回避と利益確保だ。吉田は『経済性セグメント』という言葉を知っているかな」

「いいえ、知りませんが…」

「経済性セグメントというのは、機能やブランド名は購買の検討要素から外れて、とにかく値段が安ければ買うという市場だ。フォロワーは、この経済性セグメントという他社にとってあまりおいしくないような市場を狙っていると言える。カギは『値段第一』だ。提供する商品は『コストダウンした代替品』になるが、思うに彼らの戦略は成熟期であろうが根本的には変わらない。大手メーカーの商品に近い機能の商品を安く提供するというものだ。お客さんは大手企業が運んできてくれて、あとは徹底的に安い商品を横に置いておいて売上に結び付けるんだな。まぁ、これも競争の中の一つの戦略ではあるよ」と、課長はお皿を重ねながら説明した。

「ありがとうございました。勉強になります。今回ウチはWJ-6500のリーダーの立ち位置で考えていますが、競合他社も、それぞれにいろいろ考えているのですね。大変ですが、面白いとも感じました」と、真二も口を拭いた紙を丸めながら答えた。

「そうだね。競争戦略は面白い分野だと思うな。当事者のわれわれは大変だが…。以前、大学院の先生も同じようなことを言っていた。それぞれの会社が必死で考えた戦略を横から眺めて分析したり、何らかの傾向をつかんで新しい言葉で表現したりと、とても興味深いものだとね。まさに『生きている』分野なのかもしれないな。…と、今日のところはこんな感じでいいかな。時間も来たし、1時には会社を出なければいけないから、この辺にしておこう」と、トレイを持って課長は立ち上がった。

「はい。ありがとうございました。またよろしくお願いします」と、真二も課長に感謝しつつ、トレイを持って返却口に向かった。

価格検討会

1. 製品ライフサイクル

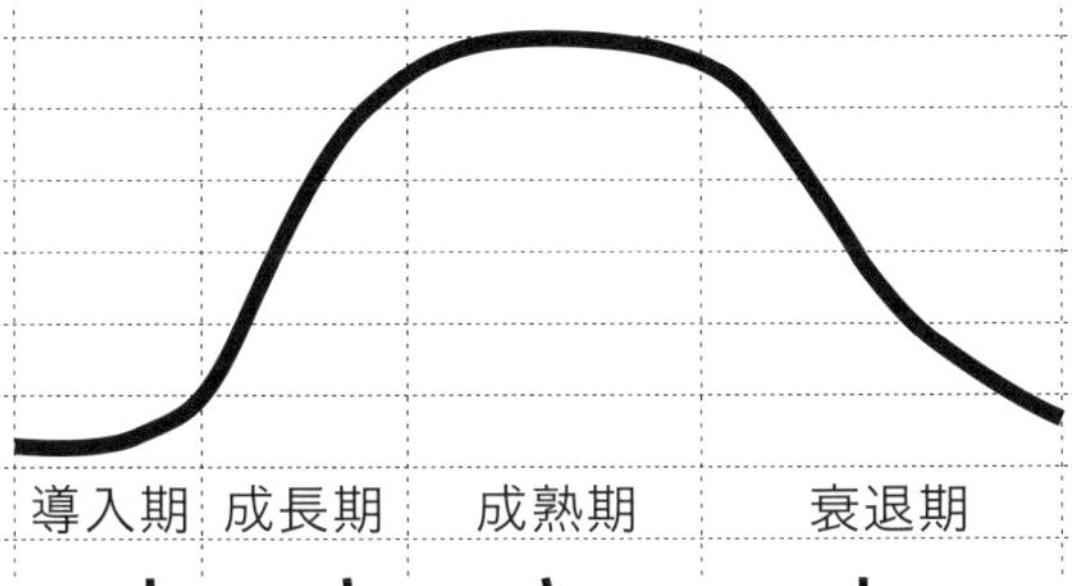

導入期

- ✔少ない売上
- ✔利益はマイナス
- ✔競合が極めて少ない
- ✔マニア的顧客
- ○戦略：
  - ✔認知と啓蒙

衰退期

- ✔売上の減少
- ✔利益の減少
- ✔撤退する企業も
- ✔ようやく買う保守層
- ○戦略：
  - ✔撤退タイミング
    撤退方法検討

成長期

- ✔急成長する売上
- ✔利益はピークへ
- ✔激しい競合
- ✔新し物好きの顧客
- ○戦略：
  - ✔ファンづくり
  - ✔ブランド確立
  - ✔一般的顧客の獲得

成熟期

- ✔売上はピーク
- ✔利益は減少方向へ
- ✔競合の安定化も
- ✔皆が使っているから買う
- ○戦略：
  - ✔シェアの確保
  - ✔一層の差別化
  - ✔費用対効果

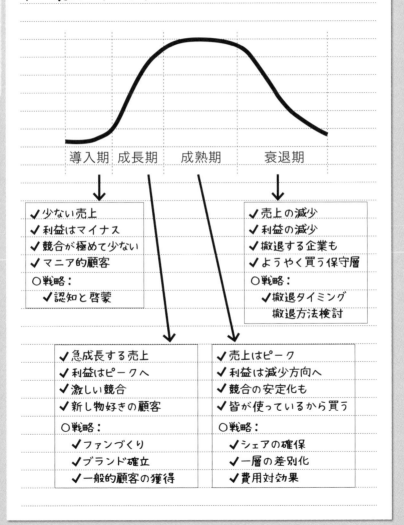

価格検討会と昼食での課長のレクチャー

2． 成熟期の戦略

リーダー 怖いのは「リーダーの慢心」
- ✓ マーケットシェアの確保
- ✓ 一層の差別化
- ✓ 費用対効果の見極め

チャレンジャー リーダー企業が敏感でない時に勝機
- ✓ リーダー企業のシェアを奪う
- ✓ リーダー企業が持っていない部分の、4Pでの差別化
- ✓ ラインアップの対応

ニッチャー 独自の生存領域で生き残る
- ✓ 独自路線の継続

フォロワー リーダーやチャレンジャーのコバンザメ的存在
- ✓ 競争回避
- ✓ 利益確保
- ✓ 経済性セグメント 「値段第一」

第5章

堀田の家で

❶ 堀田のレクチャー(1)

基本的なマーケティングの流れ

真二は席に戻り、リーダーだけでなくチャレンジャーなど他の立ち位置にいる企業の基本的戦略をノートにまとめていったが、実際のところ、ここ2週間ほどの学びで頭の中が飽和状態であった。午前の会議や昼食時の課長の話から一気に基本戦略まで進んだのはいいが、学んでいることの整理の必要性も感じていた。

そのような時に頼りになるのは、やはり堀田である。時計を見ると、昼休みが終わるまでまだ数分あったので、真二は席を離れて階段の前に行き、スマホから堀田にメッセージを入れた。会いたい旨とその簡単な背景とともに、今週末の都合を尋ねたのである。幸いにも送付したメッセージはすぐに既読になったが、彼からの回答は真二の期待を裏切るものだった。しかし、そうなると早く解決したくなるのも人情であり、真二は一番早く都合のつくスケジュールを確認した。すると堀田からは「今夜。7時ごろにアパートで」という短い返事が届いた。「申し訳ないけど、よろしく。晩飯は買っていくよ」と、自分のわがままをお弁当で弁済するのが、真二のせめてものお詫びの気持ちであった。

真二は定時を少し回った6時に退社すると、練馬駅に向かった。西口から駅を出て、堀田のアパートへ向かう途中にある弁当チェーン店で二人分の夕食を買い、途中のコンビニで缶ビールも買った。（7時より少し早いけど、帰っているかな…）と少し不安であったが、彼の部屋の窓からは明かりが漏れていた。

「こんばんは。今日はごめん、仕事の後なのに」と、真二はドアを開けた堀田にまっ先に詫びを入れた。

「いや、別に構わないよ。今日は早く帰ろうと思っていたし、一人で夕食を食べるより楽しいしな。まぁ、上がれよ」と、真二を促してリビングに向かっていった。

真二は、部屋の中央に置かれたテーブルの席に着くと、

「なんか連日のようで、本当にごめん。メッセージにも入れたけど、いろいろと学んでいる途中で、ちょっと頭の中を整理したくなって、また君のアドバイスが欲しくなったんだ」

キッチンでコーヒーを入れている堀田は、「いいよ、俺で役に立つならね。じゃ、早速始めようか」と二つのマグカップにコーヒーを注ぎながら、笑顔で答えた。

「…ありがとう。俺もね、今の部に異動してから学ぶことが多くてさ。ウチの課長が一生懸命教えてくれるんだよ」

❶　堀田のレクチャー(1)

「そうなんだ。素晴らしいじゃないか。普通はＯＪＴで徐々にやったり、定期的な勉強会や研修でやったりするもんだよね」

「そうだろうね。でも、今の課長は面倒見のいい人みたいで、まずは最初に基本的なところを教えるという方針みたいだよ。受ける方は頭の中がパンパンだけどね。そこで君にアドバイスをもらいたくてお願いしたってわけさ」

「いい方針じゃないか。今どき、珍しい課長かもしれないよ。さて、じゃあ、まず、どんなことを習ったのか教えてくれる？」

「それはね、一言では言えないけど…。そうだ、ノートがあるから、それをベースにしようか」と言って、真二は課長から習ったことを必死に書き留めてきたノートを鞄から出して堀田に渡した。

「すごい字だね…」

「あ、ごめん。そっちは下書きというかレクチャーの時に書いているノートだ。えーっと、これが清書用のノートだよ。説明も早いから抜けているところもあるかもしれないけど。あ、そうだ、社内的な数字があったとしても見なかったことにしてね。まぁ、ほとんど書いてないし、断片的で分からないとは思うけど」と真二はクギを刺した。

「もちろんそうするよ。興味があるのは、どのようなことを習ったのかなってところだけだから」と言って堀田はページをめくった。

「へぇー、これを全部、数時間でやったんだ。こりゃ、確かにすぐには頭に入らないね…」と堀田も認めた。

「そうなんだよ。僕の頭のメモリーが悪いのかもしれないけどね」と自嘲気味に言った。

「いや…。そうだなぁ…、全部ではないけれど、これらのものがどのように関連しているかが分かれば助かるんじゃないかな」

「そう、それだよ！　全部頭に入っていない僕が言うのも変だけど、それぞれの関係が分かったら理解しやすいかもしれない」と真二は身を乗り出して答えた。

「分かった。ちょっとトライしてみようか…」と改めてペンを持って、堀田はノートをパラパラとめくった。

「ノートを読んだ限りでは、君の課長は環境分析とマーケティング・ミックスの部分に力を入れたようだね。始まりが課長の作られた記入式のフォーマットだから、環境分析の部分が中心になったんだろう。いや、正しいよ。なぜなら、基本的なマーケティングの流れは『環境分析』『狙うターゲット市場の特定』、そして『マーケティング・ミックス』と進むから、まず環境分析のレクチャーをされたのは正しいんだよ。そうだ、ちょっと、基本的なマーケティングの流れを紙に書いてみようか…」

二人が座っているダイニングテーブルの壁側の棚にはプリンターが置いてあり、その横にはA4のコピー用紙がきれいに積まれていた。堀田はその紙を手に取りテーブルに置くと、ペンでサササッと書き始めた。

「まず環境分析だね。ここに入る大切なものは『3C』だよ。顧客分析、競合分析、自社分析の三つだね。そしてさらに、それぞれの基本的な分析ツールとして、顧客分析には『PEST』、競合分析には『リーダー、チャレンジャー、ニッチャー、フォロワー』、そして自社分析には『SWOT』と『PPM』を課長は教えてくれたと思うよ。まぁ、まずは細かいことよりも、環境分析を行う際の視点は3Cをベースに行うと効率的で迷わないってことがカギだと思う」

「次のステップである狙うターゲット市場の特定は、まだ君の課長の細かいレクチャーは無いようだけど、これは『STP』と呼ばれるものだ」

「そして最後のマーケティング・ミックスのところは『4P、4C』を教えてくれたんだね。それに付随する知識として『AIDMA、AISAS』、それに『製品ライフサイクル』と関連する各種戦略もレクチャーしてくれているようだし」

STP①〈セグメンテーション〉

ここで真二が、

環境分析
3C
顧客：PEST
競合：リーダー、ニッチャー…
自社：SWOT、PPM
狙うターゲット市場の特定
STP
マーケティング・ミックス
4P・4C
AIDMA・AISAS
製品ライフサイクル

「そのＳＴＰって何？」と尋ねると、

「想像できない？」と逆に堀田に切り返されて、頭をひねった。

「いや、何だろう、記憶にあるのは…、そうだ、レーシングカーか何かの写真でＳＴＰってステッカーを見たことあるけど…」

「あはは、あったよね。楕円の中にＳＴＰって。あれはエンジンオイルのメーカーだよ。これは違って、『Ｓ』は『セグメンテーション』、『Ｔ』は『ターゲティング』、『Ｐ』は『ポジショニング』の略で『ＳＴＰ』なんだ。マーケティングの言葉の一つだね」

「何だ、そう言ってくれればイメージ湧くけど、ＳＴＰだけじゃ分からなかったよ」と真二は頭をかいた。

「そうかい。でも、これ、とても大切な部分でもあるんだ。ここが今まで話してきた目標市場、差別化、顧客視点などのベースになるところと言ってもいいんだ」と言って堀田はそれぞれの綴りを書き、最初のSegmentation（セグメンテーション）

を丸で囲んだ。

「Sはセグメンテーションって言ったけど、日本語だと市場細分化って言われている。市場は極めて多くの人間で構成されているから、そのまま見ると巨大であまりに漠然とし過ぎているよね。でも、ある傾向を持った人々の集団が形成されているのは事実だから、その集団を分類していくのが市場細分化だと思ってくれればいいよ。

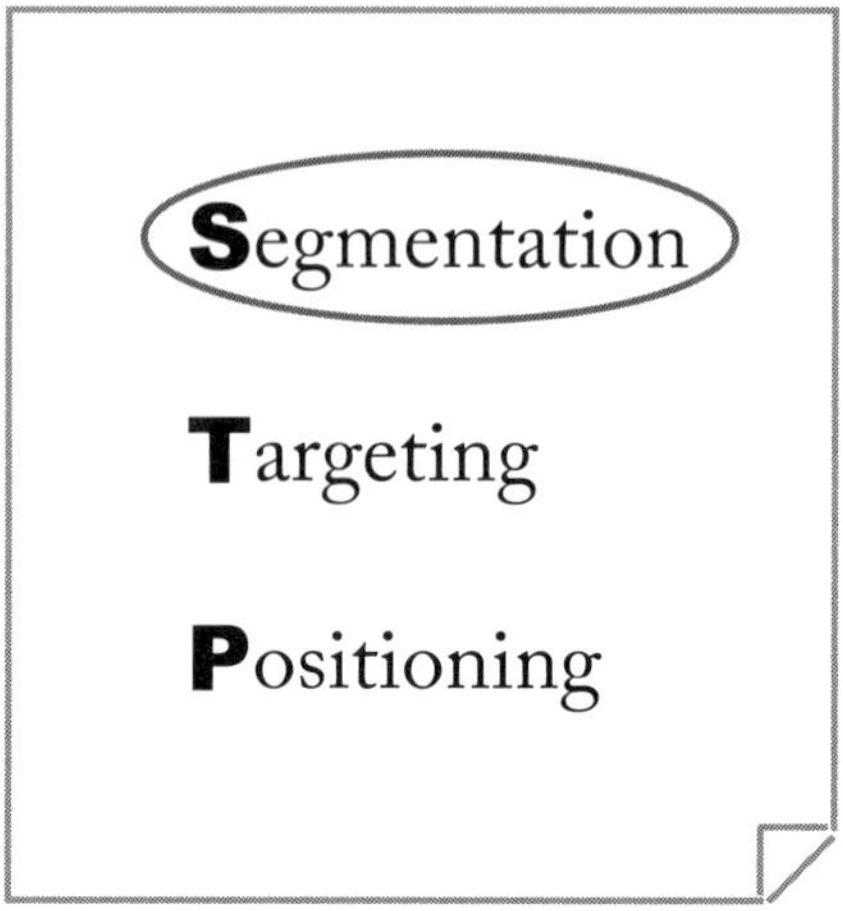

例えば、そうだな…、ドーナツで言えば、日本の巨大な市場があって、ドーナツを好きな集団があって、その中で伝統的なサクサクドーナツが好きな集団があるとすると、その最も小さい集団がセグメントされた集団と考えることができる。その集団の特性を調べてみると、年齢は30歳以上、比較的保守的、男性比率が高い、奇抜なものより基本志向っていうデータが出るかもしれない。逆もありで、この特性のような市場を求めていったら、サクサクドーナツが好きな市場だったという結果もあり得る。

いずれにしても、ある特性を持つ集団の市場を求めて細分化していくのがセグメンテーションだ。ここには切り口がいくつかあって、『地理的な切り口』『人口の観点からの切り口』『心理的な切り口』『行動からの切り口』などから考えることが基本と言われている。また、なぜセグメンテーションするかの見方だけど、漠然としている市場を細分化していって『自社の利益に結び付く市場を探す』という行為がセグメンテーションだというところが回答になると思うよ。だって、企業は価値を提供して利益を得て継続していくことが基本だからだね」

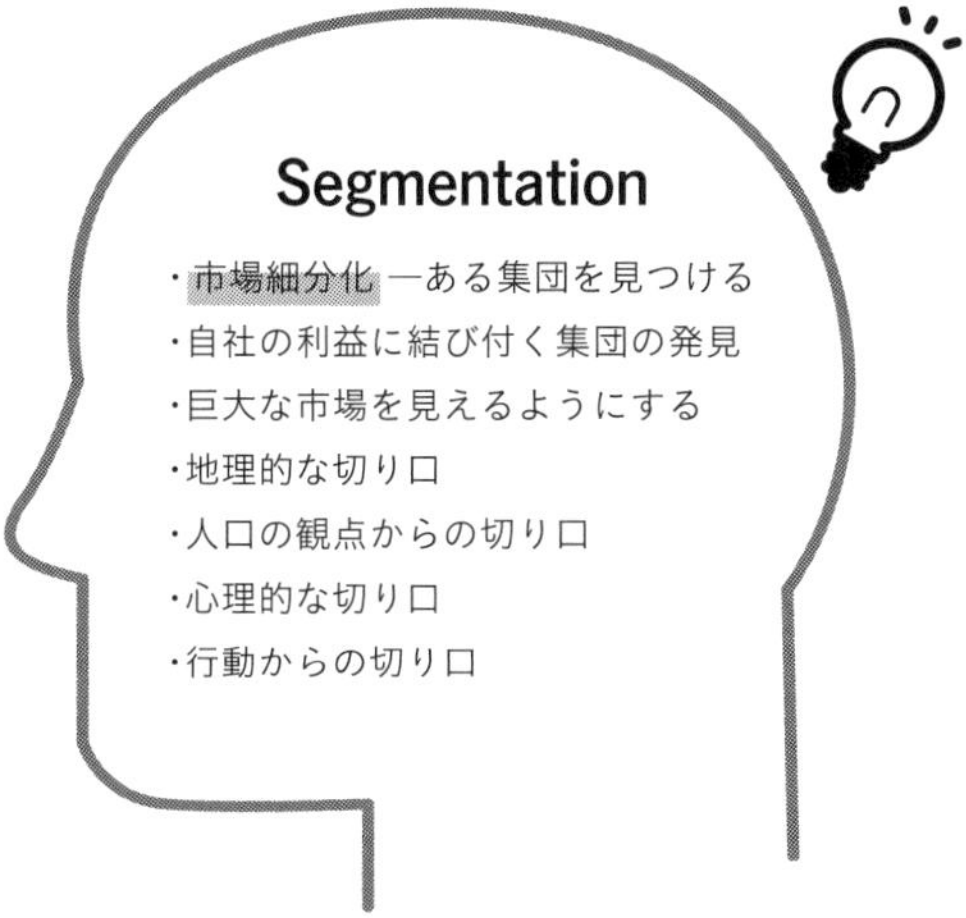
Segmentation
・市場細分化 ―ある集団を見つける
・自社の利益に結び付く集団の発見
・巨大な市場を見えるようにする
・地理的な切り口
・人口の観点からの切り口
・心理的な切り口
・行動からの切り口

「うん。分かるよ。全方位って無理があるしね。得意な狭い範囲に集中していくことは大切だと思うよ。でも、巨大な総合的な企業はすごいよね。ありとあらゆる方向って感じ」

「まぁ、だから組織自体を細分化してそれぞれが自分の強みで闘っているんだよ。でも最近のゼネラル・エレクトリック社のように大胆に方針転換をする企業もあるし、事業の売却は当たり前になってきているから、やはり全方位には無理がある場合もあるんだろうね…」

STP②〈ターゲティング〉

堀田は次のTargetingに丸を付けた。

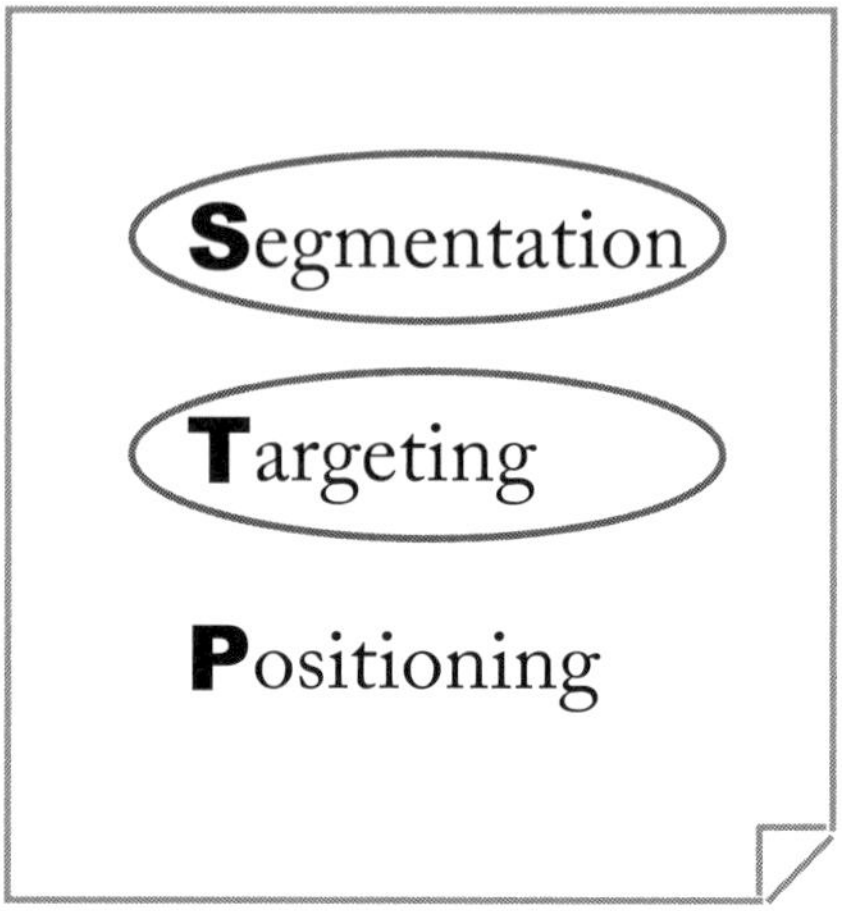

「次のTだけど、これはターゲティングだ。自分たちの事業活動・商品の目標となる市場を見つける行動だよ。ここでは狙おうとする市場が将来的に成長していくのか、企業の強みや良さを出して勝負していける市場なのかを見極めて『目標市場』とするんだ。成長が見込めない市場に参入することはほとんど意味がないし、競合他社がごまんといる市場に参入しても利益を確保していく継続的な活動は大変になることが予想されるわけだから、このターゲティングは新規参入や新製品導入の際に大切になるんだ。

　極端な例で言えば、吉田の会社がこれから飲料水、そうだな清涼飲料水の市場に全くの新規参入で入り込もうとしたときを考えれば、そのターゲティングの難しさがイメージできると思うんだ。成熟して競争の激しい市場に入り込んだから、自社の強みや参入できる隙間はどこか、それこそ頭から湯気が出るくらいに研究、分析しないと答えは出ないよね。逆に、吉田の会社の商品であるカメラには、まだ余地があるのかもしれない。犯罪の増加、電子機器としての性能向上で市場が成長できるし、プロ用のカメラにしても４Ｋ・８Ｋなど新技術の導入で細分化された市場自体に伸びる余地があるわけだ。

Targeting
・目標市場設定
・自社の強みを発揮できる市場
・成長すると予測できる市場

いずれにしても、このターゲティングで自社の強みを発揮でき、成長できる市場を目標市場として決めるんだ。また、もう少し具体的に絞り込めるのであれば、会社を成長させてくれる・新製品を確実に買ってくれるであろう顧客を目標顧客として設定すると言ってもいいかもしれないね」

ここで真二が質問をした。

「でもさ、どうしてそんなに絞ることが必要なのかな。大企業は山ほどの事業を持っていて、山ほどの顧客がいるわけじゃない…」

「うん。その通りだよ。でも最初はどうだったんだろうか…。例えばパナソニックは事業分野も膨大になると思うけど、最初期に成功したヒット商品はアタッチメントプラグと二股ソケットだよ。今では壁にコンセントがあるのが当たり前だけど、昔は天井の電球を外して、そこから電気をもらうことも多かったんだ。何せ、電気が各家庭に来るよりも先に家が建っていたから、電灯線は全部後付けだったんだよ。まぁそれはいいとして、その電球が付いていた部分に二股ソケットをねじ込めば、片方は電球、もう片方は別の電気製品を使えるよね。そこが受けてヒットしたんだけど、要は、最初のターゲットは非常に小さかったってことだよ。そして、ヒットしたから次を考えられるようになったんだ。

　この連鎖は今でも大切だと言われているよ。『とても狭いターゲットの設定』『そこへの徹底した集中的な活動』『集中による成功』『ラインアップの拡充や顧客層の拡大、リソースの拡大などへの波及』『もともとのターゲット以外での活動への拡大』とつながっていくことが多いから、最初の設定は大切なんだ」

STP③〈ポジショニング〉

「さて、最後のPはポジショニングだね。ターゲティングで設定した市場には自社製品を買ってくれるであろう顧客だけでなく競合他社、もしくはすぐにでも競合してくると予想される企業が存在しているのは分かるよね」と言って最後の単語を丸で囲んだ。

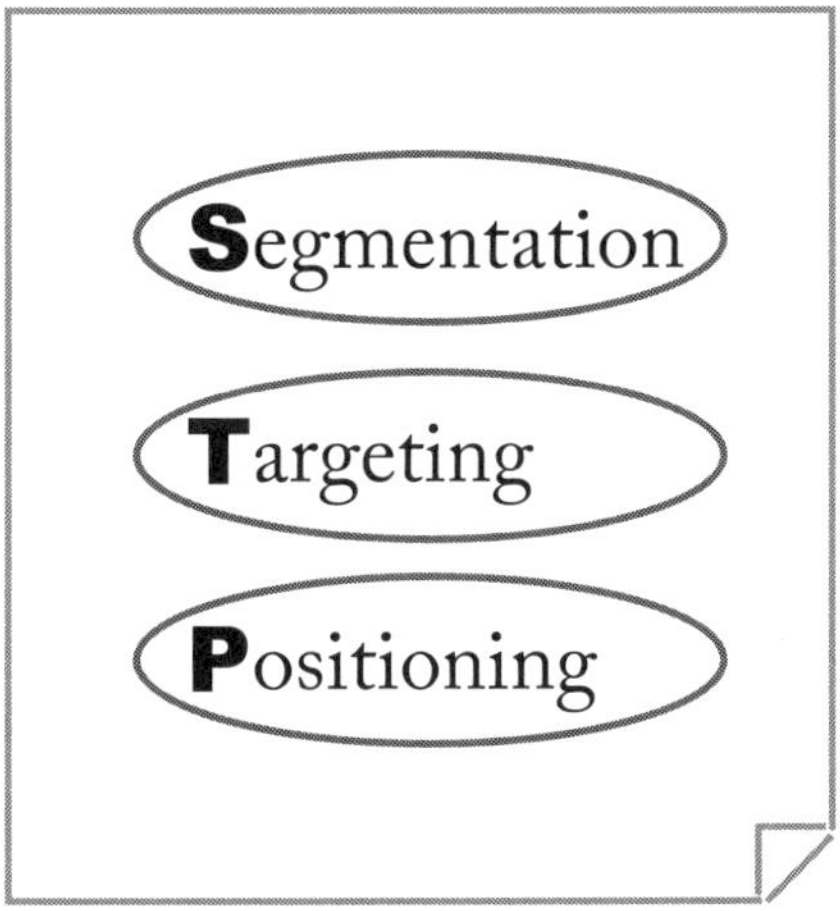

「うん、そこは分かるよ。もし市場にウチと顧客だけだったら殿様商売だけど、それはめったにないしね」

「そうだね。技術的にも価格的にも製造的にも他社を寄せ付けないのであれば大丈夫だけど、なかなかそうはいかないものだし、こちらが参入する場合はすでに競争が存在しているわけだしさ。まぁ、今回は独占的な状態は考えないとして、ポジショニングは、そのような顧客と競合他社の関係性の中で、自社の商品やサービスが受け入れられて継続的に購入される立ち位置を探す作業のことだよ。差別化を実現する自社の訴求点を明確にする作業とも言えるよね。なぜなら、機能と価格という2軸があったとして、競合他社の製品のポジションと同じところに自社の製品を位置付けすることはあり得ないし、何かしらの新しい機能が優れているのか、圧倒的な価格優位性なのか…、そこはそれぞれだけど、具体的な自社製品の立ち位置を決めることをポジショニングと言うんだよ。

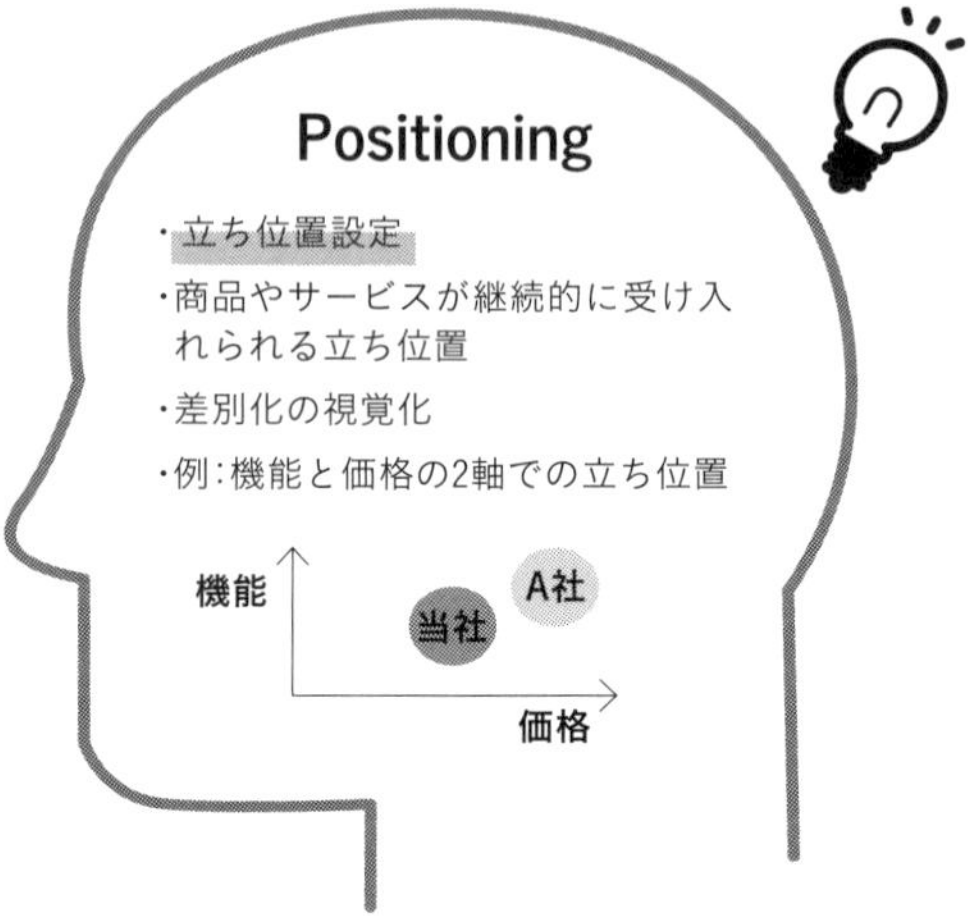

以上がマーケティングでのＳＴＰで、よく使われるターゲット市場とか目標市場というものへの説明になるかな」。堀田はペンを置いてマグカップのコーヒーを口元に運んだ。

「ありがとう。いや、これで、さらに君や課長の話が分かったように感じる。もちろん、まだ知識が断片的なところはあるんだけど、今日は来たかいがあったよ」

「そうかい。ありがとう。いや、実は話している方も知識の確認に役立っているし、お互いさまなところもあるから、僕もありがたいよ」と堀田は受けて、ちょっと思案しながら続けた。

「ただ、例えば今のSTPにしても、僕の説明とは逆になる『小さいところから大きいところ』へ焦点を拡大していくという考え方も出てきているけど…、それは君のノートの範囲から外れるから、機会があったら話すよ…」と、またコーヒーを口にした。

❷ 堀田のレクチャー⑵

WJ-6500の3C・STP・4P

そして、堀田は少し考えてから、

「そうだ。君の会社の商品を例にして、今のマーケティングの流れを見てみようか」

「それはいいね。面白そうだ。まぁ、僕が全てを知っているわけではないけれど、営業部にいたところの知識でいいのかな」と真二は尋ねた。

「もちろんだよ。簡単な流れだけでもやってみよう。それじゃ、まず商品は何にしよう」

真二の頭には、ＷＪ‐６５００が真っ先に浮かんだ。

「ウチのカメラにＷＪ‐６５００っていう高感度・高解像度の商品があって、それが業界のリーダー的な商品なんだ。それがいいな」と真二は答えた。

「よし、それでやってみよう」と言って、堀田は新しい紙をテーブルの上に置いた。

「今回は細かくはやらないけれど、じゃあ、まず環境分析から…。ここは例の３Ｃでやってみようか。まず、そのＷＪ‐６５００が企画・開発された背景は何だったのかを、顧客を取り巻く環境からみてみよう」と堀田は始めた。

「そうだな、今回、君やウチの課長から勉強した内容に結び付けると、まず顧客の周りの環境として、犯罪が増加してきたこと、監視カメラの必要性が以前よりも高くなってきたこと、僕らの防犯意識も高くなってきていること、そして技術的により良いカメラが開発できるようになってきていることとかな」と真二は答えた。

「おっ、すごい回答だね。PEST的な答えだよ。じゃあ、競合はどうだろう」と堀田が続けながら紙に書いていく。

「そうだな…。ウチがリーダー企業として常に挑戦を受ける立場であったことも関係するかな。WJ-6500の前の商品も市場で受け入れられていたから、その立ち位置を守るために、新しい技術で開発された商品を求められていたし、そうしなければならなかったということもあると思うんだ。さっきと重なるけど、何しろ技術の進歩で多くの企業がこの成長市場に参入できるようになったから、競争は激しくなったよ」と真二は考えながら答えた。

「じゃあ、自社はどうだろう」と堀田が続ける。

「自社は簡単だよ。幸運にもウチはリーダーだったから開発などの資金や開発チームの人員に余裕があったこともあるし、電子デバイス事業部から最新の撮像素子を内部調達できることもあったよ。まあ、ほかにも全国にある特約店からの情報、そして海外販社からの市場情報も得られたから、彼らが何を欲しているかがある程度は理解できたことも挙げられるかな」と答え

ると、堀田はペンを動かしながら、

「そうか。さっきのＷＪ‐６５００の前の商品も売れていたとなると、その商品は『金のなる木』だったのかもしれないね。その資金力でＷＪ‐６５００を開発したってことになるのかな」とＰＰＭの考え方に結び付けた。

「そうなるかもしれないね。もちろん、そのモデルだけの利益じゃないけれども、分かりやすく言えばそうなるよ」


「じゃあ、次はＳＴＰではどうだったのかな」と堀田が先に進めた。

「そうだなぁ、セグメンテーションでは、カメラの求められる機能によって市場を分けたんじゃないかな。簡単に言えば、普及品、中級品、高級品みたいな感じで…。監視カメラも一般の人から国の施設などまで幅広いからね。ターゲティングは、利益が見込めて、まだライバルが少ないところ、そしてウチの開発力が対応できるというところで、『高感度・高画質』が求められる都市や施設監視の分野になったんだと思う。街での犯罪は増えているから高機能の方がいいし、国の施設や企業施設も資金力があるから導入初期の段階で買ってくれる可能性も高かっただろうしね。ここは営業部時代に体験したところだよ」と真二は答えたが、それらは最近の学習があったからこそまとめられたということに、あまり気付いていなかった。

「そうなんだ。まさに営業マンの実体験だね。じゃあ、ポジショニングは」

「ポジショニングは、繰り返しになるけど『最新の高感度・高画質で犯罪や事故発生時に役立つカメラ』というところになるよ。それは、表現は違うけどカタログにもはっきり書かれているしね」

「そうか、こう見てくると、そのWJ-6500っていうカメラは企画段階からSTPまで一貫しているんだ。目指す機能や価値というところでね」と堀田がまとめた。

「そうだね。きっと、それがあったから今もリーダー的商品でいられるのかもしれないなぁ。まぁ、最近ではライバル商品に追い上げられて、脅威を感じてはいるけどね」。真二も少し実情を漏らした。

「じゃあ、最後。4Pはどんな内容だった」

「そこは営業部員だったから分かるけど、まず商品は最新撮像素子と画像処理チップの採用でさっきの高感度・高画質の同時達成をして、形はドーム型にした。街中での監視にも合うようにしたよ。もちろん、監視センターからの信号を受けて機能するシステム性も最新にしてある。価格は前のモデルより若干高いけど、それは性能が上がっているから市場でも受け入れられる範囲と考えたんだと思う。実際その通りで、発売当初は他社性能比較で圧倒していたから価格の決定も正しかったと思うよ。

次に、えーと、流通は全国特約店と海外販売会社経由だから、基本的にそれまでと変わらな

3C

- 顧客
  - ●犯罪の増加
  - ●防犯意識の高まり・監視カメラの必要性の高まり
  - ●技術革新
- 競合
  - ●(リーダー企業として)市場からの要望
  - ●市場の成長・技術の進歩による激しい競争
- 自社
  - ●リーダー企業としての余裕
  - ●グループ内の最新製品活用
  - ●全国・海外からの市場情報

↓

STP

- セグメンテーション：●普及品、中級品、高級品での細分化
- ターゲティング：●高機能「高感度・高画質」カメラ市場
- ポジショニング：●最新の高感度・高画質カメラによる犯罪や事故発生時への貢献

↓

4P

- 商品：最新デバイスによる高感度・高画質。ドーム型。システム性
- 価格：従来品より高めだが、高機能化による許容範囲内
- 流通：従来ルートに加え、ターゲットにアプローチ可能なルートも
- プロモーション：新たな業界に積極的な宣伝。機能性訴求の販促品

いかな。ただ、国や自治体の施設や海外では軍関係にもアプローチするとか、ちょっと特殊なルートの販売店を加えていったところはあったと思う。

　最後のプロモーションは、そうだなぁ、記事広告を新たな業界誌や業界の新聞に出していたようだし、従来品との性能比較を画像にしてアピールしていたよ。そしてカタログもよりスペック重視のものにしたと同時に実際のシステム事例を特定のお客さんには出していたかなぁ。まぁ、今では標準機として受け入れられているけどね」と、ここで真二はふーっと息を吐いた。

マーケティング・ツールの生かし方

「そうかぁ、やはり君のところのマーケティング部はちゃんと考えて、企画から導

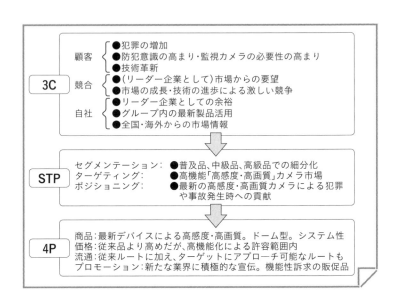

入まで筋を通しているね。素晴らしいよ」と堀田も感心しつつ、ペンをテーブルの上に置いた。

「そうかもね。まぁ、あの課長がいるところだし。俺も鍛えられるんだろうな」。真二も同感し、さらに、

「いや、堀田が説明してくれたからかもしれないけど、なんかうまく質問に答えられたような気がするよ。今までは頭の中に詰め込んだ知識がきれいに整理されていない感じだったけど」と感想を述べた。

「それなら良かったよ。ただ、これもすでに販売している商品をモデルにしたからうまく答えられるんだよ、多分ね。きっと一からマーケティングを考える時は大変だと思うよ」と堀田は述べた。

「そうだよね。でも、こういう流れで見ると分かりやすし、それが少しは理解できたような気がするよ、やっぱり。まぁ、すべてがうろ覚えの段階だから大きなことは言えないけれど、これまで教わった方法は『多くの事柄を分析もしくは決定する際の切り口』って感じで考えればいいんだよね」

「そうだね。すべてがそうだとは言えないけれど、切り口、視点、やり方…そういう基本的なところかな。いずれにしても多くのデータ、意見や考え、経営資本、そして移り気な顧客を対象にしているわけだから、何か分かりやすくするような基本的な道具が必要で、それがこれらの伝統的なマーケティング・ツールだと言えるよ。まぁ本当はまだまだたくさんあるんだけど

ね…」と堀田はまとめた。

「そうか。ありがとう。これからの仕事に生かせそうだけど、まずは僕自身が復習してみないと…」と真二も素直に答えた。

「そうだね。でもマーケティングはこの分析だけじゃないよ。先日話した経営理念の重要性は、もう当然のこととなっているし、昔のような商品だけが売れればマーケティングが大成功なんて時代はとっくに過ぎていて、企業は倫理観を持って顧客、企業とその従業員、社会がそれぞれ満足できるような戦略・商品を継続的に考えていかないといけないんだから、ちょっと大変だよ。しかも、さらに重要な戦術の部分も考えなくてはならないしね。でもやりがいはあると思うよ」

「そのようだね。三方よしだっけ、気を付けていくよ。でも、本当にありがとう。とても勉強になったし、助かった。また何か分からないことが出てきたら教えてくれよな」

「もちろんだよ。僕もまだ現場慣れしていないのに偉そうに説明してしまったけど、お互いに頑張ろう」と堀田は笑顔で答えた。

その後、二人はテレビを見ながら、真二が買ってきたビールとお弁当で夕食を取った。平日の夜ということもあり、真二は食事が済むと早々に堀田の家を辞し、（さて、どのルートが一番渋谷に早いかな）と考えながら練馬駅に向かった。

□　目標市場の設定と差別化

□　❷　マーケティングの一貫性

（しかし、堀田はすごいなぁ、あれが全部頭の中に入っているんだからな）と真二は友人の知識の深さに感心していたが、（でも、僕はノートに書いておいたから、単純にこれを見返せばいいってわけだな）と思えば気楽であった。

堀田のレクチャー

1. 基本的なマーケティングの流れ
（課長のレクチャーをベースに）

↓

環境分析

3C　顧客：PEST
　　競合：リーダー、ニッチャー‥
　　自社：SWOT、PPM

狙うターゲットの特定

　　STP

マーケティング・ミックス

　　4P・4C
　　AIDMA・AISAS
　　製品ライフサイクル

2. STP

○Segmentation（セグメンテーション）

✔ 市場細分化
✔ 大き過ぎる市場を細かく分けていく。すると何か見えるようになる。
✔ ある傾向を持った集団を探すための行動。

○Targeting（ターゲティング）

✔ 僕らの目標市場を見つける。
✔ 新製品や新サービスを受け入れてくれるであろう狭い市場。
✔ 僕らの強さが生かせる市場を目標市場とする。
✔ 成長する市場！
✔ 大切な最初の設定　→　将来的な拡大につながるように。

○Positioning（ポジショニング）

✔ 自社の立ち位置の設定。　他社との差別化した部分を見たい。
✔ グラフ化などで他社と重ならない場所を探す。

第6章

新分野への挑戦

❶ 顧客の要望が見えない

歓迎会で

翌日の午前中は、昨日の会議の議事録を完成させ、山崎課長にメールして了承をもらった。関係者への配信元は課長だ。午後は社内広報誌に掲載予定である事業部主力商品の特集記事を校正することに集中した。記事自体は先輩が書いたものだが、第三者の眼で校正することはとても大事である。

その日の夜、異動してきてから少し時間が経っていたが、マーケティング部は真二を囲んで歓迎会を催していた。真二の会社では水曜日を定時退社日としていた。場所は会社の近くの全国展開している居酒屋チェーンであった。部長はまだ海外出張中で参加できないが、ほぼ全員参加での開催であった。

「それでは、吉田真二君がわれわれの新しい仲間になったことを祝して、乾杯!!」と山崎課長が音頭を取った。真二は頭を下げ、「よろしくお願いいたします！」とあいさつし、引き続いて自己紹介を行った。

食事もひと通り済んだころ、先輩女性社員の綾部ゆり子が困ったような顔をして課長に話しかけた。

「課長、見えないんです」

「何だ、突然。見えないって何がだ？」と課長は聞き返した。

「今、私、一般市場向け新製品カメラの戦略を考えているじゃないですか。そこで見えないんです」

「そうだな、その仕事はお願いしていた。で、何が見えないのかな」と、課長は二度目の質問をゆり子に投げかけた。真二は見当もつかず、隣でエイひれにマヨネーズを付けて口に運びながら聞いていた。

「もしかしたら、私が無能なのかもしれないですが、顧客が何を望んでいるのかが見えてこないんです！」とゆり子は「もう降参」というような表情で課長の顔を見つめていた。

「もうちょっと詳しく話してくれるかな」と課長は穏やかに言った。

「あのカメラの企画、一般消費者向けじゃないですか。もちろん、私たちとしては業務用カメラを長年作ってきた経験や技術を生かして、その市場に参入するっていうことは理解しているんです」

「そうだな、この時期に大変な挑戦だ」

「でね、課長。一応、マーケティングの基本的なセオリーに従って、営業部の意見、技術部の意見、会社から出てわれわれのカメラを売ってくれているディーラーさんの意見などを集めてみたんですが、新商品のコンセプトが明確に出てこないんです」。ちょっと赤い顔をしていたゆり子の顔がさらに赤くなっているように真二は感じた。

「一応、技術部から可能なことや大まかな仕様は出ていなかったっけ」と課長が確認すれば、

「それはそうなんですが…、そのままでいいのかなっていう疑問が出始めたら、何もかも見直したくなっちゃったんです。だってね、課長、あれだけ私たちのカメラに詳しいディーラーさんも明確な意見というか提案もないんですよ。まぁ、まだ一握りのディーラーさんのところにしか行っていないんですけど…」

「そうか…、それは困ったな」と課長も理解を示した。

「そうなんです。どんな商品を作ればいいのか分からなければ、４Ｐなんて先の先になります。いや、ディーラーさんの反応も分かるんです。コモディティ化が進んで、一般カメラ市場は飽和状態に近いですし、スマホの普及である程度の画質であれば一般消費者は満足できるんです。何もかさばってスマホよりも重いカメラを持ち歩くなんて必要ないところまで来てしまったんですから…」と言って、ゆり子はハイボールに口をつけた。この居酒屋ではハイボールのウィスキーの種類も選べ、今夜のゆり子は数年前の朝の連続テレビ小説で人気が盛り上がったウィスキーを選んでいた。

「そこは分かるよ。だから大変な挑戦なんだな」

「でも、課長、部門会議まで時間もないですし、どうしたらいいんでしょう」

「分かった。明日の朝は空いているから、そこで一緒に考えようじゃないか。…まぁ、これもいい機会だから吉田君も参加したまえ」と真二の参加もうながした。

「はい」とゆり子と真二は同時に返事をした。

後はとりとめもない話で、その夜はお開きとなった。

ゆり子の悩み

翌朝、3人は会議室に顔を合わせた。ゆり子が昨夜の飲み屋での話の延長として話し始めた。

「課長、昨夜は申し訳ありませんでした。少し酔っていたようで、悩みが先に出てしまったのですが、正直、大きな仕事を任されて期待にお応えしようと思いつつ、困っているというのが現状です」

「いや、それも仕事に熱心だからさ。いつでもドアはオープンなんだから気にしなくていいよ」

「ありがとうございます」。昨夜のゆり子と違って、いつものようにキリッとしていた。

「課長、飲み会の話につながるのですが、私たちに次の商品が見えていないだけではなくて、あれだけお客さんに接しているディーラーさんもよく理解できていないんです。以前はディーラーの人も新製品への提案を持ってきてくれましたし、訪問すれば『あれがダメ、これを付けろ』とか要求があったのですが、最近ではそれも強くないですし、今回の新製品に至ってはネガティブなんです。『いまさら…』という言葉も聞こえてきます。で、何が私たちに欠けているのか教えていただこうとしたのですが、これは私個人の考えですけど、実は彼らも分かっていないのではないかと思うのです」とゆり子は一気に話した。

「次の製品をどうしたらよいか分からない。全くの新製品に対してはさらに分かっていないかもしれないってことかな」と課長が尋ねた。

「はい。実際にそこまでの事態かどうかは自信が持てませんが、私たちも見えていない、ディーラーさんも見えていない、という状況だと思います、極端に言えばですけど…」

「…そうだなぁ。実際にそのような状況であるのは理解できるよ。ここ数年、われわれだけでなく多くの企業が『市場が明確に見えなくなった』という状態に困っているのは事実だし、一方で新たな視点で急に市場を創り出していく企業があるのも事実だ。同時に顧客はモノがあふれている状態が当たり前と考えているし、なかなか自分のお金を使おうとはしないしね」。課長は続ける。

「実はこの前、友人が電子書籍を出したんだが、無料キャンペーンの時は山ほどのダウンロードがあったそうだが、正規価格に戻した途端にダウンロードが激減したらしいんだ。それがゼロ円から250円にしただけなんだがね…。モノがあふれ、多くのモノが無料化されていく中で、モノやサービスを売っていくのは本当に大変だね」と、課長も現在の市場の状況に苦しんでいるように真二には見えた。

「しかしだ、市場の動向をわれわれでは変えることはできない。モノと情報があふれている中でわれわれはモノを開発して、製造して、販売して利益を得ていかなければならないことに変わりはない。まぁ、スマホの画面に出てくる途切れることなくあふれている多くの広告、街の景色を埋め尽くす広告を見ていると、さすがの僕でも少しうんざりするが、そんな暴走したような資本主義社会でわれわれはモノを作って生きていかなければいけないんだ」。課長の言葉には実感がこもっていた。

「はい…」。ゆり子はちょっと話が大きくなってしまったかな、と思いつつ課長の話を聞いていた。

「そこでだ、このような時代にどうすればいいか、まぁ、正直私にも答えはないんだが、ヒントにな

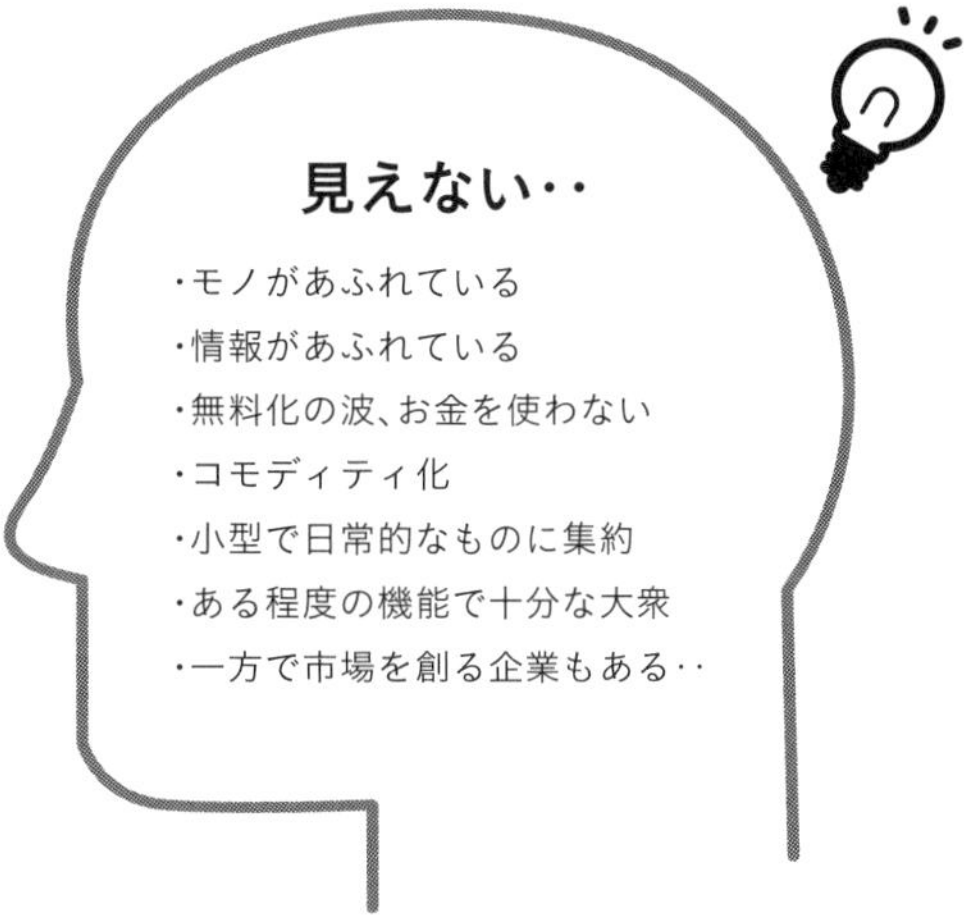
見えない‥
・モノがあふれている
・情報があふれている
・無料化の波、お金を使わない
・コモディティ化
・小型で日常的なものに集約
・ある程度の機能で十分な大衆
・一方で市場を創る企業もある‥

ればと思うので、少し話を聞いてほしい」と言って、課長はホワイトボードの前に立った。

顧客志向から顧客視点へ

「まず綾部君、実は多くは説明しなかったが、なぜ君が今回の新製品の仕様や戦略の立案を任されたと理解している？」と課長はゆり子の顔を見て質問した。

「はい…、ずっとカメラの担当でしたし、年齢的に次の挑戦をするころと課長が判断されたとお聞きしておりますが…」

「んー、当たってはいるが、十分な答えではないな。…いつも新たな仕事を任せるときには背景などを共有するのだが、深いところは話さなかったから僕の責任かもしれない…」と言いつつ、課長はホワイトボードの上に「顧客視点」と書いた。

「結論から言うと、綾部君がマーケティング部の中で『顧客の意見に気付いて、それを取り入れられる人物』だと考えたからだ。昔の話で申し訳ないが、以前は経済新聞、業界紙そして関係する雑誌を読んで、それらしい、新たな市場の動向などに関する言葉を使って新製品を作っていたものだが、今ではそれだけでは通用しない。君たちの生活自体もそうだろう。新聞に出てくるものは、実は少し古い市場の情報の可能性もあるし、雑誌よりも口コミの方が早かったりするわけだ。極端に表現すれば、すでに活字になっているものはもう古いと思われる時代になったと言える。もちろん、誰もが最先端を求めているわけではなく、大多数は新たな流れが少し定着してから安心して購入することが多いので、商売としてはそこを狙えばいいという判断もある。しかし、市場を創り出すという側面からは二番煎じの感があるのは否めない」

「はい、そこは感じております」。ゆり子も同意して返事をした。

「そこで質問だが、綾部君は顧客志向と顧客視点の差は何だと思うかな」

「え、違いがあるのでしょうか。どちらも顧客の満足するものを見つける同じ言葉と思っていますが…」

「いや、ここは厳密なところなんだが、実は違うんだよ。顧客志向というのは、あくまでも企業側が顧客の要望とはこんなもんだろうという推測から商売を考えていく感じだが、顧客視点は企業側が完全に顧客になって商品を考えることなんだ。

例えばインターネットが無かった高度成長期においては、駅前などで行われるアンケートや商品を購入した顧客に対するアンケートでおおよその商品がイメージできたかもしれないけれど、今のように情報があふれて変化が激しい時代には、顧客の要望をアンケートでは把握しにくくなってきたと言われている。スピードも遅いし、そもそも平均的な顧客の要望ではもはや商品に対する発見は乏しいからな。やはり、もっと企業側が顧客に近づかないといけない…。いや、はっきり言えば、顧客を超えないといけないんだ。ここが顧客視点だね」と言って、課長はその言葉を丸で囲んだ。

「そしてだ、これから大切なことの一つは、僕らの業界では最先端の顧客と情報を交換していろいろと学んでいくことであり、さらに言えば、最先端の顧客をも超えることが必要なんだね。その役割を担ってほしくて、今回は綾部君に新製品の商品戦略をお願いしたわけだ。もちろん、誰でもいいというわけではないんだよ。ある程度の経験を持ち、新たな価値に感動していける感受性、そして最先端の顧客にアプローチできる積極性などを総合的に考えて決めたんだ。それに、今度参入しようとしている一般向けカメラは、若い女性がインスタグラムなどで活用することで、改めて活気が出てきていることもある。本当のことを言えば、上層部からは不安視されたんだが、僕は押し通した。

これからの当社は、若く感受性や発想力が豊かで、顧客から学び、超えていける人物が戦略開発の担い手にならなければいけないと思っている。例えば、少し前にホンダからS660というスポーツタイプの軽自動車が発表されたが、あの開発リーダーは20代半ばだったというじゃないか。僕は車が好きだから続けるが、日産のＮｏｔｅは女性が開発リーダーだったと聞いたよ。彼らがリーダーになった背景にはいろいろあるだろうし、その背景も各社異なるから一概には言えないが、そういう時代が来たということだろう。私も、機会があれば今回の綾部君のように若手に任せていきたいと思っている。もちろん、それがすぐさま昇格に結び付くわけではないが、管理面はベテランに任せて、君たちには自由な発想と行動力で新たな市場を開拓してほしいんだ。そうでないと当社はいずれ行き詰まってしまうかもしれないからな」と、課長はキーワードをホワイトボードに書きつつ、綾部ゆり子の目を見て言った。

「はい。ありがとうございます。実際にはそこまで理解していませんでしたが、ご期待に応えられるように頑張ります」とゆり子は元気よく言った。真二も自分のことを言われているようでうれしかったが、彼が今後評価されれば、ゆり子のような戦略立案も任される可能性が大きいということになる。

課長は続けて、

「さて、今、ちょっとキーワードだけを並べたんだが、従来の顧客志向と、これから必要な顧客視点での差異をまとめると、ホワイトボードのようになる。どちらも考え方のよりどころとなるキーワードなんだが、顧客志向より顧客視点の方が各項目でさらに深くなっていることが理解できると思うんだ。顧客への歩み寄り方が深いんだな。その商品を使う人間として『顧客になりきる』『顧客を超える』立ち位置で最先端の顧客や感度の良い顧客と渡り合っていかなければならない。しかも、商品のキーワードは『感動したり、笑顔になれたりするような商品』というものになっている。このような視点をまず押さえておこう」と言って、課長はマーカーを置いた。

「はい」。二人は声をそろえて返事をした。

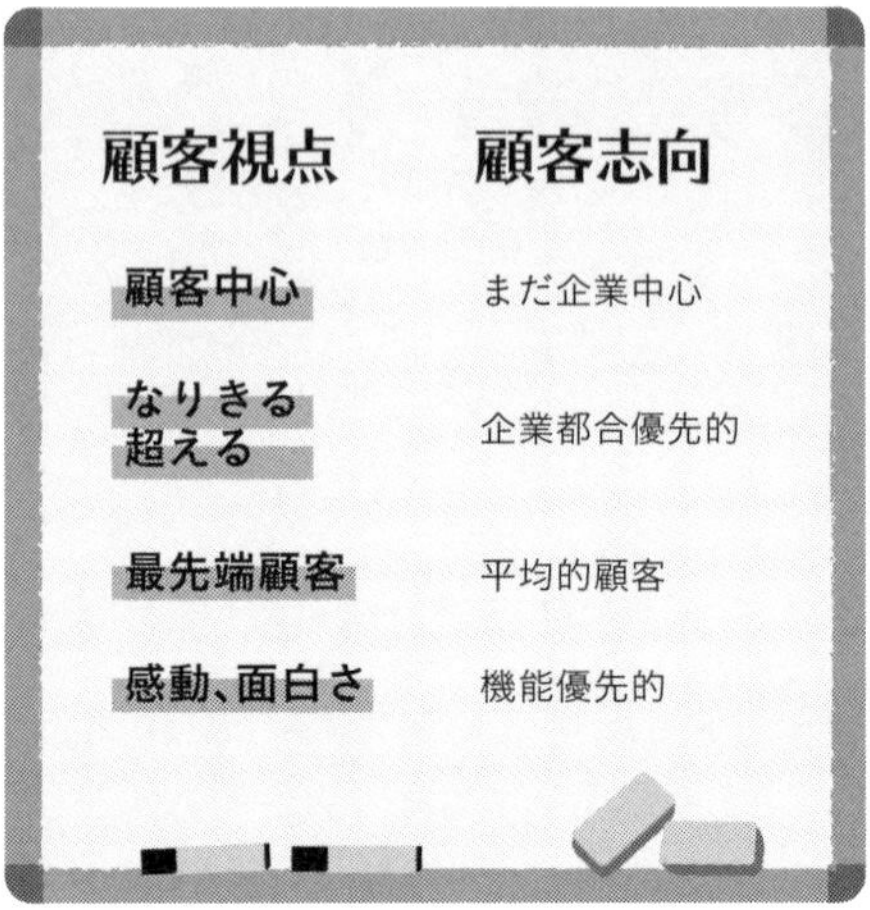

顧客視点	顧客志向
顧客中心	まだ企業中心
なりきる 超える	企業都合優先的
最先端顧客	平均的顧客
感動、面白さ	機能優先的

では、どうするか

「では、さらにどうするか、だな」と、課長はここで大きく息を吐いた。

「実際、われわれも他社も困っていると思う。市場は成熟したように見え、安さだけに興味を持ちがちな一般消費者が多い。でもさっき言った中に出ている『最先端の顧客』というところは、やはり重要だと思っている。われわれが策定する戦略にも出てくるように、新しい商品に気付いて最初に購入してくれるのはそういう顧客だよね。一般消費者ではない、マニアックな人々だ。その人々と情報交換することによって、次の商品が見えやすくなるのは事実だと思う。こだわりがあるから思いも強い。少々うるさい顧客と関係を築いて次の商品のヒントをもらうことだ。もちろんそれだけではいけない。われわれも彼らを超えていかないとイノベーションは起こせないことになるからな」

「さて次に、ここの顧客層とのコミュニケーションが大切になるが、各社いろいろと取り組んでいる。購入者とのインターネットを経由したパイプづくり、インターネットを駆使した情報発信、イベントなどの開催と、最先端顧客と思われる人々からの意見収集など、非常に積極的だ。一方、われわれはどうかというと、ちょっと古いかもしれないな。一般消費者向けの商品が少なかったこともあるが、どうしてもディーラー網などに重きを置き過ぎている。もちろん、日々の仕事はそれでいいんだが、今回のような市場の異なる新製品開発という面では十分ではない…。やはり最先端の顧客でないと、新たな発見は少ないように思える。そこは綾部君がすでに経験したところではあるがな」

「はい。でも私にも反省点があります。課長がおっしゃったように、新製品の情報を得る場所自体を間違えていたかもしれません。今のディーラーの視点はあくまでもシステム商品としての見方であり、私たちが目指す一般的な市場のものではありません。これでは見えないのも無理はありません…。でも…、課長のおっしゃるような方法はコストが掛かってしまうのではないでしょうか」

「いや、考え方によるよ。最初にコストを掛けて的確な情報を得つつ市場導入した後に売れる商品を作っていくのと、コストを掛けずに自己満足の商品で売れないのとでは大きく異なる。もちろん原資は限られているので多くは出せないが、インターネット、イベント、他事業部の販売網や技術部門からの情報入手協力、メディアを通じた情報発信からの回答など、いろいろ方法はあるはずだ。われわれの商品の強み、ターゲット市場をもう一度よく考えてから提案してみてほしい。そこまでの段階は、今までの業界紙・専門誌の情報、市場・他社の情報、そして社内情報などをベースにして考えられるが、一点、気を付けてほしいのは、今の仕様から考えるとわれわれは新しい市場ではニッチャーになる可能性も高いから、市場をより細かく見てほしい。システム商品ではリーダーで、次の新分野ではニッチャーとなると、これはとても大きな挑戦だ。まずは、そこのターゲット顧客はどのようなものかを確実にイメージしてからアプローチしてみようじゃな

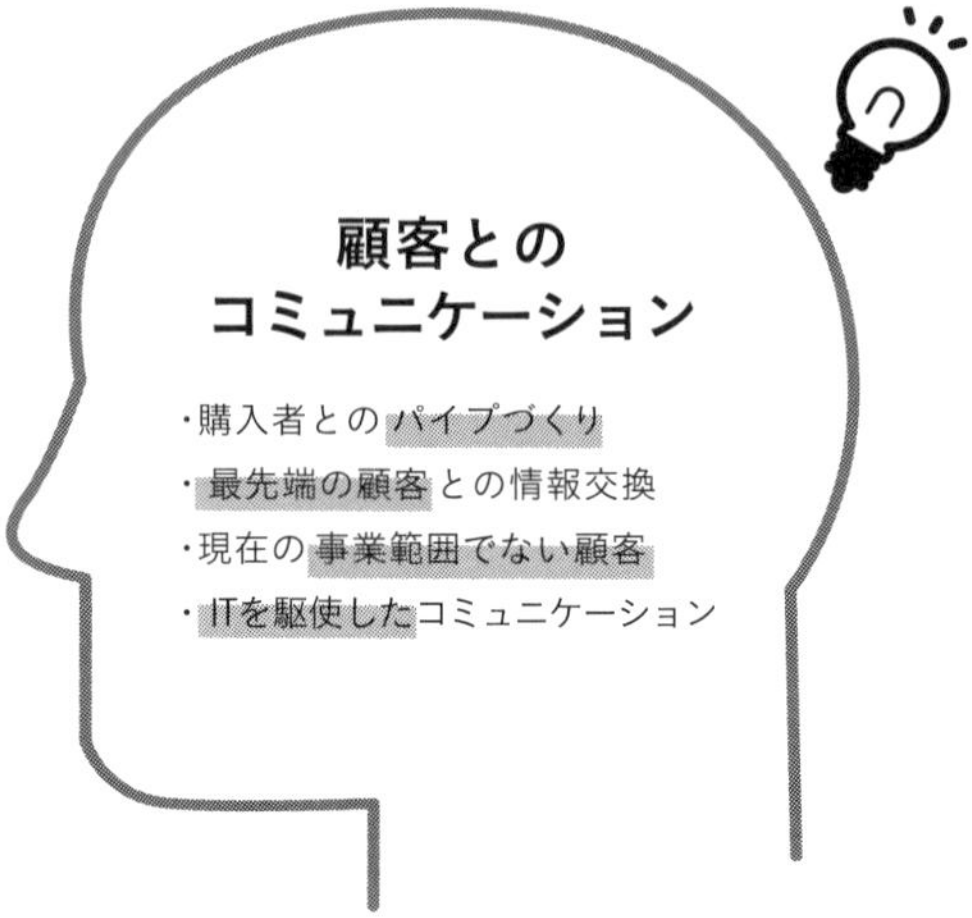
顧客との
コミュニケーション
・購入者とのパイプづくり
・最先端の顧客との情報交換
・現在の事業範囲でない顧客
・ITを駆使したコミュニケーション

いか」

「はい。まずはやってみます」とゆり子は快活に答えた。

「それと、綾部君にも、また新しく異動してきた吉田君にも話したことだが、やはり頭の隅に4Cの最初の項目を入れておこうじゃないか」

「Customer Solutionですね」。ゆり子が真二よりも早く答えた。

「そうだ。やはり顧客の抱えている、もしくは抱えているであろう、さらには抱えることになるであろう何らかの課題への解決を企業側の人間として提供できるようになっていたいし、それが新しい商品や市場を創造することにもつながるだろう。これはＢｔｏＣでもＢｔｏＢでも基本的に変わらないよ」

「はい」。二人は同時に返事をした。

❷ 新たな挑戦

デジタル・マーケティングを導入

「さて、今までの話を踏まえて…、実はまだ正式に社内で決定していないのだが、綾部君にはさっき話した新しい仕事への背景に加えて、当社としての新規性のある取り組みに挑戦してもらいたいと思っているんだ」と、課長はいつも以上に真剣なまなざしで二人を見つめた。

「新しいこと、ですか」と、ゆり子が少し当惑した表情を浮かべる。

「そうだ。すでに部長と事業部長、それから本社関連部門には話してあったのだが、新しい事業に参入するときには新しい方法で始めたいと思っている。まだ社長決裁と一部の本社部門との調整が終わっていないが、いわゆるデジタル・マーケティングの手法を取り入れていきたいんだ。いい機会だから吉田君も聞いてほしい」

「デジタル・マーケティング…、ですか」と、真二もゆり子も同時に答えた。

「そうだ。われわれは新たに、底を突いて徐々にV字回復していくと言われているカメラ市場に参入する。それなのに従来の代理店などを通じた販売方法では、とてもではないが成功する可能性は高くないと分かってきた」

「はい。それは昨夜の話になりますが…、いくつかのディーラーを訪問して、正直なところ限界を感じていたところです」とゆり子が素直に応じる。

「そうなんだ。さっきまで話してきた内容…、いや、最近では吉田君に話してきた内容をベースにして、新たな視点でデジタル技術を使い、『お客さんの力も借りて』新たな事業をスタートさせたい。それがデジタル・マーケティングだ。実は綾部君を担当にした理由はそこにもある。吉田君も含めて君たちはいわゆるデジタル・ネイティブだからだ」

「デジタル・ネイティブ？」と真二が語尾を上げた。

「物心ついたころからＩＴやゲーム機がある生活が当たり前の世代のことよ」と、ゆり子が真二の方を向いて答えた。

「そうなんだ。君たちは普段、そうだな…、スマートフォンをベースに生きていると言っても過言ではないと思っている。たとえ歩いている時でもスマホから離れられない人がいるくらいだからな…」と課長が言うと、

「はい。スマホがあること、すぐの検索、地図を見ること、そして買い物をすることなどは当たり前です。まぁ、歩きながらまで見たり、みんなで話しているのにスマホばかり見たりしているのはどうかと思いますけど…」と、ゆり子が応じた。

「まぁ、そこにはいろいろな意見があり、使い方に対する常識は変わっていくだろうと思うが、変わらないのは『この流れ』だ。これだけ普及したスマホ、広く言えばデジタル技術を使わな

い限り、われわれも新しい事業で成功できないことは明らかだろう。そのために、さっき言ったように、多額の資金活用と新しい組織を社長の決定に委ねている段階だ。幸い資金に関しては、もともとわれわれは社内で利益的には『金のなる木』の立場であるから反論は少ないだろう。いよいよ『金のなる木』が他事業部ではなく自分の事業部の『問題児』を育成するわけだ。ただし市場成長率が高くないからこそ、われわれも新しい方法にチャレンジしたいんだ」。ここで課長はポケットから５００円玉を取り出し、真二に飲み物を買ってくるように頼んだ。（もしかしたら新しいことというのは、ちょっと長い話になるのかな）と予想しつつ、自販機コーナーに向かった。

データ・ドリブン

真二がコーヒー二つと紅茶を買ってきて、お釣りとともにコーヒーを課長に渡し、ゆり子にもコーヒーを渡した。席に戻るとすぐに、真二は自販機から帰る途中で湧いた疑問を課長に尋ねた。

「ところで課長、確かに僕たちはスマホを使うのが当たり前ですし、普段の生活に情報はあふれ、友人との会話で電話を使うことさえも少なくなりました。このような生活の中でマーケティングをしていく積極的な必要性があるのは何となく分かるのですが、そもそも『デジタル・マーケティング』っていうのはどのようなものなのでしょうか」

「いい質問だ。しかし、はっきり言うと、例えば全米マーケティング協会がマーケティングを定義するような学術的で明確な表現はまだないと言われている。それだけ技術・応用の進化のスピードや適用範囲の拡大が速いと言えるのかもしれない。ただある研究者によると、デジタル・マーケティングは従来のマーケティングの範囲を含みつつ、さらに大きな範囲になっていくと言っている。そのカギは『データ・ドリブン（data driven）』と『オムニ・チャネル（omni - channel）』だ。それ自体が定義になるとも述べている」と課長が一気に説明した。

「データ・ドリブン…ですか」。真二には〈データどんぶり〉が思わずイメージされたが、課長の真剣な顔にはいつもの右脳的記憶を許さないものが現れていた。ただ、そのまま間違って口に出してしまいそうであった。

「私は聞いたことがあります。今のあらゆるデジタル・ネットワークから情報を得て、何らかの答えや予測を求めていく姿ですよね。実は、本当はそれをやりたかったんですが、ウチにはそのベースシステムもないので…」とゆり子が答えた。

「そうだな。もともとわれわれのような製造業は最終的な顧客との接点が他者に委ねられている場合が多いから、生のデータを集めることは得意ではないかもしれない。しかし、これからは投資をして新しいネットワークを構築したり、既存のネットワークに参画したり、時には信頼できるデータ収集・分析企業からデータを集めたりして、マーケティングに生かしていけるようにしていくつもりだ」と、課長はゆり子に希望を持たせてさらに続けた。

「そのデータ・ドリブンは、広くはよく言われるビッグ・データだが、まぁ、日常のさまざまな事柄がデジタル・ネットワーク的に収集された情報だ。それらを分析して顧客を理解し、さらにどうしたら顧客がわれわれの商品に注目して購入までしてくれるかを考えるのがデータ・ドリブン・マーケティングだ」と言いながら、課長はホワイトボードに書き込んでいく。

ここで真二が質問した。

「課長、データということであれば、まだ僕はここに来て日が浅いですが、先輩たちが業界誌や代理店からのデータ、そして販売データなどさまざまなデータをインプットして分析していると思います。そこから課長に教えていただいた、そうですね、例えばＳＷＯＴなどができるのでしょうし、業界の立ち位置が分かったりすると思うのですが、それとは違うのですか」。もっともな質問であった。

「いや、それは正しい。現状を把握することは常に大事であるし、そこから戦略を考えることは将来もなくならないとは思う。ただ、データの性質が違ってくるから、考えたい時点というか、考える目標期間や考える出発点が違ってくるんだ」と課長は答えたが、真二にはいまひとつ理解ができなかった。その納得がいっていないような表情を見て課長は続けた。

「そうだな…、ではまず吉田が今言ったデータが発生したのはいつかな」

「そうですね、業界全体であれば１年前とか半年前でしょうし、他社であっても数カ月前のものが最新となっていると思います」

「そうだな。もちろんわれわれ自身のデータは最新だが、いずれにしても全体でみると最新と言いながら実はそれほど新しいものではないことが少なくない」

「はい。そうです」とゆり子が答えた。

「ということは、だ。われわれはかなり以前のデータで今を、さらには将来を考えているということにならないかな」と課長が二人を見て言った。

「そうですね。必然的にそうなりますし、それが普通かと思います」と真二も答えた。

「しかし、データ・ドリブンは違うんだ。まずデータ量が多いのと、常に最新のデータが得れるという利点がある。現時点では、1年前と今では販売の状況は当初の予想と異なっていることが、ある意味当然と思いながら事業計画を策定したりしている。もちろんわれわれもだ。へたをすると『予想外』でした、という言い訳をすることにもなる。しかし、より新しく日々入手できるデータがあれば活動の修正は手早くできることになる」と、ここで課長はコーヒーをひと口飲んだ。

「はい、理論的にはそうなります」。真二が受けた。

「で、従来の方法とデータ・ドリブンとの大きな違いは、実はそこだけではなくて、個人を考えるマーケティングや未来を考えるマーケティングが実現できる可能性があることなんだ」

「はい…」。真二は必死に理解しようとしている。

「例えば、スマホを持っている僕らは、どのようなプロフィールの人が今どこにいるか、何を調べたか、何に興味を持っているか、どこで何を買ったか、買う前に何と比較したか、買うという決定には何が参考になったか、どの意見が参考になり、それはどこから出た意見か、買ってみてその商品はどうだったか、など、もうキリがないくらいの情報が極めて短時間に分析されて、評価、または次の企業活動などに生かされていく。スマホだけではなくて、お店の情報、広くはIoTでつながった社会全体のとてつもない情報分析からマーケティングを行うんだ。

　以前は、そうだな…、この前、吉田に説明したPEST分析があったが、世界や国、そして社会の動きから将来を考えていく、いわば『大から小』の考え方だったが、デジタル・マーケティングは、今言ったような個人がどのように考えるかとか行動するかをデータから分析・判断・予測して、ある種のまとまりを考えていくものだから、『小から大』の考え方になる。どちらがいい悪い

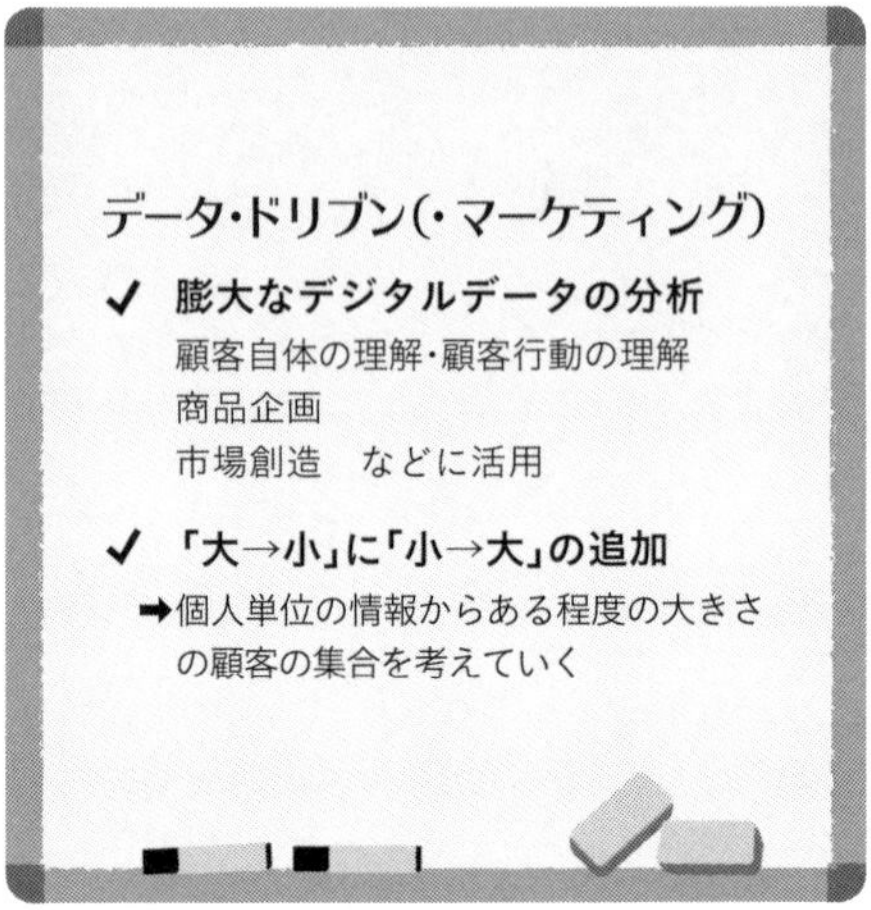
データ・ドリブン(・マーケティング)
✔ 膨大なデジタルデータの分析
顧客自体の理解・顧客行動の理解
商品企画
市場創造　などに活用
✔「大→小」に「小→大」の追加
➡個人単位の情報からある程度の大きさの顧客の集合を考えていく

ではなく、両方が必要だが、デジタル技術の進歩によって新たなマーケティングが可能になり、必要となってきたというわけだ」

「はい、何となく分かりました」と真二は答えたが、（これが堀田が言っていたことに違いない）と確信していた。

オムニ・チャネル

「では課長、さっきおっしゃったオムニ・チャネルというのは何ですか。確か流通分野で数年前に始まったサービスに名前が似ていますが」と、コーヒーを置きながらゆり子が質問した。

「そうだね、時間もないから話を先に進めよう。まずオムニというのはどんな意味だろう」と課長は二人に質問しながら、データ・ドリブンを消したボードに、今度は「オムニ・チャネル」と書いている。

「確か、『すべての』っていう英語だったような気がします」とゆり子は答えたが、真二は何も答えられなかった。彼の頭の中では〈主にチャネル〉であった。

「そうだね、オムニは全ての、チャネルは販路、だからオムニ・チャネルで『全ての販路』となる」。課長は続けた。

「では、次の質問だ。シームって何だろう」と言ってコーヒーに口をつけた。ここでも答えたのはゆり子であった。

「はい。英語でつなぎ目とか縫い目という意味です」

「当たりだ。オムニ・チャネルのキーワードは『シームレス』なんだ。つまり、どこでも途切れない購入ができるということだね。実はこれも僕らが使うスマホを中心としたデジタル技術があってこそなんだ。スマホやパソコンを通じたサイト、実際のお店、ＳＮＳ、カタログや今までの宣伝など、接する全てのチャネルを通じて商品の情報や商品の購入、そして受け取りや決済までができてしまう仕組みのことを言うんだ。昔は基本的にテレビや雑誌・新聞などの情報を得て、実際の店舗に行き、商品を確認する。そして買うという判断ができれば、現金かクレジットカードで購入していたよね。商品を商品も自分が持って帰るか、自宅などに配送してもらうというものだった」

「はい、そうでした」とゆり子が応じる。

「次は、インターネットが普及し始めて通信で販売のすそ野が大きく広がって、クレジット決済なども主流になった。商品も自宅まで宅配便で届けてくれる。情報もインターネットで簡単に入手できるようになっていった。さて、この段階あたりで有名になった言葉があったが、覚えているかな」と課長は言って、またコーヒーを飲んだ。

「えー、僕は学生でしたので、ちょっと分かりません」と真二が正直に言うと、

「そうだろうな。商学部や経営学部でないと習わないかもしれない…。綾部君はどうだろう」

「はい。ショールーミング（showrooming）でしょうか」

「そうだね。また正解だ。ショールーミングとウェブルーミング（webrooming）。ショールーミングは実際のお店で商品を直接手に取ったりして検討してから通信販売で買うという行動パターンだ。お店をショールームとしてちゃっかり利用するわけだな。実際にそういうことをしている人は多いんじゃないかな。どうしても実際のお店は人件費、テナント料、在庫保持などで商品価格が割高になってしまうことが多いからね」

「はい、僕もそうでした。すぐに必要でないものや電化製品などでしたけど。バイトの収入も限られていたので」と真二も対応した。

「そうだろうね。でも逆の現象もあるんだ。それがウェブルーミングの方だ。インターネットで情報を得て、ある程度の商品の選択肢を頭の中に入れておいて実際の店に行くというものだ。実物の比較検討やプロ的な店員さんの意見を聞いて判断し、そのお店で買うというものだね。満足のいく比較やアドバイスの入手、そしてすぐに手に入るというところがショールーミングと異なるところだろう。ただ価格への感受性の面は、その人の満足・納得度合いによって左右されるし、買う人の時間や金額に対する余裕度によっても影響を受けるだろうな」

「はい。そうだと思います」。ゆり子が答えた。

「そして、また質問になるのだが…。今日は質問が多いかもな…。えーっと、O2O（オー・ツー・オー）は知っているだろうか。ショールーミングにも関係するのだが…」と課長がゆり子の顔を見て尋ねた。

「ここ数年の言葉だったように思うのですが、すみません。分かりません」

「いや、今日から頭の隅にでも入れておいてくれればオーケーだよ。O2Oはオンライン・トゥー・オフライン（Online to Offline）の略語だ。さっきのショールーミングでは実際の店舗の売上が通信販売に影響を受けていると考えられたわけだが、では実際のお店、ここではオフライン側だね。そのオフライン側にインターネットの方、つまりオンライン側が役に立たないかという考え方だ。お店とインターネットの融合かな。もちろん、ショールーミングのようにオフライン側からオンライン側に影響するということはあるのだけれど、やはりそのままの意味で、いかにお客さんにお店へ行ってもらうかというインターネット上の取り組みだと思うよ」

「はい」。二人がそろって返事をした。

「で、さらに次の段階のオムニ・チャネルだ。これはさっきも言ったように、企業が顧客に対してあらゆる販売チャネルで同じような購入ができることを目指すものだ。実際の店舗で買っても通信販売で買っても同じ、しかも顧客の要望に基づいて望む場所で受け取ることや支払いができるという、ある意味で最も顧客の視点で考えられた販売の仕組みだ。もちろん自宅だけでなく、今、広がっているようにコンビニなどでの商品の受け取りや、駅でもどこででも受け取りができるという物流の進歩もカギの一つだね。決済方法もいろいろ増えていくだろう。情報も一緒だ。実際の店舗とインターネットのサイトで情報の差はなく、しかも、例えばインターネットで問い合わせた内容が実際の店舗でも共有されていて顧客の満足度が高まるようになっていたり、以前どのような商品を購入したか、どのように商品やお店を評価したかまでお店側に伝わっていたりして、的確なアドバイスを店員が、もしくはインターネットのマイページなどができるようになる可能性が大いにある。

現在のような一方的な検索・購入履歴の羅列や何度も同じ広告が出る現時点の行動ターゲティング広告を超えたものになれば、顧客もよりその商品や企業のファンになっていくに違いない。より個人に特化していくマーケティングが可能となっていくと同時に、どこでも、いつでも違いのないサービスを受けられることがオムニ・チャネルで可能となるだろう」。ここまで説明して課長は一息ついた。

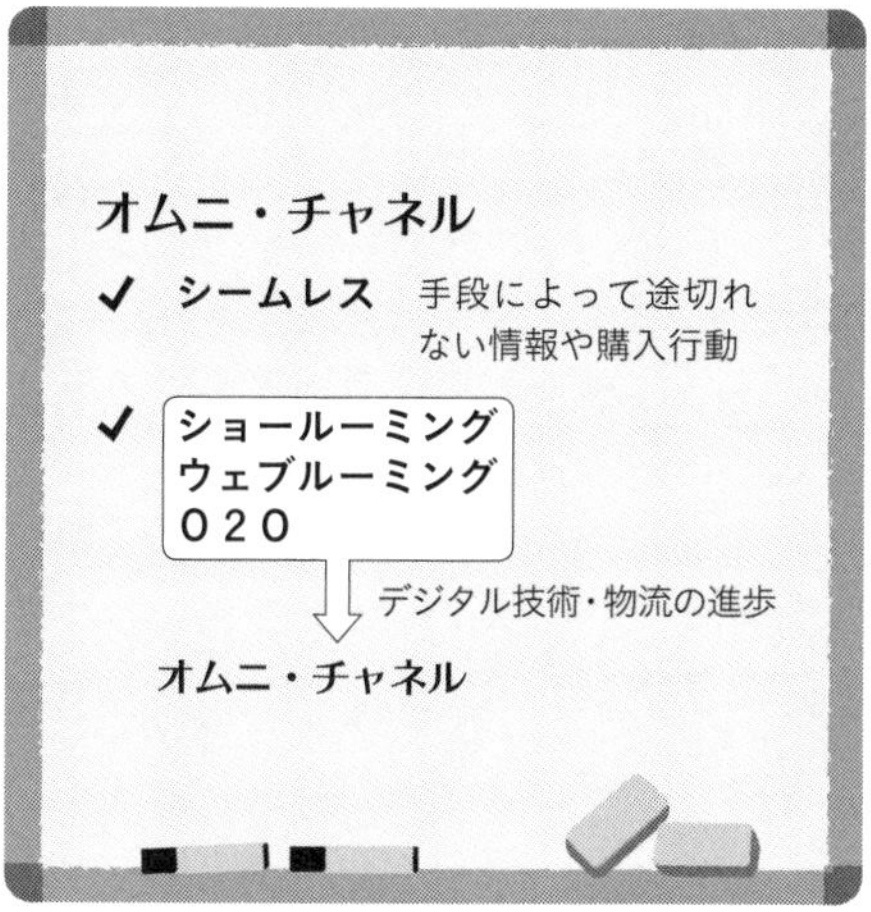

ユーザーコミュニティ

「さて、デジタル・マーケティングの肝心なところをざっと簡単に話したが、そもそもの課題である、綾部君に担当してもらっている新しい商品に関して、現時点での僕の考えを共有したい」と言いながら、課長はホワイトボードを消している。今日は時間がないのか、話すことと並行してボードに記入していく課長であった。

「先ほど新しい商品はデジタル・マーケティングの考え方を活用し、そのための投資や組織も考えていると話した」

「はい」。ゆり子が返事をした。

「そして、お客さんの力も借りると言ったが、従来の特約店などの販売店では情報を得るまでに時間がかかってしまうだろう。そこで、技術部など関連部門の開発活動と並行して、われわれ新規参入者は先輩企業に学び、そこから新しい商品や手法を導き出す必要がある」

「はい」。今度は真二が返事をした。

「まず大切なのは、コミュニティの確立なのだが、残念ながらわれわれには新しい商品のコミュニティがない。そこで、今の時点でわれわれが考えている商品と競合するであろう商品を全て購入し、その会社のユーザーコミュニティに参加してほしい。なぜコミュニティが大切かと言えば、顧客の意見を知ることが商品を作り、育てるからだし、その参加者の意見が商品購入の決定要素ともなるからだ。コミュニティがあるということは、その商品や企業へのファンがいるということであり、一方で100%満足して使っている人だけではないこともあるから有益だ。

実際にその商品を自分や家族、友人があらゆる場面で使い込み、コミュニティに参加することでどのような使い方があり、商品の何が良くて何が改善点なのか、そういうことを学んで新製品に生かしてほしい。やはりマーケティングの出発点であり終着点は顧客であるし、そのコミュニティは購入を左右する重要な意見の集合場所であるに違いない。また家族や友人にもお願いするのは、コトラーが言うように、彼らの意見も購買決定の重要な要素となることが多いからだ。例えば君たち二人だけの意見と家族の意見が異なっていた場合、いろいろな購買を再考するヒントとなることが多いと思う」

「そうですね。僕も友人がいいと言ったものには良い先入観を持ちます」と真二が答えた。

「そして、次にコミュニティ自体の運営を学んでほしい」

「え、ユーザーコミュニティの運営ですか」とゆり子が聞き直した。

「そうだ。われわれは長くBtoBの仕事をしてきた。もちろん他の事業部の中にはコンシューマー向けの商品での経験が豊富なところもあるし、今の全社ホームページも決して他社にひけをとらない。しかしだ…。今度の商品は全くの新しい挑戦であり、ニッチャー的に参入することが予想される以上、ユーザーコミュニティは不可欠だと思うんだ。ファンをつくり、ファンが一緒になって評価して意見を交換しながら商品を育ててくれる、そんな関係が必要なんだ」

「はい…。分かりました…」。ゆり子がちょっと自信なさそうに答えるが、課長は続ける。

ゲーミフィケーション

「そして、だ」。課長の言葉にはいつになく熱気が感じられる。

「われわれのコミュニティにもゲーミフィケーションを導入していきたいと思っているんだ」と言いながらボードに書いていく。

「ゲーミフィケーション、ですか」と、今度は真二が意味を分かりかねる表情で、課長を見つめた。

「そうだ。ゲーミフィケーション。何か新しいもののように思われるが、君たちも長く接してきているものだよ。身近な例では、通信販売の利用頻度が高くなると会員のステータスが上がっていってポイントの獲得率が高くなるとか、飛行機をたびたび利用すれば同じようにステータスが上がって特典が増えるなど、何て言えばいいのかな、その会員に『次はもっと上に行ってみたい』と思わせるような仕掛けを作って、ファンが固定的になるのを目指すっていう感じのものだ。だから、言葉は新しいように感じられるかもしれないが、中身はさほど新規性に満ちているものではないかもしれない」と、課長は分かりやすく説明した。

「そうですね。それなら分かります」と真二も答えた。

「で、そのゲーミフィケーションをわれわれのコミュニティに活用してみたいんだ。もちろん多くの企業がすでに取り組んでいるから、顧客も『ものすごく新しい』とは思わないだろう。しかし、われわれの商品を買ってくれたり、商品だけでなくわれわれの企業にも興味を持ってくれたりしている潜在的な顧客に訴える独自のものを提供してみたい」と説明する課長の口調が少し速くなっている。恐らく今後も監視カメラシステムの事業は伸びていくであろうが、全社でみれば不採算の事業部も出てきている。利益を生み出しているこの事業部も日々の競合に加えて新しいことに挑戦していかないといけないのだろう。そのプレッシャーが課長にもあるに違いないと真二は考えていた。


「例えば、どのカメラメーカーもコミュニティは構築していると思うのだが、われわれの新製品のスペックを最大限に引き出したり、それこそ芸術的にすばらしい感動的な作品を投稿したりしてくれたユーザーは、定期的な作品展示会での評価とともに他のユーザーよりも大きく飾り、メディアにも提供していく可能性を探っていく。そして審査員にはその道で名が知られている先生にお願いし、展示会では直接対談ができるようにするなど、プロのノウハウを共有するだけでない…、そうだな、ユーザーの『向上心』にさらに火を付けるような取り組みをしてみたいんだ。テーマも展示会ごとに変えるが、その都度、審査する先生も変わるようにすれば、すそ野が広がっていく可能性もある。

まぁ、まだいろいろと考えている途中ではあるが、君たちデジタル・ネイティブ世代の新しい意見もどんどん取り入れていきたいと思っているんだよ。ネット発信もコミュニティの重要な要素であるから、そこにこそ君たちの発想が必要なんだ」と、恐らく残り少ないであろうコーヒーを飲み干した。

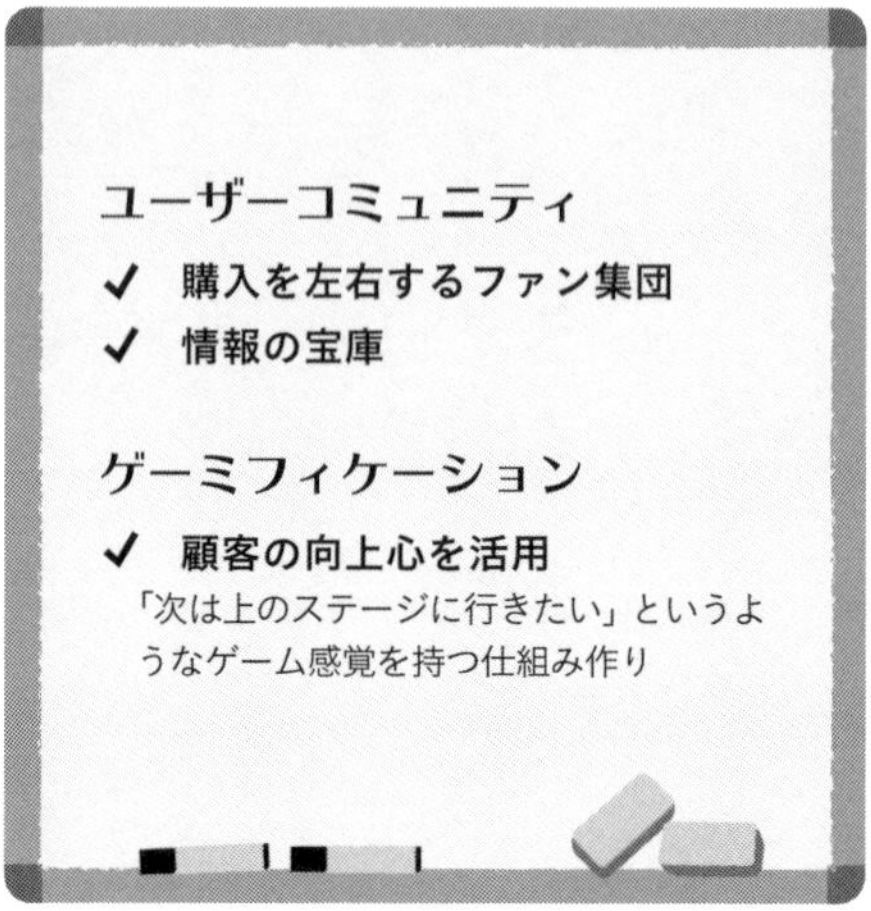

「また、新製品も一機種とは考えていない。『松・竹・梅』と少し広い顧客層を狙えるようなラインアップを目指している。恐らく中級機から始めて、まぁ、それを綾部君にお願いしているのだが、購入したユーザーからは必ずラインアップ拡充を求められるだろう。技術部は短期間で実現できるように頑張ってくれるとの内諾は得ているが、つくり始めたコミュニティの意見も重要になる。それが全てではないが、併せてO2Oとしても札幌から博多まで現在7カ所あるショールームに専用

コーナーを設けて、充実させたインターネット情報提供から、顧客が興味を持って実際に足を運んで実機を試用できる環境を整えていく。そう…、同時に新設する専用ホームページへの問い合わせは全てのショールームの社員と共有しておき、確かな情報提供の実現や、例えば予約してから来店した顧客への質問事項の事前回答の準備など、きめ細かな対応でファンを増やしたいものだ」

「そうですね。とても大変でしょうけど、一方で、夢が感じられます」。ゆり子が笑顔を見せている。

「そうだね。先ほどのコミュニティをはじめとして、購入してくれた顧客から、またわれわれの特設ホームページから得られた情報も大いに活用できるようにシステムを組むつもりだし、量販店をはじめとした出荷から配達までの情報も得られるようにしたい。新参者のわれわれには、ここはかなりの挑戦だがね」

「そうですよね」。真二もその大変さはイメージできていた。

「また、新しいカメラブランドを立ち上げる必要性もあるだろう。社歴は長いが、社名も少し長いからコンシューマー向けではない。ハイエンドな技術の塊のカメラに似合うブランド名も新しい組織で検討することになるだろうな…。商品からブランド名まで、全てが新しい…。だからデジタル・マーケティングをベースに考えていきたいところなんだ」

「はい。大いなる挑戦です」。ゆり子も心持ち顔が紅潮しているように見えた。

「…しかし、課長はいろいろ考えていらっしゃったのですね」と、ゆり子が言うと、

「…そうだね…。新しい事業の必要性はずっと求められていたんだ。現在のシステム商品としてはリーダーであっても、そこに安住してはいられないからな。例えば百年以上とか何十年も継続できている企業、いわゆる老舗企業の強みは『変革』なんだ。ある意味で意外だろう。過去に成功した商品やサービスがあり、それが広く社会で認められてきたから長く続いてきたわけだが、実は細かいところで時代に合わせて変えている部分もあるし、本業から離れない範囲で新たな事業というか新たな手法に地道に挑戦しているんだ」

「そうなんですか。老舗は伝統的なものがあれば大丈夫なのかと思っていました」と真二が受ける。

「いや、そうではない。もちろん伝統工芸品の中で全てを絶対に変えてはいけないというものも、例としてはあるかもしれないが、一般企業であれば常に競争にさらされている以上、変革や変化は必要だろう。僕の知り合いに有名な老舗の和菓子屋の方がいるのだが、商品アンケートなどにも協力したことがある。類似商品の名を伏せて、味だけでなくパッケージの印刷やその紙質、全体的な高級感の印象など常に細かく研究しているんだ。しかも和菓子でカフェまで展開できないか考えるなど、とても挑戦的だ。それが長く生き残る一つのカギなんだろう。われわれも長い社歴、ある程度の知名度と売上があるからといって、それで満足していたらいけないんだろうね」

「はい」。二人は同時に返事をした。

「よし、時間も来たことだから、これくらいにしておこう。今日の新しい挑戦への話は決裁が下りていないので、まだ社内に広めないようにしてほしい。また、最後になるが、やはり新しい時代、さっきのデジタル・マーケティングの面では担当者の綾部君をはじめとする世代に期待するところが大きい。もちろん事業部長をはじめとして全員がバックアップしていくが、新しい発想をどんどん提言してほしい。新しくできるであろう組織もそのためにある」

「はい、分かりました。これからいろいろと勉強もしていきたいと思います」と、ゆり子が元気に答えた。

3人が会議室を出て廊下を歩いていると、課長が「いや、しかし、歓迎会での綾部君の突然の投げ掛けにはちょっと驚いたな」と話し始めた。

「ただ、それも真剣に考えているという証拠にほかならないし、いい機会だったよ」と課長も改めて好意的にとらえていることを伝えていた。

「課長、やめてください。あの時はお酒も入ってて…。恥ずかしいから、もう言わないでください」と、ゆり子も笑顔で答えながら各自の机に戻った。

真二は、いつものように忘れないうちに清書ノートに今日の内容を書き込んでいった。

動き出したゆり子

その日の午後から、綾部ゆり子はどうにかして新製品のコンセプトを明確にしようと行動を始めた。課長からのレクチャーで「情報を集める先を再確認しよう」との教えを受けたので、今までの既存ディーラー中心の活動をいったん中止し、まずは改めて業界紙、専門誌を過去から現在まで徹底的に探った。そこからは業界の成長性や動向、製品情報、ユーザーレビュー、比較調査を中心に情報が集まった。また将来の技術展望などの情報もあり、そこから何か見えるかもしれないと、ゆり子は多くのヒントが得られたことに満足だった。

同時に、他社商品を購入するための決裁を進めていた。機種の選定には技術部の開発担当者も加わり、各企業から2モデルから3モデルの購入となっている。購入すれば日常で使用するのはもちろんであるが、家族や友人にも貸して意見を集める。そして、もちろん各社のユーザーコミュニティにも参加していくことになる。

翌日の金曜日は、グループ内の半導体事業部を訪ねた。最新のイメージセンサーや画像プロセッサーなどの情報を共有させてもらい、そこから改めて新製品のコンセプトを探り出そうとした。以前決定したと思っていた仕様も見直さなければいけないほど、やはり日々の技術進歩は速かった。ただ、機能と価格のバランスもあるので、もし仮に半導体事業部の最新技術の製品で固めた仕様でいくとしたならば、どのターゲット市場になるかも検討し直さなければならなくなるのであり、思案のしどころであった。しかし本心では、可能な限り新しい技術を採用して差別化を図りたかった。

同時に、ゆり子はイベントなどでよく行われる別室での意見交換会を企画していた。数カ月後に行われる、これから事業部が参入する業界の展示会において、会社のブースの裏に特別な別室を用意し、新製品のスペック、できればモックアップを用意して、会場に来た最先端レベルと思われる客層を招いて感触を調べようと思ったのである。もちろん、業界にはすぐに情報は知れ渡るであろうが、もし顧客が喜び、かつ同質化しにくいものであれば、勝算があると思っていた。

そのように頑張っているゆり子を見て、課長は数枚の名刺を渡しながら、「まだ機器購入の決裁は下りていないし、もし時間があれば会ってみると参考になる人がいるんだ。えーと、これが専門誌の編集長で、これが光学機器関連分野の第一人者の教授の名刺だ。一度訪ねてみると面白いヒントをもらえるかもしれない。日程は僕が調整してあげるよ」と援護射撃を買って出た。

「ありがとうございます。ヒントが多くなるなら何でもやります」と言って、ゆり子は早速スケジュールを確認していた。

「ところで、新しい機器に限った話になるのだが、綾部君は差別化だけを念頭に置いているのかな」と課長がゆり子に聞いた。

「はい。それだけというわけではありませんが、やはり差別化がなければ他社との商品の中で目立ちませんし、顧客に訴える部分が極めて少なくなると思いますので…」

「そうだね。それは大事だ。しかし一方で、他社が追随できないというか同質化できない強みを改めて考えてみることも、ヒントを多くすることになるよ」

「そうですね…」

「例えば、他社にない販売ルートをすでに持っている、生産能力の差、部品購入量に比例する購買の強さ、製造拠点の優位性、周辺商品・ソフトの独自性や汎用性など、他社が弱い部分も考えてみると逆に自社の強みになるわけだから、そこが差別化にもなり、短時間での同質化を阻止することにもつながるという考え方だ」

続けて課長は、

「そうだ。思い出したが、君はスバルが大掛かりな選択と集中を行ったのを覚えているかな」

「はい、伝統的な軽自動車の開発製造を止めてしまったことですよね。兄がスバリストなので驚いていたのを覚えています」

「そうなんだ。過去の多角化というかフルレンジの商品展開ではなく、徹底した事業規模や市場優位性の分析から、伝統的な軽自動車は適正な事業ではないと判断したんだね。いや、ポイントはそこではなく、彼らはベンチマークも止めてしまったんだ。要は他社と比較するのではなく、自分たちの理念や強みを徹底的に煮詰めて『安全と愉しさ』という一点に強さを定義したんだ。そして、そこからの一つの形として『アイサイト』が出てきた。画期的な新製品というのは、強みをベースとした思いを具体化することでも誕生させることができるから、いろいろと考えていこう」

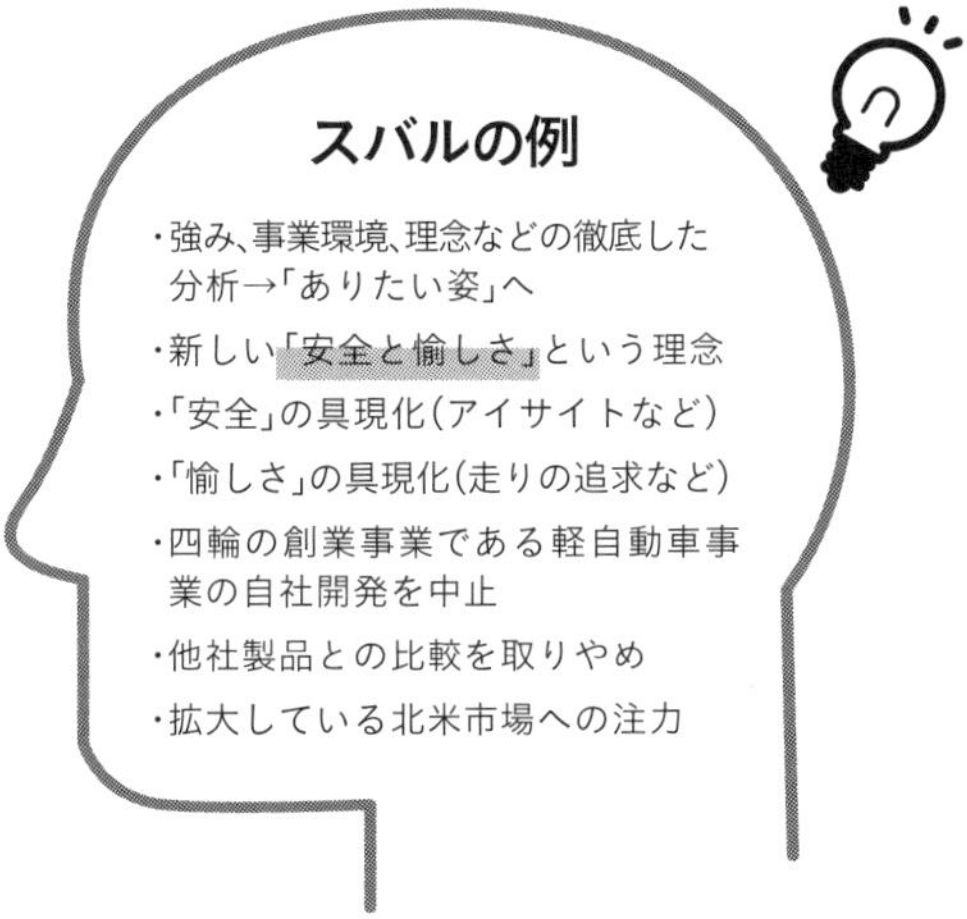
スバルの例
・強み、事業環境、理念などの徹底した分析→「ありたい姿」へ
・新しい「安全と愉しさ」という理念
・「安全」の具現化（アイサイトなど）
・「愉しさ」の具現化（走りの追求など）
・四輪の創業事業である軽自動車事業の自社開発を中止
・他社製品との比較を取りやめ
・拡大している北米市場への注力

「はい。もう少し視野を広げていきたいと思います。…そこでお願いがあるんです。実は一人ではほかの業務もありますので、新しい組織のお話はお聞きしているのですが、今からでもチームで活動できるようにしていただけないでしょうか…」

と、ゆり子は試しに要望してみた。

「そうだなぁ…。それは確かにあるね…。どうだろう、吉田君でいかないか。ちょうどOJTにもなるし、君のマネジメントのスタートとしても、彼は素直でやる気もあるようだから適任だと思うよ」

「はい。ありがとうございます。では、早速打ち合わせを始めたいと思います」

「あはは、それは早すぎるよ。ちゃんと部長の許可を得て、僕が彼と目的や目指すべき将来像を共有してからだよ」と課長は制した。

「そうでしたね。課長は私たちの小さな異動でも背景、目的、将来像の共有を必ず行ってくださいますから」

「まぁ、最低限、それなしに人を動かせないし、わけが分からず動かされた方はたまったものではないからな」

「分かりました。それについては楽しみにお待ちします。ありがとうございます」と笑顔でゆり子は席に戻っていった。

❸ 変わるマーケティング

顧客は企業の資産

その夜、真二は帰宅してから堀田に電話をかけた。金曜日の夜という気安さもあり、先日の急な訪問を受け入れてくれたことへの感謝を伝えるためであった。堀田はすぐに電話に出てくれた。真二はお礼を述べた後で、昨日課長から聞いたデジタル・マーケティングについて話し始めた…。

「この前、堀田から聞いたマーケティング4・0だけど、昨日、会社でデジタル・マーケティングの話が出たよ」と真二が伝えると、

「そうなんだ。デジタル化でいろいろ変わってきたし、これからの変化も大きいだろうね…。ところで、どんな内容だったの」と堀田が尋ねた。

「えーっと、単語で言うと、データ・ドリブン、オムニ・チャネル、ゲーミフィケーション、コミュニティ、それからO2Oとかだったよ」

「へぇー、面白そうだね」

「実はね、今、会社の先輩が新製品の仕様とか戦略を検討中なんだ。それで、もともとはお客さんの求めるものが見えにくくなってきたっていうところから始まった話なんだけど、ウチの課長が『新製品には、ぜひ新しいマーケティングを採り入れていきたい』って言っているんだ」

「そうかぁ。顧客の欲しがるものが見えないっていうのは、まぁ、今世紀になってからずっと顕著に見られる現象だよね。リーマンショック以降は一段と判断が難しくなったようにも感じるって、先輩も言っている」

「まさに僕たちは『見えない時代』にいるんだね」と真二はつぶやいた。

「…そうだ、前にマーケティングが変わってきたってことを1・0から4・0への変遷で話したと思うけど、今の話に関連して、実はもうちょっと付け足したいことがあるんだ。いい機会だから話したいんだけど、時間は大丈夫かな。もらった電話で恐縮だけど…」と堀田が聞いた。

「大丈夫だよ。時間はあるし、無料通話だし」と真二が答えた。

「ありがとう。今、コミュニティという言葉も出てきたけど、マーケティングというか戦略としての考え方がちょっと前から変わってきたんだよ。もう吉田も分かってきていると思うんだけど、企業と顧客との関係の変化と言っていいかな」

「どういうことだい？」と、興味深く真二は尋ねた。

「例えば、少し前まで企業にとって顧客は『マーケットシェアを上げるための、商品やサービスを販売する対象』であって、その顧客の拡大に一生懸命だったと思う。でも、今の時代、顧客に対する価値や彼らの問題解決、そして顧客の感動とかを考えるとなると、この考え方を発展させなくてはいけなくなってきた。…いいかい？」。電話の向こうが静かなので、堀田はちょっと確認した。

「大丈夫。聞いているよ」

「うん…。それで、企業にとって『これからの顧客』は、『企業の大切な資産であって、いかに彼ら顧客と長く関係を保つことができるか』という考え方になってきたんだ。マーケットシェアも大切だけど、その商品やサービスの想定したファンが増えてくれて、しかも長くリピーターとしてお互いに関係を継続できる…、もっと格好良く言えば、お互いに成長していけるような関係性が求められるようになったわけだ。だから常に新しい顧客の拡大だけを目指すのではなく、顧客維持への努力が必要になってきたんだよ。それがデジタル・マーケティングの背景の、数多くある要素の一つと思っているよ」と、よどみなく堀田は真二に説明した。

「そうなんだ。でも、分かるよ。前にも聞いたけど、その会社のファンになりたいって思ってもらえる会社を目指すことは大切だし、自分たちのファンには離れていってほしくない。だから全ての企業活動が、そういった方向に行くってことだよね」と、真二も答えた。

「そうそう。今までは、そうだな…、短期の利益を目指してきたけど、それを顧客との長期的な関係を保つことで利益を得ていくって感じだろうね。それに、吉田も言ったけど、商品や会社自体の信頼感が大切になってきているのは確かだよ。企業の透明性が高くなってさまざまな情報があふれ、デジタル化されてきている僕らの生活ではね…。顧客への価値を提供するための前提が変わってきたんだろう」

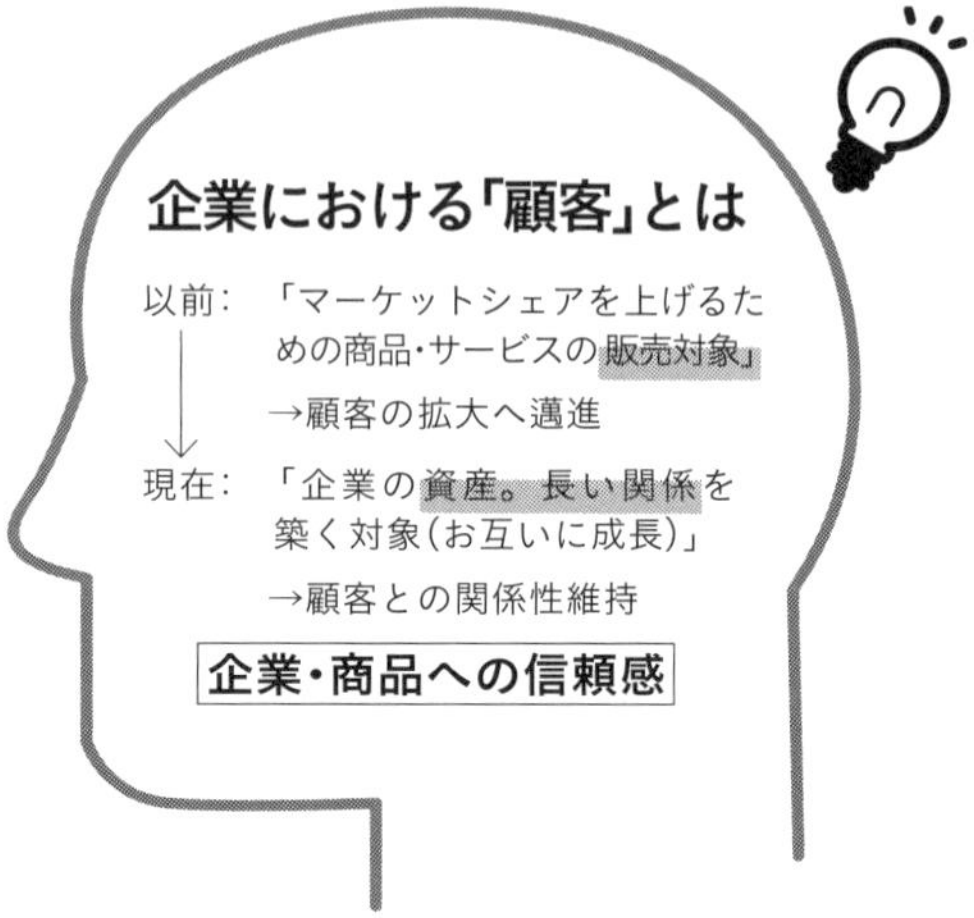
企業における「顧客」とは
以前：　「マーケットシェアを上げるための商品・サービスの販売対象」
→顧客の拡大へ邁進
現在：　「企業の資産。長い関係を築く対象（お互いに成長）」
→顧客との関係性維持
企業・商品への信頼感

「でも、それはお客さんだけじゃないよね。社内もだよね。この前の話では」と真二が堀田に確認すると、

「そうだよ。会社の姿勢というのが見つめられているわけだから、その企業で働く人に対する考え方も入ってくるよ。…そうそう、従業員ってところだけど、ウチの親父は大学卒業してでかい電機メーカーに入ったんだけど、新入社員研修が終わって配属先に行って間もなく、実家に事業部長から手紙が来たんだって。その手紙の中身がね、『大切に育てられた息子さんを責任を持って大切に育成させていただきます』っていうようなことが書いてあったんだってさ。信じられる？　事業部新入社員の全員を対象にだよ。人事の課長さん

も係長さんも『何かあったら、まずここに相談に来い』って最初に言ってくれたんだって。今でもやっている会社もあるだろうけど、数千人の人員を預かる事業部長としての行動に感動したって親父も言っていたよ」と堀田は一つの例を真二に話した。

「本当だね…。でも、自慢じゃないけど、ウチの課長は面倒見がよさそうでホッとしているんだ。きっと今の課長の上司が素晴らしくて、そのまた上司が素晴らしくてって…、脈々と受け継がれているものがあるように感じる。でも、それも個人に頼るところが大きくなっているのも事実だろうね。やらなくて済むならやらないでいい、みたいな考え方も広まってきているしさ…」。真二は何気なく課長を自慢していた。

「良かったじゃないか。そういうところに配属になるとうれしいものだろうな」と堀田も明るく答えた。

「見えない時代」のネタ探し

「さて、話を元に戻すとね、さっき言ったような視点で考えていくと、企業は何らかの提案を市場に対して行って、成果を顧客に感じてもらうなり認めてもらってから『企業—顧客』の関係が生まれてくることを忘れてはいけないんだ。その提案に価値があって顧客が認めてくれてファンになってくれる。そこから企業努力で継続したファンになってもらいつつ、多くなった顧客との接点の中で次の商品のヒントやマーケティングを行っていく。この関係性の構築は、企業の働き掛けに継続性があるからこそ可能になるんだよ。そこから新しい考え方や市場が生まれる期待があるからね。顧客も何らかの製品開発というか、企業の成長というか、そのようなものに参画しているという意識が芽生える場合もあるから、そうなったら助かるよ」と堀田は説明した。

「そこのところ、ウチの課長も言っていたんだけど、顧客とのコミュニケーションを重要視していくのは当然で、例えばユーザーコミュニティのようなものもウチは考えていかなければならないと言っていた」と、真二が昨日の会話を話すと、

「そうだよね。君の課長の言う通りだよ。顧客とのリレーションシップによる双方向的な情報のやり取りは、今後はさらに重要性を増していくよ。先輩もそう言っているし、きっとそうなんだろう」と堀田も同意した。

「で、今までは顧客とのコミュニケーションをベースにした新製品へのネタ探しだったけど、ほかにも『見えない時代』でのネタ探しの方法はあるよ。その方法の一つは、将来の生活スタイルを十分に予測して商品に作り込むという方法だ。例えば深刻化していく少子高齢化をベースに、ある決めたセグメントの生活スタイルを徹底的に予測して、必要になるだろうと思う製品を開発するというようなこと。そうだなぁ、例えば最近の電機メーカーの掃除機だけど、小型軽量になったよね。高齢化すれば重いものは持てないし、掃除する範囲も二人暮らしとなれ

ば狭くていいから、これからは小型軽量が選ばれると考えたんだと思う。ちょっと昔に購入したサイクロン型掃除機では吸引力は優れていても、大きくて重かったから、年齢を重ねた時点での買い替えでは小型軽量は助かるはずだよね。家族が多かったころとは違う需要がどんどん生まれているとも言える。それに大きいところでは、インフラ的な大型システムや自動車などは社会と生活がどう変わるか極めて真剣に考えていると思うよ」と堀田は説明し、さらに真二にヒントを話した。

「そして、もう一つは、さっきの顧客視点と大いに関わるんだけど、徹底した顧客観察だよ。自社製品でも他社製品でもいいんだけど、徹底的に顧客がモノやサービスを使用しているところを研究するんだ。生産用機器を製造しているあるメーカーは、全活動の半分を顧客訪問に費やしていると聞く。実際に機器が使われている現場を徹底的に見るんだ。大ヒットしたスズキのハスラーという軽自動車も顧客がどのように使い、どのように自動車を自分の用途に合うようにしているか調べ

たらしいし、そういう研究と分析から新しい商品のネタを探しているんだね」

「そうかぁ、ウチは企業向けのシステム商品の顧客観察はかなり力を入れてきたけど、新しくやろうとしている商品は、これからかなぁ。話せなくて申し訳ないけど…」と済まなそうなトーンで真二が話した。

「いや、いいんだよ。でも、もしそれが既に市場にある商品群だったら、顧客の使用状況を調べたり、実際に使ってみたりすることもできるんだから、ヒントはゼロではないよね、当然」

「そうだね。まぁ、期待しててよ。堀田も興味が湧くようなものを世に出すからさ」と元気に真二が言った。

「それは楽しみだ！」と堀田も明るく受け答えをしてくれた。

「今夜はありがとう。またいろいろとヒントをくれて」と真二が言えば、

「いや、実は吉田とマーケティングやら戦略やらをテーマにいろいろと話をするとは思わなかったけど、とても楽しいよ。また話そう」。堀田も本当に喜んでいるようであった。

「ありがとう。また何かあったら頼むよ。じゃあ、おやすみ」。真二は通話を終えるとリビングのソファを離れ、通勤鞄からいつものノートを取り出して、忘れないうちに記入した。

課長のレクチャー（ゆり子先輩と一緒に）

1．なぜ先輩が苦労しているのか

- ✓ 新しい商品の姿、市場が見えない。
- ✓ モノや情報があふれた毎日。
- ✓ ある程度で満足する消費者。
- ✓ コモディティ化。ほかにもいろいろあるようだ。

2．顧客視点

- ✓ 今までは「顧客志向」。それよりさらに一歩顧客に近づく、超える。
- ✓ 顧客志向は企業の考え方が中心。
- ✓ 顧客視点は、僕らもお客さんになりきり、思考する。
- ✓ そして最先端のお客さんも超える。

顧客視点	顧客志向
顧客中心	まだ企業中心
なりきる 超える	企業都合優先的
最先端顧客	平均的顧客
感動、面白さ	機能優先的

- ✓ 顧客とのコミュニケーション。
- ✓ 大事な視点の一つは「顧客の何らかの課題の解決」。

3．新たな挑戦　＝デジタル・マーケティングを導入＝

- ✓ データ・ドリブン
  - ーデジタル化が進んだからこそ可能になった。
  - ー膨大な量のデータを収集・分析。
    - →　顧客理解、商品企画、市場創造などに活用。
  - ー「小から大」のマーケティングの発生（個人→社会のような）。
    - →　従来の「大から小」に加わる。

✔ オムニ・チャネル

ーシームレス（つなぎ目がない）　→　全チャネルの統合的活用。

ーデジタル・ネットワーク技術と物流などの進化。

ーいつでも・どこでも・差がない情報と購入手段。

ー顧客のかゆいところに手が届く対応が可能になる。

✔ ユーザーコミュニティ

ーこれからも重要性を増すユーザーコミュニティ。

ーファン集団、商品決定に影響、情報の宝庫。

✔ ゲーミフィケーション

ーわれわれのコミュニティなどで導入。

ー顧客の向上心を使う　→　作品投稿・評価・体験など。

ー長期的な関係構築にも影響。

堀田との電話

✔ 変わる顧客観

以前：　マーケットシェアを上げるための商品・サービスの販売先。

（活動は顧客の拡大）

現在：　企業の資産。長い関係を築く対象。

（活動は顧客との長期的な関係維持）

ポイント：　企業自体と商品・サービスへの信頼。

✔ 見えない時代のヒント

ー顧客との関係構築。

ー社会などの変化を予測して商品や市場を創造。

ー徹底した顧客観察。

第7章

マーケティングの入り口

❶ 動き始めたプロジェクト

ゆり子のチームへ

週が明けた月曜日、真二が今年度のメディア広告の経費を取りまとめているところへ課長から声が掛かった。課長は部の外に出ていくところだった。

「吉田君、ちょっといいかな」

「はい。すぐに行きます」とエクセルのデータが保存できたのを確認し、画面を消してから課長のもとへ向かった。

「どうだ、吉田。少しは慣れたかな」と、課長は歩きながら笑顔で聞いた。

「はい。とはいっても、まだまだですけど」

「今まで先輩の仕事のサポートを一時的にやってもらっていたが、来週から綾部君の下に入って一緒にやっていってほしい」と言って、課長は誰もいない会議室に入っていった。特に予約はしていないように見えたので、恐らく短時間だろうと真二は推測した。

「で、君を綾部君の下に付ける背景だが、いくつかある。まず、現在綾部君が進めている新製品の企画を彼女と一緒に進めてほしいのだが、ここは重要だ。当社の命運が懸かっていると言うのはかなり大げさだが、そこのデータ収集や分析の結果出てくるものによって、新分野のスタート方法が大きく変わる。ここは二人でしっかりやってほしい。まぁ、この前の新しいマーケティングの話も聞いているから分かるところだろう」と課長は真二の目を見た。

「次に、君の育成だ。綾部君は歳もそれほど離れていないし、君もいろいろと聞きやすいと思う。やはり座学よりもＯＪＴが重要なのは明確だし、今の人員の中ではベストだと思う。どうだろう」

「はい。綾部さんには異動した日から声を掛けていただくなど気を遣っていただいています。僕も綾部さんから教わりたいと思います」

「よかった。なら安心だ。彼女は気さくで前向きだし、いろいろと学べるところがあると思うので、当面、二人のチームで頑張ってほしい。君の席も移動しよう」

「はい」

「最後に、君の今後のキャリアイメージだが、自分自身ではどう考えているのかな」

「そうですね…。まだ異動してきて日が浅いので毎日が勉強って感じですけれど、将来は広告宣伝に携わりたいと思っています」と、真二は瞬時に頭の中を巡らして、夢を感じている仕事を口にした。

「そうか。宣伝制作というのは少し派手でクリエイティブだからね。多くの人が希望するだろうし、実際に楽しいものだと思うよ」

「はい。やはりあこがれます」

「そうだね…。分かった。将来的に君のキャリアイメージの一部として宣伝関係があるというのは分かった。では、その前段階の職務として数年は商品企画関係に注力してみよう。君も分かると思うが、宣伝というのは経費であり、その経費の資金を生み出すものが商品やサービスだ。それらを創り出す楽しみや苦しみを分からず、またマーケティング・ミックスに携わることなく宣伝制作に行っても充実した活動は厳しくなると思うんだ。そこはまた年度初めのキャリア面接で詳しく話をすることになるが、まずは、綾部君と共にこれからの仕事を頑張ってもらいたい。いいかな」

「はい。頑張ります。ありがとうございます」

「あと、初めて伝えることだと思うが、この部署は短期的な評価が中心ではない。恐らく営業部とは異なるところだと思うが、商品開発やマーケティングは半年ごとに判断できないからね。商品化までに時間がかかることもあれば、その成長を考えるとさらに数年かかることもある。もともと仕事における人の成長も先日話した製品ライフサイクルのようになっていて、最初の半年から1年は導入期間、その次の3年目の終わりくらいまでが成長期間で最も伸びる時、それ以上になると成長のカーブはかなり平坦になると言われている。その意味でも極端に短期的な評価は避けたいんだよ。まあ、日々の仕事もあるし、方針の修正による作業や急な市場調査などもあるだろう。しかし、基本的に年単位で考えていくものが多いので、必然と評価もそのような視点になる。もちろん、日々の活動状況という視点は会社員として当然あるけどね」

「はい」と言いつつも、真二は分かったような分からないような感じで、まだ実際に課長に評価されていないので実感が湧かなかった。

「前にいた営業部と違って極めて短期的な数字に追われはしないだろうが、営業部が夢を持って前向きに楽しく販売できるような商品やサービスを常に考えていくことだ。そこは君も営業部だったから想像できるところだと思う。新製品だけでなく、既存品の成長も入るぞ。顧客は移り気で、商品を成長させるというのも結構大変だからね。ま、いずれにしても、君の同僚だった営業部のメンバーはじめ最も大切な顧客が笑顔になるような商品を作って、プロモーションしていこう。以上だが、何か質問はあるかな」

「いいえ、ありません」

「よし、では頑張っていこう」と課長は締めくくった。

「頑張ります」。真二も元気よく答えた。

真二は何となくうれしかった。さっきの宣伝制作というのはとっさの言葉であったが、あこがれを持っていないわけではないからウソではない。それよりも、そういうことを聞いてくれて話せる、課長を中心としたその環境がうれしかったのだ。「なんか、いいところに異動になってラッキーだな」と真二は自然と笑みがこぼれた。

見えてきた新戦略

その日の夜、同期の池上誠とエレベーターの前で偶然会い、久しぶりに軽く飲みに行った。場所は駅の近くの居酒屋だったが、月曜日にしては混んでいた。

「結構混んでいるな」と真二が言うと、

「そうだね、大手企業は景気がいいらしいしな。そこのグループは川崎製作所だろ、大人数だな…」と誠が説明した。

「そうだね、俺らにも恩恵があるといいけどね。本当に、景気の数字って合っているのかな、って言うか実態を表しているのかなぁ」

「まあ、そこはお上が発表する部分だからね。ま、俺らは一生懸命、粛々と頑張るさ」

「そうだね。ところで、どうだい営業部は？」と真二は近況を知りたくなった。

「おっ、そこだ。例のＷＪ‐６５００の価格だけど、俺らの商品も扱っているディーラーからの情報だと、アサダ電子工業はかなり厳しいらしいよ」と、誠は身を乗り出して小声で話し始めた。

「そうなんだ。知りたいな」

「だろ？　ウチの価格をベースにして思い切った価格で出してきたアサダ電子工業だけど、ほとんどを海外メーカーのアッセンブリーで組み立てているから、このところの為替の変動で参っているらしい。本当なら値上げしたいくらいなんだろうけど、ウチの方が価格に対して対応力があるとにらんでいるらしくて、上げるに上げられないらしい。本当はウチも苦しいけどな」と説明した。

「そうなんだ。やはり開発から商品導入まで時間がかかるから、実際の販売時の為替変動はつらいかも…。ウチだっていつどうなるか分からない」

「本当だよ。でも、ウチはどうにか市場のリーダーだし、基本的に開発力、資金力など事業体としての根幹が強いから、価格だけに右往左往せずに本来の新製品導入などで堂々と勝っていけると信じてる…って言うか、そうなるように頑張っているわけだ。ははは」

「そうだね。でも、価格対応に関しては様子見なのかな。あれから会議もないし」

「いや、部長の話だと、今日の責任者会議で、技術部と購買部が検討していた互換性のある代替部品がまずは採用される方向が出たって聞いたよ。そういう部品なら時間もかからないだろうしさ。もともと利益率を改善するために考えていた選択肢の一つであったようだし、その時期が早まったのかな」

「そうなんだ…。まずは部品からか。でも当面は大丈夫そうだね」と真二は理解した。

「それに、周辺機器のラインアップを重要なモデルから増やしてシステム全体としての実力を高める方向も決まったらしい。ほかの事業部からも技術者が来るらしいよ。なんか今まで以上に活気が出そうでいいなぁ。トップの方針が明確だとこっちもやりやすいな」

「そうだね。それは本当に楽しみだ」


「でもさ、どれが正しいかなんて実際やってみなければ分からない時もあるよな、変なこと言うようだけど。その時にベストの判断をするだけだし」と誠が言うと、

「そうだよ。今までだって、ヒット商品があるとフォロワーが出てきて同質化していく。最初に考えた企業は、やっぱりすごいと思う…。でも恐らくすべてに確信があって全く新しい製品を出したわけではないと思うよ。この前、本で読んだんだけど、ビールの課税対策で、まぁ、価格を下げることを大前提として発泡酒を製品化してみたわけだ。最初に考えた企業はすごいよ。しかも追随者が出てきて、最終的には発泡酒という大きな市場を創ってしまったんだからね。最近では第3のビールか…。まぁ、国はすぐに税金のことを考えるけどな。ただみんなの意見や知恵を集めて、情報を分析して、そこに信念があるなら成功する確率も高まるじゃないか。しかもその方向に会社なり事業部なりのベクトルが合っていれば鬼に金棒だよ」と真二が話を受けた。

「そうだね。そういう商品が出ると営業部ももっと元気が出るよなぁ」と、誠は微笑みながら言った。

「そうだね。今日も課長に言われたんだけど、そういう営業部の人が喜んで売っていけるような商品、お客さんが笑顔になるような商品を作っていこうってね。もちろん、ウチの部だけでできることじゃないから、研究開発、営業、製造、購買、みんなで作っていくんだけどさ」

「そこは本当に頼むよ。アサダ電子工業の価格は部品対応で少しの間は大丈夫かもしれないけど、アドバンスドイメージ社の新製品の出現みたいに休む暇もなく競争は続くわけだしさ。何か、こう、画期的な商品を作ろうぜ」

「本当だな。極端だけど、5年は大丈夫みたいな」

「そりゃ夢だな。ははは。でも、商品だけじゃないよ。俺らの売り方もあるしさ」

「本当だね。そういうのをマーケティング・ミックスって言うんだよ」と真二は初めて部外者にその言葉を使ってみた。

「おっ、早速のマーケティング用語だな」と誠もニコニコして話を受けた。

「はは、でも言葉だけさ。実務はこれから。今日、課長から綾部さんの下に入れって言われたし、その背景の説明もあったよ。実はかなりやる気になっているんだ」と、真二が今日の課長の話を説明した。

「いいなぁ、お前の上司。しかも綾部さんの下だなんて。綾部さんって俺たちの何年か前の先輩たちのあこがれの女性だったんだぞ」と、誠は焼き鳥の串を外しながら言った。

「そうなんだ！　やっぱりなぁ。いや、そうだと思ったよ！」と真二は最高の笑顔で答えた。

「バカだね、お前は」。誠も笑った。

「でもさ、異動してみて、その意味っていうか、新しい部署の経験を積むことの良さも少し分かったよ。ところで、誠は異動の話はないのかい？」と真二が聞くと、

「おっ、そこだ。誰にも言わないって約束する？　実は、夏の終わりからインドだって」

「インド⁉」と真二は大きな声を上げた。

「そんなに驚くなよ。実際、俺も聞いた時は声を上げたけどね。あまりに意外で。そりゃ、少しは英語ができるけど、異動の話があっても、まず海外より国内の異動だろうって思っていたしさ。まぁ、独身だから動かしやすいのかもしれないけど」

「そりゃあ、何と言っていいやらだけど、人生の中のすごい経験になりそうなことは確かだね」と真二も喜んでいいのかどうか、明確には分からない。

「いや、絶対にいい経験だよ。現地の人と一緒に商品を売るんだろうから、すべてが未経験で勉強だ。帰ってくるころには俺は大のインドのファンになっているかもね。ははは」と誠は大きく笑った。その笑顔は前向きなもので、真二は心から安心した。

「インドかぁー、もしも出張で行った時はよろしくな」と真二が言えば、

「任せろ、って言っても今は何にも分からないけど。来月２週間ほど現地の子会社に事前出張に行くから、そこからかな、何もかも」と誠は答えた。それから二人はインドの話で盛り上がった。

❷ 成長する真二

再び武井システムへ

翌日の火曜日、武井システムの会議室には、部長の川上、そして山崎課長と真二がいた。

「山崎君とは長いねぇ」と、川上部長と課長との昔話に花が咲いた後、課長がおもむろに、「部長、先般は吉田がご無理なことを申し上げたようで、申し訳ございませんでした」と切り出し、打ち合わせ通りに二人で頭を下げた。

「いやぁ、全く気にしてないよ。何でも展示会での悔しさから始まったものだというじゃないか、まぁ商品や会社への思いの強さがそのまま出たんだろう、ははは」

「そう言っていただけると、私どももホッといたします。実は、今日は全国トップクラスである特約店の川上部長に、改めてお考えをお聞きいたしたく参った次第で…」と課長が伝えると、

「そうなの、電話ではあいさつと言っていたけど…」

「いや、そこはこの吉田が先般の部長のご指摘を形にして改めてお聞きしたいということでして…。まぁ私も数年ぶりにお会いさせていただくのでごあいさつといたしました」

「そんなに気を遣わなくてもいいのだが…。分かった。よし、聞こう」と部長は身を乗り出し

た。

「ありがとうございます。まず、展示会で大々的に発表されていたアドバンスドイメージ社の新製品ですが、これが技術部で作成した比較表です…」と、真二はＷＪ－６５００とアドバンスドイメージ社のＬＯ－２３００の詳細な仕様比較表や実際の撮影画像を川上に見せながら説明していく。

「確かにアドバンスドイメージ社は一部の機能で弊社を上回っていますが、弊社は対抗すべく新製品の開発に着手しています。その製品は彼らの性能を上回ることができます。まだ電気基盤だけしかございませんが、テストでは彼らをしのいでいます。発売時期はまだ決定できませんが１年お待たせすることはありませんし、かなり早いかもしれません」

「ほう、そうかね、それは頼もしい。しかしここまで売れてきたＷＪ－６５００はどうする。そこまで持つのか。特約店であるわれわれの売上にも大きく影響するが」

「はい。その点ですが、ＷＪ－６５００は成熟期の入り口にいると思っております」

「製品ライフサイクルだね」

「はい、あの時、部長に怒られました」

「いや、別に怒ってはいなかったが、ははは。まぁそれは置いておいて、先を聞かせてくれ」

「はい。そのＷＪ－６５００は同時に価格競争に巻き込まれています」

「アサダ電子工業だな」

「はい。そこでその段階の施策とともに弊社のリーダー企業としての力を活用して、ＷＪ‐６５００の価格を下げつつ、同時に周辺機器でいくつかの新製品を出してラインアップを充実させます。プランはこちらの資料のようなものですが…」と言って、周辺機器の追加製品と充実した接続図が記されている紙を渡した。

「…良さそうじゃないか。今までどうしてここまで広がらなかったんだろうねぇ、山崎君」

「いや、言葉もございません。ただ、今回の危機意識がリーダー企業であった弊社を新しい方向に動かしたのは間違いがないところです。今まで以上に技術部、購買部、製造部など全ての部門のベクトルが合ったと思っています。何しろ、正直なところ仕様の問題、価格の問題が同時に起きましたので…。特に周辺機器は急きょ、お客様のシステムの使用状況を各営業所も含めて総動員で調査いたしました」

「そうか。いろいろあるが、いい方向に行っているようだね。で、価格の方は」

「はい。ＷＪ‐６５００は、全く同じ仕様でありながら、部品の見直しなどでアサダ電子工業に対抗できる価格を実現します」と真二はほかの資料を見せて説明した。

「そうか…。もちろんわれわれへのマージンは以前からのものと変わらないね？」

「はい。そこは大丈夫です」

「それなら、ただただ待ち遠しいだけだ」と、川上部長は満足そうであった。

「私どもも一丸となってこの局面を乗り切りたいと思っておりますので、川上部長からも全国支店への拡販のご指示をよろしくお願いいたします」と課長が頭を下げた。あわてて真二も下げた。

「もちろんだよ、山崎君。ウチと君らは長年のパートナーで、しかもウチは君のところの専売代理店だよ。安心してくれ。共に頑張ろう」

「ありがとうございます」。二人で改めて頭を下げた。何しろトップの販売を誇る代理店である。真二たちの成功には少なからず影響を持っている。

その後は、展示会の話や年に一度開催される特約店大会などの話をして、二人は武井システムを辞した。もちろん部長に渡した資料は手元に戻してある。

二人で神保町駅に向かう途中で、課長が真二に声を掛けた。

「よかったな。川上部長も今まで以上にわれわれの味方になってくれそうだ」と、少しホッとしたようであった。

「はい。今日は本当にありがとうございました」。歩きながらではあったが、真二は課長に向かって頭を下げた。

「ところで、どうだ、新しい部署は」

「はい。いろいろと刺激的です。特に学生と会ってからのこの3週間は、課長の講義があったり、重要な会議に出ることができたりと、本当に勉強になっています」と真二は本心から答えた。

「そうか、まだまだ始まったばかりだから、まぁ、気負わずこれからもよろしく頼むぞ」と課長に肩をたたかれた。

「はい」と元気よく答えることができた真二であった。

入り口に立った

「吉田君、何やってんの。早く！」。ゆり子の声がフロア中に響いた。

「はい。今、行きます！…って」。真二の声が続いた。二人は駆け足でエレベーターホールに向かっていった。

「今日の先生は、どういう方なんですか？」

「今日はね、スマホや最先端モバイル機器に詳しい理工系大学の教授よ」

「スマホですか。ウチはそんなに小型化されたカメラは無いですよね」

「そりゃそうだけど、今は無くとも明日にはあるかもしれないし。スマホで満足するんじゃなくて、次に眼鏡型のパソコン、腕時計型パソコンって進んでいったらって考えていかないといけないの。そうでないと、以前聞いた課長の話を発展させられないでしょ。やることはいっぱい。他社の商品評価やコミュニティの状況もまとめなきゃいけないし…」

「はい。まずは行動ですね」

「そう。もちろん、お客さまから聞くのは重要だけど、それを違う角度で見つめることも大切よ」

「はい」


季節は秋に変わろうとしていた。

真二は充実していた。どの仕事も新鮮で面白い。もちろん簡単ではないし、残業が多い月もある。しかし、新しい価値を全員で創り上げて育てていく楽しさは、営業の楽しさとは異なるものであった。顧客だけでなく、さまざまな立場の人と会えることも刺激となっていた。それをまとめ上げ、形にしていく生みの苦しみはあるが、衆知を集めれば道が開けるものと信じて疑わない。


二人が所属することになった新しい組織の課長は、予想通り山崎課長であった。課長は変わらず会議で忙しかったが、定例会議ではいつものように部下の報告をよく聞き、かつ的確な指示を出していた。どうやったら課長のようになれるのだろう、真二の「ありたい姿」の一つは確実に課長であった。

営業部の池上誠はインドに赴任した。メールで近況が届くが、カルチャーショックは小さくないようだ。でも、アメフトで鍛えた体は、異文化そして気候の異なる地でも簡単に参ってしまうことはないだろう。何しろ、日々大変な中でも楽しそうに仕事をしていることが伝わってくるので、真二もうれしく感じていた。

堀田は戦略コンサルタントとしてデビューを果たし、積極的に動いているようだった。マーケティングだけでなく総合的な観点から企業をサポートしているようで、どこまで立派になっていくのか真二も楽しみであった。

真二は異動した日から間を空けずに課長がいろいろと教えてくれたことを今でも感謝していた。その後、数名の同期が新たな部署に異動したが、課長のようなレクチャーがあったとは聞いていない。

大きな組織からすれば、一人の若手の異動など小さなものに違いない。しかし、その小さな個人と共に夢を持ち、勇気づけ、元気づけ、サポートしていく上司がいるかいないかで、その組織の力は強くも弱くもなる。そこまで考えられるようになった今の真二は、あの頭がパンパンになった課長のレクチャーこそが大切な礎、もしくは宝物になっていると感謝しているのであった。真二は、この数カ月で自分が少し成長できたように感じながら、「課長が自信を持って僕を宣伝制作チームに推薦できるように頑張ろう。まだまだマーケティングのほんの入り口に立ったばかりだし!!」と思った。

「吉田君。着いたようよ。さぁ行きましょう!」と、ゆり子が気合を入れた。

「はい!」

真二は元気よく返事をして、そびえ立つ大学の窓を見上げた。

おわりに

終わりまでお読みくださり、ありがとうございました。いかがでしたか。マーケティングの基本用語やさまざまな側面が、おぼろげにでもイメージいただければ、本書の目的は達成されたと思います。ここから専門書などに進み、さらなる知識を得られますよう心から願う次第です。

最後に、ある大学の教授が「企業にとって唯一許されるべき戦略とは、市場拡大戦略ではなく、顧客満足創造戦略だけなのである。そしてその結果としてのみ、顧客によってその企業の永続性が保証されるのである」と喝破しています。多くの競争戦略、例えば、マイケル・ポーターのポジショニング・アプローチ、ジェイ・B・バーニーの資源ベース・アプローチやブルー・オーシャン戦略などがありますが、このシンプルな「顧客満足創造戦略」が、企業の最大目的である「存続」のカギとなることは、多くの老舗企業が、本業に関連する分野内で絶え間ない変革を起こしてきたことからも明白です。一般に想像されているよりも老舗企業は柔軟で変革を好みます。それは顧客価値の創造への思想が流れているからにほかなりません。本文の冒頭で経営理念の大切さを述べましたが、そこにこの「顧客価値創造思想」が流れていれば、企業が時代の変化に合わせて自ら変革していける基本となるに違いありません。

機会があればマーケティングの次のステップ、もしくは経営学の隣接分野も吉田真二君たちの活躍をベースに記してみたいと思います。

なお、本書の出版にあたり、時事通信出版局の剣持耕士取締役と植松美穂さんには大変なご尽力をいただきました。心より感謝の意を表します。

2018年2月

五味 一成

主な参考文献

『ゼミナール　マーケティング入門（第2版）』石井淳蔵、栗木契、嶋口充輝、余田拓郎（日本経済新聞出版社）
『わかりやすいマーケティング戦略』沼上幹（有斐閣）
『経営戦略の思考法』沼上幹（日本経済新聞出版社）
『経営戦略の論理（第4版）』伊丹敬之（日本経済新聞出版社）
『マーケティング・アンビション思考』嶋口充輝ほか（角川書店）
『グロービスMBA事業戦略』相葉宏二、グロービス経営大学院（ダイヤモンド社）
『新製品・新事業開発の進め方』鈴木剛一郎（同文舘出版）
『マーケティング戦略の教科書』酒井光雄、武田雅之（かんき出版）
『価値づくりマーケティング』上原征彦、大友純（丸善出版）
『デジタルマーケティングの教科書』牧田幸裕（東洋経済新報社）
『マーケティング　4・0』F・コトラー（朝日新聞出版）

【著者紹介】
五味 一成（ごみ・かずなり）

1962年、埼玉県生まれ。明治大学経営学部卒業、明治大学大学院修了。MBA（経営学修士）。松下電器産業株式会社（現パナソニック株式会社）でBtoB商材の海外マーケティング、広告宣伝、本部国際業務、海外販売会社勤務などに従事。ゼネラル・エレクトリック社で医療機器および関連商材の商品企画やマーケティングに、ボッシュ社で車載用電子部品のマーケティング・市場調査に携わるなど、長年にわたりマーケティング・商品企画・戦略策定に従事した。2013年に株式会社クロース・タイズを起業し、企業サポートやセミナーなどの事業を展開している。また、経営戦略学会・ファミリービジネス学会などに所属し、年次全国大会における発表を行うなど日ごろの研究も重ねている。

株式会社クロース・タイズ　URL: https://www.kgmsc.com
E-mail: info@kgmsc.com

マーケティング部《ぶ》へようこそ！

2018年3月20日　初版発行

著　者：五味一成
発行者：松永　努
発行所：株式会社時事通信出版局
発　売：株式会社時事通信社
〒104-8178　東京都中央区銀座5-15-8
電話03(5565)2155　http://book.jiji.com

印刷／製本　中央精版印刷株式会社

ISBN978-4-7887-1576-9　C0034　Printed in Japan
落丁・乱丁はお取り替えいたします。定価はカバーに表示してあります。